全国普通高等教育“十三五”规划教材

# 大学生创新创业教程

主　编　颜　弘
副主编　李明清
编　委　卢　军　屈小静　马成林　周志伟　徐　枫　黄进勇
　　　　童　磊　肖独伊　马　蔚　田　强　刘安琪　韩祈瑞



哈尔滨工程大学出版社
Harbin Engineering University Press

**内容简介**

创新创业教育本质上是一种实用教育。本书是一本全面而专业的创新创业教育用书。本书共七讲，分别为双创潮流、创新训练、创业准备、创业资源、创业启动、创业管理和双创实战。

本书既可作为高等院校本、专科创新创业教育的通用教材，也可作为企业继续教育的培训教材，还可以作为拓宽视野、增长知识的自学用书。

**图书在版编目（CIP）数据**

大学生创新创业教程 / 颜弘主编. -- 哈尔滨 : 哈尔滨工程大学出版社，2019.7

ISBN 978-7-5661-2370-1

Ⅰ. ①大… Ⅱ. ①颜… Ⅲ. ①大学生—创业—高等职业教育—教材 Ⅳ. ①G717.38

中国版本图书馆 CIP 数据核字（2019）第 163894 号

**责任编辑** 王俊一
**封面设计** 赵俊红

出版发行 哈尔滨工程大学出版社
社　　址 哈尔滨市南岗区南通大街 145 号
邮政编码 150001
发行电话 0451-82519328
传　　真 0451-82519699
经　　销 新华书店
印　　刷 唐山唐文印刷有限公司
开　　本 787 mm×1 092 mm　1/16
印　　张 15
字　　数 366 千字
版　　次 2019 年 7 月第 1 版
印　　次 2019 年 7 月第 1 次印刷
定　　价 45.00 元
http://www.hrbeupress.com
E-mail：heupress@hrbeu.edu.cn

# 前 言

创新创业教育是以培养具有创业基本素质和开创型个性的人才为目标，不仅仅以培育在校学生的创业意识、创业精神、创新创业能力为主的教育，而是要面向全社会，针对那些打算创业、已经创业、成功创业的创业群体，分阶段分层次地进行创新思维培养和创业能力锻炼的教育。创新创业教育本质上是一种实用教育。

要提高大学生的创新创业能力，形成良好的创新创业教育氛围，建设完善的创新创业培育体系，形成一个像生态体系一样的良性循环系统，构建一个全方位的立体创新创业教育生态培育体系。

本书是一本全面而专业的创新创业教育用书。在编写过程中，以转变教育思想、更新教育观念为基础，以提升学生的创新精神、创业意识和创业能力为核心，以通俗的语言、丰富的实例、有效的训练，系统地介绍创新创业的基本思维方式、相关技能方法等。本书内容全面，具有较强的知识性、技能性和实用性，符合教育部和高等院校转型发展的人才培养需要。

本书共七讲，分别为双创潮流、创新训练、创业准备、创业资源、创业启动、创业管理和双创实战。本书由湖北工程学院新技术学院的颜弘担任主编，由李明清担任副主编，卢军、屈小静、马成林、周志伟、徐枫、黄进勇、童磊、肖独伊、马蔚、田强、刘安琪、韩祈瑞参与了本书的编写工作。本书的相关资料和售后服务可与 QQ（2436472462）联系获得。

本书既可作为高等院校本、专科创新创业教育的通用教材，也可作为企业继续教育的培训教材，还可以作为拓宽视野、增长知识的自学用书。

由于编者水平有限，书中难免有所疏漏，敬请广大读者批评指正。

编 者

2019 年 6 月

# 目　录

# 第一讲　双创潮流

## 主题一　国内外大学生创新创业教育概述

### 一、关于大学生创新

#### （一）创新的概念

创新是人们认识、发现及改造自然和社会的一种实践活动，就是去创造发明些新的东西或在已有的基础上做某些改变、改进的过程。在创新的认识方面，最具权威的首推奥地利经济学家、创新理论的奠基人熊彼特。他认为，创新就是建立一种新的生产函数，也就是把一种新的生产要素和生产条件的“新组合”引入生产体系中。按照熊彼特的理解，创新应该包括五种情况：一是引进一种新产品；二是引入一种新的生产方法；三是开辟一个新的市场；四是采用一种新的原材料；五是建立一种新组织或新制度。当代著名的管理学大师德鲁克在其所著的《创新与企业家精神》一书中发展了熊彼特的创新理论，他认为创新是赋予资源以新的创造财富能力的行为。

总之，创新是一个民族进步和国家发展的不竭动力，是当今任何个人和组织生存发展之本，是竞争致胜的法宝。可以说，人类社会发展的历史就是一部充满创新、创造性思维实践和创造力发挥的历史。

#### （二）大学生创新

大学生是我国未来的希望，富有青春活力，思维敏捷，具有专业知识，有理想、有抱负、敢想敢干非常符合创新活动的要求。以大学生为创新主体，通过对大学生创新意识、创新能力的训练和培养，鼓励大学生积极参与创新活动，必然会激发整个社会的创业热情，为我国的创新活动注入新的活力。

### 二、关于大学生创业

#### （一）创业的概念

《辞海》中关于“创业”一词的解释是“创立基业”，即指人类的创举活动，或带有开拓创新精神，并具有积极意义的社会活动。

杰夫里·蒂蒙斯（Jeffy A.Timmons）在其《创业学》中对创业的解释是：创业是一

种思考、推理和行为方式，它为机会所驱动，需要在方法上全盘考虑并拥有掌控全局的领导能力。

当今学者在理论上并没有给予创业一个普遍接受的定义，主要从狭义和广义的角度做出了理解。狭义上的创业指的是创建一个新的企业，广义上的创业指的是创造新事业的过程。

本书对创业的定义是：创业是创业者在充分认识创业环境的基础上，把握商机，创造创业条件，经过创业策划，建立并运行经济组织，为社会和个人创造价值和财富的活动过程。

### （二）大学生创业

现今，大学生创业已成为社会关注的热门话题。曾经被人们称为“天之骄子”的大学生们正面临着与日俱增的就业压力，大学生自主创业日益成为大学生、家长和社会关注的热门话题。

随着目前我国高校改革的不断进行，高校招生的规模不断扩大，以前，十年寒窗苦读才能进入的大学，门槛可以说是不断降低。一方面，我们可以看出国家对加强全民教育以及提高我国人均受教育水平十分重视。但在另一方面，随着招生规模的不断扩大，我们不得不注意到每年日益增长的就业压力，大学生多了，就业就成了一个难题，“岗难求”的现象十分突出。虽然国家每年通过不断发展我国的生产力水平，提高我国的经济发展速度，从而为社会提供更多的就业岗位，但对于缓解不断增长的本科毕业生就业压力却很难起到十分显著的效果。面对日益增大的就业压力，越来越多的大学毕业生选择了自主创业的道路。

大学生创业是指大学生通过个人及组织的努力，利用所学到的各种科学知识技术和所形成的各种能力，以自筹资金、技术入股、寻求合作等方式，在有限的条件下寻求机会，不断创造价值的过程。

近年来，我国经济体制改革的不断深入、经济发展的不断完善，为广大的高校毕业生提供了更为广阔的施展才华的空间。特别是李克强总理发出“大众创业，万众创新”的号召后，在党和政府、社会各界的大力推动下，大学生创新创业正成为当今越来越多的大学生走向社会的一个全新的就业选择。

## 三、创新与创业的关系

创新是创业的基础和前提，其核心和本质是为创业服务。创业是创新的载体和外在表现形式，是创新的目的与归宿，反过来也会推动创新。很多时候，创业成功与否取决于创新的程度。所以，从这个意义上来说，创业就必然需要创新，但创新不一定是创业。

## 四、国外大学生创新创业教育现状

### （一）美德英日韩等国家大学生创新创业教育

美国、德国、英国、日本、韩国等国家的高校开展大学生创新创业教育时间较早，体系非常完善。

1．美国

美国是世界上最早开设创业教育课程的国家之一，创业教育类课程的开设可以追溯到 1919 年。麻省理工学院、哈佛大学、斯坦福大学等名校是美国高校创业教育的先驱。美国高校不但投身创业教育事业早，而且一开始就十分注重对创业技能和创业精神的培养。它们从 20 世纪 80 年代开始，就举办了一系列创业计划大赛作为其创业教育的重要形式和特色。此外，美国高校的创业师资不仅包括专家学者，而且还有许多企业家创业者等，美国高校经常聘请这些人担任学校的兼职教师。他们一般以短期讲学参与案例讨论、参加创业论坛等方式，参与学校的创业教育项目。

美国大学高度重视创业教育，大学管理层一般都有一名副校长或校长负责创业教育教学与管理工作。社会也十分关注美国高校创业教育工作，美国《商业周刊》《企业家》《成功》等杂志每年都会对各高校创业教育的课程、教师论文与著作、创业教育项目的创新性、毕业生成就、毕业生创建企业状况进行评估。就创业教育课程体系来讲，美国高校十分完备，不仅涵盖创业的相关知识，还开办艺术、自然科学、历史和伦理道德等方面的课程，注重对创业者的人文素养的培养。

2．德国

德国高校创业教育秉承德国人严谨的作风。例如，高校的创业教育课程设置十分细致、缜密，包括如何撰写商业计划书，如何依法创办企业，如何进行企业融资、企业营销和社会管理。德国高校对于创业师资队伍的培养，也是有板有眼的。很多高校支持教授和教师们专门抽出一个学期的时间到公司中参与企业实践，并检验自己的企业管理技术和知识。政府给予大学生创办企业一系列政策优惠，如对创业学生进行创业培训、创业咨询、创业指导和帮助，在税收上免征商税，并为新创立的企业提供 10～20 年的创业贷款，减免新创立企业的部分所得税等。这些优惠政策促使大学生们积极投身于创业的道路，并有利于新创业企业的存活。

在高校内部创业教育体系中，主要由执行局、董事会、顾问委员会这三个机构负责。其中，执行局由三位首席科学家主管，负责创业教育的研究、教学、实践等工作。校长和学校里的教授组成董事会，监督执行局创业教育实施情况。顾问委员会则由企业家、公职人员、科学界等领域的代表组成，为创业教育提供政策、实践等方面的建议和帮助。这种体系规格高，既能够保障创业教育被足够重视，又能引入社会资源，而且还具备对创业教育过程的有效监督。

3．英国

自20世纪80年代以来，英国高校掀起了从“研究型大学”到“创业型大学”演变的第二次学术革命，如帝国理工学院、普利茅斯大学、爱丁堡大学、布鲁内尔大学等英国高校纷纷开始营造创业文化氛围，开设创业教育课程，开展创业实践。高校创业教育的长足发展与英国政府对大学生创业和创业教育在政策上给予的支持引导和规范是不可分割的。1987年，英国政府开始启动旨在培养大学生的可迁移性创业能力，要求将与工作相关的学习纳入课程之中，并实施鼓励学生为自己的学习负责的“高等教育创业”计划，开启了高校大学生创业教育的开端。

英国高校的未来发展趋势是由“研究型大学”向“创业型大学”转变，其关注的焦点是加强英国高等教育环境的活力，并试图从这样的环境中为大学模式的转变积累经验。更普遍的是，整个世界都在发生这样的转变。教育经费、政府干预企业创新、学生创业、社会流动与就业。区域间伙伴关系发展、现代信息技术的运用以及国际市场变化所带来的压力也如期而至。如何在这样的大背景下，推动创业教育的创新发展，实现英国大学模式的转型，将是英国高校及政府所面临的不可抗拒的问题。虽然英国政府在最近十多年中连续出台了多份有关创新政策的文件，并大力推进国家创新系统的完善，但仍旧面临着巨大的挑战。在当前的创新活动中，以下三个方面亟待改进：一是需要不断增加企业尤其是中小型企业中相对较少的知识创新活动；二是加强研发基地（如大学、科研机构）与企业之间的联系；三是明确未来创新国家中所需的各种技能并提供高素质的劳动力。

英国高校创新创业教育主要具有这样几个特点：①创业教育课程体系分层多样；②拥有专业化的创新创业型师资队伍；③教学方式灵活多样；④组织机构体系健全完善；⑤以大学与企业的深度合作促进创业实践。

4．日本

在日本，创业教育体系涵盖了从小学、中学到大学的各个教育阶段，这有助于从小培养学生的创业意识和创业精神，在此基础上进行的创业技能方面的培养，收效更显著，选择创业很早成了一些学生的志向。例如，大阪商业大学将创业教育分为两个层次：面向本科生的创业教育，与当地政府和行业协会合作的创业培训；面向高中生的创业教育，大阪商业大学还成立了专门机构，负责对创业教育进行管理。每学年开始时，学生和教师共同确定学生的学年目标，及时进行考核和反馈，并引入淘汰机制。

日本高校的创业课程体系成熟体现在创业教学和创业支援的联动上，如庆应义塾大学湘南藤泽校区的“新事物创造论”等课程。通过这样的课程，将创业实践提前在学生在校期间开始，缩短了创业前期的准备时间，也提高了创业成功率。除了对公立大学及科研院所的大力投入之外，日本政府还在整合社会资源、促进技术转移、开发战略新兴产业中发挥巨大作用，日本政府将创业教育作为国家发展的重要课题，与企业高校共同研究、共同思考、共同行动。日本企业在创业教育方面更是主动出击，不断提出对高校创业教育的建议，为有潜力的创业计划提供风险投资，与大学联合开发教材和课程，设计创业型人才的培养方案和实施方案。

**5．韩国**

韩国高校创业教育的历史可上溯至20世纪80年代初，可分为正规课程与非正规课程两大类。所谓正规课程，是指由大学或研究生院开设，纳入学位课程中与毕业直接挂钩的有关创业类课程。非正规课程是指由大学开设，与学位无关的选修类课程以及由社会培训机构组织开设的各类创业方面的讲座。

韩国高校创业教育正规课程的发展大致经历了如下两个阶段：第一阶段是在财经类高校或学部开设少数科目予以实施；第二阶段是在致力于推进创业教育专业化发展的学部或研究生院内开设一系课程，实行系统化教育。

韩国高校本科阶段的创业教育多以非正规课程为主。除少数大学设有本科阶段创业教育专业之外，更多的学校将创业教育课程纳入社会学科，在经济学等专业里作为拓展内容加以实施。另外，针对理工类学生的技术性创业指导尚显匮乏。不过，韩国在研究生阶段的创业教育上却走出了一条独具特色的道路。

### （二）国外的经验与启示

**1．在创业教育观念上，要始终坚持创业与创新相联系**

具有学术性和专业性的创业实践活动往往具有不可替代性，所创办的企业往往具有很强的生命力。高校可以为缓解就业压力的低层次的创业项目投入一定的精力，但不应该仅仅关注于此并为其付出太多的人力和物力。特别是一些研究型大学应该承担起更多的责任和使命，主动将专业学术创新与学生的创业项目结合起来，鼓励学生结合专业和学术大胆地进行技术革新创新，并及时帮助他们将创新成果转化为创业项目，诞生更多的如中国科技大学的科大讯飞股份有限公司那样的高科技企业。

**2．在创业教育行动上，要特别注意内涵和外延并重**

当前，我国高校都在注重内涵式发展，不断提高高等教育质量。高校应该将创业教育纳入人才培养方案全过程，注重在专业课程中渗透创业教育理念，在校园内营造“全员创业教育”的氛围，不能将创业教育行动简单地理解为在编制计划中设置一个组织，在教学计划中设置几个创业学分，开设几门创业课程。

创业教育应该属于素质教育范畴，绝非设置学分和开设课程那样简单，这种把素质教育学分化和课程化的做法，不会收到理想的效果。此外，可以借鉴美国的方式，不断拓展创业教育的外延，强化高校的社会服务功能，强调人才培养、科学研究的社会服务属性，力争使高校的教学和科研更接地气，避免高校学术资源的浪费。

3．在创业教育的角色定位上，要清楚自己的职责

当前，我国高校大多坚持“产—学—研”方式进行创业教育，“学”和“研”分别指教学和科研，其主体都是高校，“产”是指“产业”，即高校要与产业相联系，做好教学和科研工作。而西方发达国家则坚持“官—产—学”的螺旋结构，政府、企业和高校均是创新创业教育实践的主体。并且，很多高校已经发展成为国家重要支柱性产业的研究基地，美国的一些高校甚至成为军工企业的技术支持者和专利提供者，他们当然会获得政府和社会更多的支持。

我国高校必须主动融入国家层面的战略新兴产业之中，利用自己的知识和技术优势为国家的发展做出更多贡献。在这一过程中，高校也必然会得到更多的外部支持。但高校同时也要克服贪大求全的思想，应将校办企业交由市场去办，着力于技术创新不应舍本逐末，在企业管理和产品营销方面消耗太多的精力。换句话说，高校应该成为技术和专利的转让方，而不是产品的直接提供者。

4．在创业教育的培养目标上，要致力于培育引领型人才

当前，我国高校存在着同质化倾向，大学教育和高职教育在培养目标方面存在着趋同问题。适应型人才应该是高职类院校和应用型本科高校的培养目标，大学特别是研究型大学在培养目标上不应自降层次，不应同高职教育或应用型本科高校混为一谈。很多时候我们使国内大学生创业就会自然联想起开饭馆、宾馆之类的低层次创业项目，也正因为如此，很多研究型大学对创业教育不屑一顾。

如果从学术和技术创新层面看待创业教育，如果把人才培养目标定位为引领型人才，就可以破除研究型大学观念和认识上的误区。当然，培养引领型人才绝非一蹴而就，需要从课程体系开发、师资队伍建设和大学角色定位等名种方面进行尝试和探索，虽然艰难，但确实是研究型大学所应承担的使命和责任，创业是中国研究型大学迈入世界一流大学的必由之路。

## 五、国内大学生创新创业教育现状

我国颁布的《国家中长期教育改革和发展规划纲要（2010—2020年）》，对未来一段时期，我国如何培养创新创业型人才提出了要求。在大学生中开展创新创业教育，不仅能使大学生在就业的过程中具备更强的竞争能力，而且促进了大学生自身创新能力的提高。因此，开展大学生创新创业教育，不仅能够推动高等教育的改革，而且有利于最终实现我国创新型国家的战略目标。

我国大学生创新创业教育在政府部门、高等院校和社会各界的大力支持和推动下，

越来越受到重视，大学生的创新创业激情在不断高涨。但总体而言，大学生创新创业教育水平还不高，效果还不够突出，在我国要全面推行创新创业教育活动还任重而道远。

### （一）重视程度不够，学生的积极性未充分调动起来

目前，我国高校开设创新创业教育课程逐渐增多，但重视程度不够，教育方式落后，未能充分调动起学生的积极性。据有关数据统计表明，我国每年选择创业的大学生比例仅为 5% ，相比发达国家 20%～30%的大学生选择创业的比例还有很大差距，而就在这 5%的创业人数中，全国大学生创业的平均成功率只有 3%。

在我国已经开设了创新创业教育课程的高校中，普遍存在授课和核查流于形式的问题，经常发生学生在汇报学习成果之前临时抱佛脚，随意应付教师，而教师不加检验即允许学生汇报通过的情况。一些学生对创新创业教育积极性不高，究其原因，主要有以下几方面：一是学生受传统教育理念教育模式影响，缺乏自主学习意识，不主动接受创新创业思维与能力训练，缺乏团队合作精神和开拓创新精神，对这些创新创业实践训练环节参与的积极性不高；二是与一些高校的创新创业活动形式单一、缺乏新意有关，无法让学生对创新创业教育产生浓厚的兴趣；三是与些学校在资金、师资技术、设备等方面不能提供有力的保障有关。

### （二）理念不成熟，定位不明确

创新创业教育是一种全新的人才培养教育模式，在教育中必须突出以学生为主体的教育理念，突出分类指导的理念，突出知识的创造性应用理念，突出创新的理念。但在高校的创新创业教育课程中，许多教师还是秉持传统的以教师为主体的理念，采取大众化的传统教学模式以讲为主而不是以做为主。即使重视实践教学，在有限的课堂教学时间里，对做什么、怎么做、怎么做得有效果等缺乏相应的对策，没有形成与创新创业教育相一致的成熟的教育教学理念。

就目前而言，创新创业教育定位也不明确，还远未成为我国高校一个独立的专业和学术领域。大多数高校没有把创新创业教育作为高等教育主流教育体系中的一部分，更没有形成相对成熟的理论体系和框架。在高校内部，虽然为学生开展了一些创新创业的工作，但仍旧普遍存在功利性创新创业的教育理念。一些高校教学管理人员认为，创新创业教育就是为大学生的毕业就业或创业提供指导，创新创业教育就是为就业有困难的专业或学生提供创业思路和方向。由此可见，大多数高校没有在教育层面上实施创新创业教育，也没有把它纳入学校的人才培养规划。部分措施还仅仅停留在技术创新和理论创新阶段，忽视了对创意型创业和社会创新的关注。

### （三）课程体系不够完善，内容有待更新

在大多数高校中，创新创业教育还是作为一种边缘教育，未将其真正融入各专业的人才培养方案中。课程体系不够完善，教学大纲不完备，大多以几门简单的未成体系的

选修课或讲座形式进行，学生很难在不成体系的教育教学中掌握连贯的体系脉络，教学内容缺少跨学科跨专业的横向联系，教学模式依然采取传统的以教师为主、以传统灌输知识为主的传统模式，缺乏创新创业理论与开展创新创业实践活动的结合，这些都使得创新创业教育不能顺利推进，无法真正培养出学生的创新意识和创业素质。

创新创业教育必须重视“新”，要随着社会的发展和环境的变化不断更新教学内容。但是，在实际操作中，教学内容陈旧、教学方法单一却成为制约创新创业教育发展的重要因素。以我国较为发达的北京、天津，广州、杭州等城市开展创新创业教育较早的一些高校的创新创业教育为例，在开设相关课程的高校中，所开设课程类型比较单一，多被设置成选修课，并且教学内容比较陈旧，多年使用相同的教材，而内容也仅以入门知识为主。

### （四）师资力量薄弱，同专业教育脱节

决定创新创业教育质量的关键是师资队伍建设。目前，我国多数高校的创新创业师资主要是来自于本校从事专业教学的教师或从事学生工作的辅导员和管理人员。由于这些师资缺乏创业经验，只能进行理论教学，教师在此类课程中教学指导方式单一，更为重要的是，教师的知识结构单一，往往难以满足创新创业教育的多元化要求，创业课程尤其是优质课堂难以开设，教师自身的创新能力比较薄弱，也很难培养出创新型人才。虽然部分高校或专业有从外界请来政府部门的工作人员或企业管理人员进行讲学甚至充当兼职教师，但仍旧缺乏系统的教育体系。在普通高校有限的办学经费中。各高校很难在创新创业教育方面投入大量的教学经费和配套资源，加之一些政策和措施落实不到位，教师指导或讲授创业课程的积极性普遍不高。在本来就繁重的科研、理论教学工作上，对此投入的精力和时间更是有限。

我国创新创业教育同专业教育的脱节现象也非常严重。目前，我国许多高校已经意识到创新创业教育的重要性，并开始推行创新创业教育却大多限于操作和技能层面，还未将创新创业教育纳入专业教育的培养方案和体系之中。同时，也没有制定对创新创业教育的考量制度。高校一直以来就是以就业率来评定教学质量的高低，没有动力将创新能力纳入学生的评价体系，从而导致创新创业教育与专业教育的脱节。这种脱节造成很多从事高等教育的教师认为创新创业教育只需要开展所谓的“第二课堂活动”，其着落点依旧是创业技能训练。很明显，创新创业教育体系并没有被纳入学校的学科建设规划、人才培养方案及质量评价体系之中。此外，创新创业学科建设时间过短，建设内容也不够完善，课程设置在各高校随意性很大，大多是根据各自师资队伍的情况来设置相关创业课程。这也造成与专业教育体系的结合度不高尚未形成以创新创业教育为目标的课程体系，阻碍了创新创业教育的推广。

### （五）实践平台不完整，实践结果不理想

创新创业教育仅停留在理论知识的传授上，是无法满足大学生在创新创业方面的需求的。一些高校不重视创新创业实践基地的建设，缺乏必备的硬件设施，不能让学生的能力在实践中得到真正的提升。另外，在教学方案制订和教学计划安排中，缺少创业实践实习环节或实践环节安排的学时、内容等不尽合理，使学生无法结合所学专业知识和社会需求开展创业实践。

由于主客观条件的限制，大学生的知识、经验、意识、能力等的欠缺，导致我国大学生创新创业成功比例很低，实践效果不是很理想。据不完全统计，中国每年只有约 1% 的大学毕业生走向创新创业之路，而相比美国的 30%、日本的 18%，充分说明大学生创新创业教育在我国的实践结果不够理想。

## 课后阅读

### 请做好 5 年内随时失业的准备

正在读这篇文章的你，从事着什么工作呢？也许你是一名白领，坐在冷气强劲的 5A 级写字楼，拿着一万出头的工资，每天朝九晚五，带着一身疲惫回家。虽然积蓄不多，却也在一直慢慢增长。又或许你是一名应届生，刚刚进入心仪的大公司，虽然奔波在最劳累的第一线岗位，但一想到未来的晋升路径和可能性，就踌躇满志。也许，你们都在这座城市扎根不久，但都梦想着通过自己的努力打拼，一步步在公司里站稳脚跟，向上晋升，当上高管，买房，成家，立业。

你有没有想过，这一切或许会在未来的几年、十几年内，完全改变？

十几年前，我们会去追求稳定的职位。而现在稳定性正在不断遭到质疑——薪酬倒挂越来越明显，职业经理人空降越来越频繁，企业倾向于招聘新人、年轻人，员工不再谈忠诚和安定，一两年跳槽比比皆是。在不远的将来，也许连职位本身，都会成为过去。

未来的社会形态可能是什么样的呢？企业只保留核心团队，将绝大多数工作以合作的形式分配出去。绝大多数的个人，将以自由职业者或小型工作室的身份，借由不同的平台，跟客户取得联系，并独立为客户提供服务。

大多数的职位将彻底消失。

当然，到那时，很可能已经没有职位的概念了，取而代之的是任务。

如果你不想失业，要么想办法进入企业决策层；要么，就得学会为自己工作。

这并不是想象。这样的趋势，正在以锐不可挡的速度，不断地改变着我们的生活。

彼得·德鲁克，早在《巨变时代的管理》一书中，就写道：

越来越多的公司跟承包商和临时人员合作，合资企业的数目增加，外包业务成长。

为一家公司工作的人，很可能不是该公司的员工。

我听过这样一个预测：在未来的几年内，为组织工作的人中，不隶属于组织的员工人数会远远超过隶属于组织的员工人数。

在 2004 年《财富》杂志的访谈中，他更是语出惊人：对于那些没有可能进入管理高层的人的工作，你都应当把它们外包出去。

自从 1989 年，柯达将大部分信息技术业务外包以来，越来越多的企业开始采用这种方式，对工作进行更加精细的管理，从而提高效率。

根据美国市调机构 Statista 的报告，2013 年，全球 IT 外包市场总额为 2 880 亿美元，相当于人民币 1.8 万亿元。预期每年以 5.84%的幅度成长，在 2019 年将达到 4 000 亿美元。这是什么概念呢？相当于一整个阿里集团的市值（全球第六）。

德鲁克这样说道：当你把工作外包给一名全面质量控制专家，他就是在一年 48 个星期为你和其他客户而忙，他把这些工作视为挑战。而如果公司雇佣了一名全面质量控制人员，那么他一年只忙六个星期，其余时间则在写备忘录和找事做。

这就是许多企业的弊病。

在我这几年接触到的企业之中，许多创业团队都受困于一个问题：人力成本越来越高，且根本无法人尽其用，这造成了大量的资金开支。

非常简单的道理：大多数企业，尤其是中小型企业，由于市场、行业、资源等因素，不可能始终保证工作饱和。在项目与项目的间隙，一定有大量资源是被闲置的。

那么，他们采取的方式是什么呢？雇佣一半的人手，给他们 1.5 倍的工资，让他们做 2 倍的工作。这是许多中小型企业采用的做法，也是一种极不健康的方式。相比之下，外包、众包和合作是对资源的优化配置。一方面，企业得以降低成本，提高运作效率；另一方面，也避免了对员工的剥削。因此，根据美国劳工局的报告，从 1990 年到 2014 年，工会的会员下降了一半，而自由职业者的比例翻了一番。面对越来越高的企业人力成本，这是一个必然的趋势。

很多人对外包的质疑，在于专业能力。他们认为，能够被外包出去的工作，多数是机械的、低层次的、无需脑力的。真的是如此吗？

2012 年，高露洁与 Tongal 公司进行了一次合作。后者为高露洁的止汗露产品 Speed Stick 制作了一支广告，并由高露洁斥资 400 万美元，投放在超级碗（美国橄榄球总决赛，广告盛宴）时段播放。

这支广告在凯洛格管理学院当年的广告评选中，名列第 12 位，排在 CK、大众、丰田、可口可乐和百事之前。这支广告是怎么来的呢？

Tongal 公司是一家众包式代理公司。它举办了一场为期 2 个月的竞赛，向社会大众征集广告作品，奖金到达 1.7 万美元，并最终征集到了这支广告。

同样的案例还有很多。2012 年秋天，默克制药公司（Merck）与 Kaggle（一家预测分析众包网站）携手简化药物发现过程。当时的标准过程是利用生命科学技术，对成千上万种化合物一一测试，检测它们对所有潜在疾病机制的有效性，效益很低。

为此，默克公司设立了一场为期 8 周的比赛，悬赏 4 万美元，将这一任务发布给参赛者。该竞赛吸引了 238 支队伍参赛，收到 2 500 多份提案。最终胜出者是一组计算机科学家，他们采用机器学习法，大大简化了这个过程。这个方案也得到了默克制药公司的认可和推广。

近几年来，高质量的创意和专业人才，正在受到国内企业的青睐。

许多投资机构，开始引入外脑。它们会选择几个意向行业，外聘该行业的专家，组成智囊团，为投资决策提供信息。甚至让专家参加投票表决，参与企业决策。许多新兴的创业团队，也开始把运营、市场拓展、推广和流程优化等工作，移交给专业的独立顾问，只保留核心的研发团队。

大量国际 4A 广告公司的创意人才为企业操刀文案、设计、营销方案，已经非常常见。许多创意总监，同时也是多家企业特聘的营销咨询顾问。甚至，在互联网创业领域，从 BP 撰写，路演，PPT 制作，网站设计，市场营销策划，到落地执行，早就有了完整的一整个顾问链条。我自己就为几家企业，做过品牌建设和市场推广的方案。同样，我身边也有许多朋友，从事着品牌、活动、培训等各方面的独立咨询工作。

这样的好处是什么呢？

企业能够将工作进行更加精细的划分，将专业的事情交给专业的人去做。自己则集中资源，精简团队，做最有价值的事情，避免被臃肿的组织结构拖垮。这真正实现了最精细的分工合作。

这些因素，带来了一种全新的趋势：平台化。

什么是平台化呢？传统的企业，是自己把控整个生产链条，将产品打包好，销售给客户。因此，传统企业最重要的资本，是劳动力，或者说是设备。但这个模式，在三种阻力的作用下，越来越趋于衰退。

第一种阻力，是高昂的人力成本。

企业渐渐发现，买断人力和生产资本，并不是一个好主意。一方面，这会造成现金流的干涸；另一方面，大量劳动力所带来的外部性，是臃肿的结构和管理模式，也就是俗称的大公司病。这会造成规模不经济。

第二种阻力，是飞速扩大的市场。

基于一个地区市场，很容易把企业做大。但如果把市场扩大到全国，全球，过大的规模，就会造成反效果：企业规模越大，每走一步的难度也就越高。

原因很简单。一个大企业，每进行任何一个动作，都必须经过层层的管理和流程，协调内部的角力、矛盾冲突、利益分配，等等。这就很容易使企业在市场面前止步不前。

坚持直营模式的顺丰，近几年在二三线城乡的扩张，就遇到了这个问题。因此，顺丰采取的策略是什么呢？是变相加盟。顺丰鼓励业务员回乡创业，承包乡镇物流点，并与顺丰建立同盟关系。唯有这样，才能赶上四通一达的步伐。

第三种阻力，是快速变化的业界。

这是一个追求精益创业的时代。为什么要精益？因为这个时代的不确定性，太高了。

没有人知道，一个成熟的模式，能维持多久。五年，三年，还是一年？也没有人知道，该在什么时候做出转型，以适应市场的变化。所以，最好的做法，就是尽可能让自己变得轻盈，保持能够随时随地、随机而动的能力。

那么，平台化的企业是什么样的呢？企业不再是生产者，而成为一个连接点。借由企业，各种需求关系人连接到一起，实现价值的交换，并从中获取报酬。

企业的核心资产，不再是设备和人员，而是信息和知识。正如我们所知道的：Uber并没有自己的出租车，Airbnb没有一间房，新东方签了一堆老师来讲课，网易严选把工厂和顾客连接到一起，美团和饿了么也没有买下任何一家餐厅。

这些企业所拥有的，是架构，流程，管理体系，以及有效连接的信息。

简而言之，就是将不同的人对接到一起的能力。

最典型的例子是苹果。苹果是全球化生产的典范：来自美国的核心设计，来自英国的ARM处理器，来自日本的闪存，来自韩国的CPU和显示屏，来自台湾的摄像头，来自中国的流水线，被有机整合在一起，再邮寄到阿拉斯加，分发到全球接近500家零售店，与嗷嗷待哺的消费者见面。但这里面，使苹果成为全球第一生态系统的，是什么呢？

并不仅仅是这些硬件，而是APP Store里面超过300万个APP，以及它们背后的开发团队。这些开发团队，借由APP Store这个平台，与上亿消费者实现了连接。

你能想象由苹果自己研发APP吗？这是不可能的。

再举一个例子，链家。链家和顺丰很像。全面实现数字化，都有一套非常完善的管理系统，极其高效的底层执行力，上下统一的文化和品牌。都在传统的劳动密集型产业中，作出了颠覆。链家近两年的战略是什么呢？平台化。不做中介公司，而是做平台，将客户和经纪人连接起来。通过信用制度和激励体系，将雇佣关系改变为服务关系，实现独立经纪人。

对许多企业来说，这是一条最可行的路：不是自己去创造产品，而是做一个平台，一个生态系统，将合适的人连接起来，让他们自己产生价值交换。

让我们回到个人的维度。在这个时代，如果一家国外的企业需要找设计师，他们会怎么做呢？他们不会发布招聘，而是会去Dribble或Behance上面，网罗合适的人选，把任务外包给他。同样，如果企业想招聘一位开发工程师，要如何验证他的简历和能力？很多公司是这样做的：上一下Github，搜索他的账号，看他做过的项目。

这个时代，个人不需要再依附于某个集体。你做过的项目、作品、经验，完全可以打包带走，成为你自己的品牌资产。

十年前，一名自由职业者，如果想接触到企业，必须通过专业的第三方代理公司。

这就是信息不对称。但这个时代，互联网可以快速连接到世界上任意一个人，信息不对称的鸿沟被大大抹平了。

基于兴趣、技能和专业领域的社区，为个人品牌的建立和传播，提供了无限的可能性。你在任何一个领域有专长，就可以借由各种平台和社区，去向普罗大众提供价值，换取知名度和影响力。

我一直强调，在这个时代，学历、出身、就职经历，都无法真正证明一个人的能力。能证明能力的是什么呢？是你的产出。

假设你在一家公司长久工作，你所有的成就、经验和知名度，都仅限于这家公司。如果不巧，你一直专注在某个产品、某个模块，没有牵头带过任何一个大项目，那么你拿什么来证明自己的能力呢？

很难。你所有的经验，都局限在这个很小的范围里。如果离开了这家公司，你的经验还能不能派上用场？所以，去年华为裁撤部分 35 岁工程师的事情传出来，我的态度是同情，这些工程师，他们非常出色，也积累了许多积蓄，但后面的职业生涯，也许并没有那么容易了。

唯一不属于公司的、能带走的是什么呢？是你自己的品牌和声誉。所以，这个时代，越来越多的人，专注于个人品牌的建立。参加各种群，与行业和圈子建立联系，参加线下活动、演讲，出书，向公众输出自己的内容……

他们并非以螺丝钉的身份为公司工作，而是以知识专家的身份，为客户提供服务。

他们的形式，可能是个体，也可能是合伙制的团队、工作室。

他们的客户，可能是公司，也可能是个人。

他们的服务模式，可能是长期合约，也可能是短期服务。

这样的身份，会越来越多：独立的保险经纪人，理财规划师，品牌咨询顾问，形象顾问，营养师，健身教练，设计师，医生，律师……也许，我们很快将会迎来一个个人品牌的时代。

那么，如何迎接这个时代呢？这四种能力，是这个时代，一个优秀的知识专家必不可少的。

### 1．品牌塑造能力

品牌的本质是什么？是提供差异化的价值。我能为别人提供什么价值？

这个问题，许多人可能从来没有想过。但是，我会建议你，去想一下。你最擅长的领域是什么？你跟其他人相比，最具竞争力的特点是什么？

有没有一种需求，能跟你的领域建立连接？

这就是你能够提供的价值。

如果你能回答这三个问题，那么，你完全可以脱离企业，以独立的身份，为客户提供服务。

你要做的，就是持续地发声，让别人听到你。

多做一些作品，多参加一些活动，多争取露脸的机会，多管理和控制自己的形象，多发表自己的见解，多帮助一些人，这些，都是你打造品牌的方法。

是时候开始，有意识地建立自己的品牌了。

你要不断去放大你的名字，让有需求的人知道你，联系你，完成连接。

### 2. 认知思维能力

传统企业中，大家的模式是：老板安排目标，主管分解任务，下属负责执行。我们习惯了让别人告诉我们做什么，然后我们自己去思考怎么做。但是，在个人品牌时代，作为一名知识专家，你必须比你的客户更专业。所以，你不能被动地等着他来告诉你做什么，你要主动去告诉他。

这就是第二项能力：发现问题，定义问题，分析问题的能力——认知思维能力。

你必须能够尽可能全面、理性、深度地去看待世界，逐渐形成你自己的观念和思维模型。

这些，是你理解客户、理解问题的工具，也是你最大的武器。解决一个问题的方法，可能有千千万万种，但它们最根本的前提，是问题本身是正确的。学会做正确的事，比正确地做事，重要百倍。

### 3. 自我管理能力

当你开始经营个人品牌时，你会发现，传统的工作模式，已经失效了。

你必须一个人管理整个项目，从立项，到规划，到执行、收尾。

你必须自己去接触客户，协调沟通，争取他们的满意；

你必须自己去处理资源，整合资源，运用资源；

你必须学会如何高效地利用时间，提高单位时间产出，维持足够的现金流。

简而言之，你必须学会一件事：把你自己，当成一个公司来经营。

这并不是一件简单的事情，好在，这也是一项可习得的技能。

很多知识专家的问题，就是他们太擅长跟事打交道，却不擅长跟人打交道。

但本质上，一切的事情，最后的解释权和利益归属是什么？无非都是人。

所以，我一直说：管理的本质，就是管理人。

如何让自己更有效地应对外界的变化，协调和管理好各利益干系人，这是许多人欠缺的技能，也是亟待提升的技能。

### 4. 深度学习能力

在这个时代，在一个领域成为专家，并不难。难的是，持续地保持在这个领域的深度。这是一个信息高度爆炸的时代，也是一个个人价值和能力被放到最大的时代。

你所掌握的东西，在明天，还是否奏效？

你的核心竞争力，是否会被其他人掌握？

你所拥有的知识，是否正在成为常识？

这个时代，知识与人之间，再无不可逾越的壁垒。差的，只是时间而已。

能否时刻更新你的资讯，完善和补充你的知识体系，成为信息的中枢节点，持续用知识创造价值，这些，决定了你的社会地位。

这就是终身学习的原因。

很多人问我：为什么一定要学习？为什么一定要深度思考？为什么不能得过且过，让自己随波逐流？

因为，当潮水退去，所有没能回到大海的鱼，都会死。

这个世界最可怕的是，他完全颠覆了你的商业模式，你却不知道他的商业模式是什么？！

## 主题二　大学生创新创业教育的主要内容

在已颁布的《国家中长期教育改革与发展纲要》中明确指出，应大力推进高等学校创业教育工作。党中央、国务院十分重视高等学校创新创业教育工作，温家宝，刘延东同志多次批示，要求重视高等学校创新创业教育工作。在近几年的全国“两会”上，高校创新创业教育已经成为有关代表和委员关注的热点问题之一。人大代表、政协委员，以及中华职教社等组织都对高等学校开展创新创业教育工作提出了很好的意见和建议。

2010 年 5 月 4 日，教育部在《关于大力推进高等学校创新创业教育和大学生自主创业工作的意见》中指出：“大学生是最具创新、创业潜力的群体之一。在高等学校开展创新创业教育，积极鼓励高校学生自主创业，是教育系统深入学习实践科学发展观，服务于创新型国家建设的重大战略举措；是深化高等教育教学改革，培养学生创新精神和实践能力的重要途径；是落实以创业带动就业，促进高校毕业生充分就业的重要措施。”

建设创新型国家，高校发挥着重要作用。高校是国家创新体系不可或缺的重要组成部分，是知识创新的主力军、科技创新的生力军、制度创新的重要方面军。高校是创新的重要源头之一，不仅传承、传播科技文化知识，而且创造新技术、新文化、新知识。

创新创业教育既是适应经济社会发展和高等教育自身发展需要应运而生的一种教育理念，也是融入创新教育于人才培养全过程的一种教育模式。

在高等学校大力开展创新创业教育，有助于大学生树立创立事业、成就事业，服务于社会主义现代化建设的人生观和价值观；有助于提高大学生服务国家人民的社会责任感、勇于探索的创新精神和善于解决问题的实践能力；有助于激发大学生学习兴趣和创业热情；有助于促进大学生个性化发展和综合素质的提高。

创新创业教育首先是培养学生勇于探索、开拓进取的创新精神。创新创业教育的核心是创新，创新支撑着创业。高等教育要努力培养大批具有创新精神和创业能力的高素质专门人才，主动适应国家经济社会协调发展和人的全面发展需要。

## 一、大学生创新创业教育的主要目标

对大学生进行创新创业教育与指导，重点在于创新创业意识的教育，主要是为了帮助同学们了解创业要素、条件、步骤、流程等基本知识，激发和培养大学生的创业意识、创新精神以及创业所需的基本素质。大学生创新创业教育的主要目标如下。

（1）揭示创新创业的基本规律。

（2）了解创新创业的基本理论。

（3）掌握创新创业的基础知识。

（4）熟悉创新创业的基本流程。

（5）运用创新创业的基本方法。

（6）提高创新创业的基础能力。

（7）促进大学生职业生涯发展。

## 二、大学生创新创业教育的主要内容

### （一）正确认识创业，树立创业意识

认识创业需要时机和条件，更需要创业意识和激情，虽然创业是艰难的，也许大学生没有资本，没有社会关系，甚至没有很多的实践经验，但只要独具慧眼，正确认识创业的内涵，就能捕捉到别人无法看到的创业商机和财富。

大学生创新创业教育，重在唤醒学生内在的自我创新创业意识，激发自我发展的动力，这是日后识别创业机遇、抓住创业机遇的前提。所谓创业意识指在创业活动中创业者起动力作用的个性心理，包括对创业价值的认同、创业理想的树立和创业情感的激发，其中创业理想是核心。高等学校开展创业教育，就是要进行创业理想信念教育，引导学生主动创业，将自主创业作为人生的追求，将自己的知识、专业技能和兴趣特长相结合，将自己的需要、兴趣、理想同社会需要结合在一起，创造出新的就业岗位，实现自己的人生价值。

### （二）了解创业环境，培养创业精神

一般来讲，创业的外部环境主要包括市场因素和政府的支持因素两个方面。市场因素主要包括：市场的需求因素、要素市场的发育水平，主要是劳动力、技术、资金等获取的难易程度等。政府的支持因素主要包括基础设施水平、税收和租金的水平、创业扶持措施，以及对行业准入、市场准入的管理等。

创新创业教育帮助大学生了解当今经济社会特征与发展趋势，明确创业活动推动社

会发展和创造未来的重大作用，引导大学生创业要把握大势，搜寻创业机会，顺势而为，通过大学生创业环境分析，帮助大学生结合自身优势，探索创业方向，确定创业领域，学会适应并善用外部环境，提升创业能力。

创业精神是创业成功的基本条件和内在动力，创业精神不仅是完善人格的构成要素，而且是塑造完美人格的重要条件，创业精神是个人在社会主义现代化建设中建功立业、实现其人生价值、社会价值的重要保证。培养创业精神的实质就是让学生“敢于创新创业、勇于创新创业”，其关键是创业品质的培育。

### （三）探索创业禀赋，提升创业素养

创业禀赋，也就是创业素质与能力。大学生创业者具有较高的文化水平和专业知识，自主学习能力较强，有激情和抱负，思维活跃，敢想敢干。但是，往往也缺乏社会经验和职业经历，喜欢纸上谈兵，甚至有些眼高手低、好高骛远，还有部分大学生创业者心理承受能力较差，缺乏吃苦耐劳的精神。创业者自我探索，主要包括以下三个方面内容。

（1）评估自我创业潜力。

（2）评估创业成功影响因素。

（3）评估创业决策。

创业素养是一种包括知识、能力和人格在内的复杂的素质结构，它是一种综合性的、较高层次的素质。创业素养的形成需要长期培植、熏陶和积淀，是人的精神细胞被浓厚的创业文化激化后所产生的良性裂变，是一种规律使然。创业素养是创业素质与修养的内在统一，是创新创业教育的重要内容。创业的基本素养分为四个部分：创业意识、创业心理品质、创业能力和创业社会知识结构。

### （四）掌握创业知识，做好创业准备

创业知识是学生进行创业的基本要素。大学生创业至少需要三类知识：专业技术知识、经营管理知识和综合性知识。无数实践表明：一个有利于创业的知识结构，不仅要具备必要的专业知识，更要求学生具备现代科学、文学、艺术、哲学、伦理学、经济学、社会学、心理学、法学等综合性知识和管理科学知识。机会总是被赋予有准备的头脑。“凡事预则立，不预则废”准备得越充分，大学生创业成功的概率越高。创业是一件极具挑战性的事情，创业的道路充满艰难曲折，要求创业者做好各方面充分的准备。

### （五）学习创业理论，掌握创业规律

不同行业、不同资源、不同地域、不同时间，创新创业过程如指纹一样各不相同。但在这些不同创新创业活动的不同表象背后，隐藏着创新创业的一般规律。创业规律是一般性与普遍性原则的统一，是创新创业活动内在、本质、真实的揭示；是成败终极原因的根本性的结论；是能够复制的通往成功之路的模式。创业的规律就是，综合直接和间接经验，做出正确决策，合理调配各种资源，把握“天时、地利、人和”，使投资取

得最佳收益，从而成就一番事业。

创新创业教育，要向大学生传授创新创业的基本规律和方法，透过表象理解创新创业的本质。帮助大学生掌握创新创业方法，重点在于摸清事物本身的规律，正确做出判断，并付诸实践。

### （六）理解创业过程，熟悉创业流程

创业的一般过程可以划分为创业动机的产生、创业机会的发现与识别、资源的整合、企业的创建、新创企业的成长和创业的收获六个阶段。创立企业的具体步骤如下。

（1）确定企业的核心理念。

（2）分析内外部环境、将理念贯彻于行动。

（3）培养核心竞争力。

（4）成功融资。

（5）设立公司的相关准备。

（6）依法注册公司企业。

通过创新创业教育，让大学生掌握创业的一般过程和创办企业的基本流程步骤，可以帮助大学生创业者做好创业准备，有助于创业实践活动的实施，提升创业成功率。

### （七）开展创业实践，降低创业风险

创业实践是创新创业教育中特别重要的内容和方式，具有真实性和挑战性。目前，随着创业教育如火如荼地开展，各地纷纷举办了各种规模的创业方案设计大赛，极大地提升了大学生创业实践的积极性，为广大大学生投身创业实践创造了机会。同时很多省市、高校建立了创业园、孵化基地等场所和机构，为在校大学生创业提供了“实战舞台”，为大学生创业提供了人才储备和项目储备。

在创业实践的过程中，大学生通过低成本、低风险的个人投资，用一种体验的态度和心情进行创业实践活动，增强社会认知，感悟自身价值。在体验创业阶段，大学生承担的责任较小，可能造成的不良后果也较小。大学生通过与社会的接触，可以从中学到社会上的许多游戏规则，找到自己所学知识和自身素质在处理社会问题中的优缺点，从而学会扬长避短，为适应未来社会竞争积累知识和经验，

### （八）学习创业管理，提升创业技能

如何在纷繁复杂的创业事务中，使自己始终保持清醒的头脑，使新创企业保持正常的运行状态，是创业者必然面临和必须解决的关键问题。对于大学生创业者而言，缺乏实践经验，对企业运作相关知识更是匮乏。所以，创新创业教育，要解决大学生创业者必然会遇到的新创企业的决策管理、人力资源管理、财务管理和市场营销等问题，提升创业实操技能。通过相关初创企业管理的知识学习，让大学生创业企业通过富有特色的

产品或服务创新，准确的市场定位，恰当的创业营销组合，努力打开市场，并使新创企业在市场站稳脚跟，尽快步入良性运行状态。

## 课后阅读

### 大学生创业方向选择

大学生创业只有根据自身特点，找准“落脚点”，才能闯出一片真正适合自己的新天地。

**方向一：高科技领域**

身处高新科技前沿阵地的大学生，在这一领域创业有着近水楼台先得月的优势，“易得方舟”“视美乐”等大学生创业企业的成功，就是得益于创业者的技术优势。但并非所有的大学生都适合在高科技领域创业，一般来说，技术功底深厚、学科成绩优秀的大学生才有成功的把握。有意在这一领域创业的大学生，可积极参加各类创业大赛，获得脱颖而出的机会，同时吸引风险投资。

推荐商机：软件开发、网页制作、网络服务、手机游戏开发等。

**方向二：智力服务领域**

智力是大学生创业的资本，在智力服务领域创业，大学生游刃有余。例如，家教领域就非常适合大学生创业，一方面，这是大学生勤工俭学的传统渠道，积累了丰富的经验；另一方面，大学生能够充分利用高校教育资源，更容易赚到“第一桶金”。此类智力服务创业项目成本较低，一张桌子、一部电话就可开业。

推荐商机：家教、家教中介、设计工作室、翻译事务所等。

**方向三：连锁加盟领域**

统计数据显示，在相同的经营领域，个人创业的成功率低于20%，而加盟创业的则高达80%。

对创业资源十分有限的大学生来说，借助连锁加盟的品牌、技术、营销、设备优势，可以以较少的投资、较低的门槛实现自主创业。但连锁加盟并非“零风险”，在市场鱼龙混杂的现状下，大学生涉世不深，在选择加盟项目时更应注意规避风险。一般来说，大学生创业者资金实力较弱，适合选择启动资金不多、人手配备要求不高的加盟项目，从小本经营开始为宜。此外，最好选择运营时间在5年以上、拥有10家以上加盟店的成熟品牌。

推荐商机：快餐业、家政服务、校园小型超市、数码速印站等。

**方向四：开店**

大学生开店，一方面可充分利用高校的学生顾客资源；另一方面，由于熟悉同龄人的消费习惯，因此入门较为容易。正由于走“学生路线”，因此要靠价廉物美来吸引顾客，此外，由于大学生资金有限，不可能选择热闹地段的店面，因此推广工作尤为重要，需要经常在校园里张贴广告或和社团联办活动，才能广为人知。

推荐商机：高校内部或周边地区的餐厅、咖啡屋、美发屋等。

# 第二讲　创新训练

## 主题一　创新思维训练

创新思维是指对事物间的联系进行前所未有的思考，是在解决问题的过程中通过选择、突破和重新建构已有的知识、经验和亲自获取的信息，以新的认知模式把握事物发展的内在本质及规律，并进一步提出具有独特见解的符合人文精神的具有主动性和独特性的复杂的思维过程。

### 一、创新思维的特点

1. 独创性

思维不受传统习惯和先例的禁锢，超出常规，在学习过程中对所学定义定理、公式、法则、解题思路、解题方法、解题策略等提出自己的观点想法，提出科学的怀疑，进行合情合理的挑剔。

2. 求异性

思维应标新立异，异想天开，出奇制胜。在学习过程中，对一些知识领域中长期以来形成的思想方法，不盲目信奉。特别是在解题上，不满足于一种求解方法，谋求一题多解。

3. 联想性

面临某种情境时，思维可立即向纵深方向发展。觉察某现象后，思维立即设想它的反面。这实质上是一种由此及彼、由表及里、举一反三、融会贯通的思维的连贯性和发散性。

4. 灵活性

思维突破“定向”“系统”“规范”“模式”的束缚。在学习过程中，不拘泥于书本所学的、教师所教的，遇到具体问题灵活多变活学活用。

5. 综合性

思维调节局部与整体、直接与间接、简易与复杂的关系，在诸多信息中进行概括整理抽象内容具体化、繁杂内容简单化，从中提炼出系统的经验，以理解和熟练掌握所学定理公式、法则及有关解题策略。

## 二、创新思维的过程

创新思维是以发现问题为中心，以解决问题为目标的高级心理活动。创新思维过程一般包括以下四个阶段。

1. 准备阶段

创新思维是从发现问题、提出问题开始的。“问题意识”是创新思维的关键，提出问题后必须为解决问题做充分的准备。这种准备包括必要的事实和资料的收集、必需的知识和经验的储备技术和设备的筹集以及其他条件的提供等。同时，必须对前人在同一问题上所积累的经验有所了解、对前人尚未解决的问题做深入的分析。这样做，既可以避免重复前人的劳动，又可以使自己站在新的起点从事创造工作，还可以帮助自己从旧问题中发现新问题，从前人的经验中获得有益的启示。准备阶段常常要经历相当长的时间。

2. 酝酿阶段

酝酿阶段要对前一阶段所获得的各种资料和事实进行消化吸收，从而明确问题的关键所在，并提出解决问题的各种假设和方案。此时，有些问题虽然经过反复思考酝酿，仍未获得完美的解决，思维常常出现“中断”想不下去的现象。这些问题仍会不时地出现在人们的头脑中，甚至转化为潜意识，这样就为第三阶段（顿悟阶段）打下了基础。

许多人在这一阶段常常表现为狂热和如痴如醉，令常人难以理解。如我们非常熟悉的牛顿把手表当鸡蛋煮、陈景润在马路上与电线杆相撞。这个阶段可能是短暂的，也可能是漫长的，有时会延续好多年。创新者的观念仿佛是在“冬眠”中等待着“复苏”“醒悟”。

3. 顿悟阶段

顿悟阶段也叫作豁然开朗阶段。经过酝酿阶段对问题的长期思考，创新观念可能突然出现，思考者大多有豁然开朗的感觉，真是“山重水复疑无路，柳暗花明又一村”。这一心理现象就是灵感或灵感思维。灵感的来临，往往是突然的、不期而至的。如德国数学家高斯，为证明某个定理，被折磨了两年仍无所得。可是有一天，正如他自己后来所说：“像闪电一样，谜一下解开了。”

4. 验证阶段

思路豁然贯通以后，所得到的解决问题的构想和方案还必须在理论上和实践上进行反复论证和试验，验证其可行性。经验证后，有时方案得到确认，有时方案得到改进，有时方案完全被否定，再回到酝酿期。总之，灵感所获得的构想必须经过验证。

## 三、创新思维与一般思维的区别

创新思维之所以有别于一般思维而成为一种新的思维形式，主要是因为具备思维形式的反常性，思维过程的辩证性，思维空间的开放性，思维成果的独创性和思维主体的能动性。

（1）思维形式的反常性。经常体现为思维发展的突变性、跨越性或逻辑的中断，这是因为创新思维主要不是对现有概念、知识的循环渐进的逻辑推理的过程和结果，而是依靠灵感直觉或顿悟等非逻辑思维形式。

（2）思维过程的辩证性。这主要是指它既包含有抽象思维，又包含有非逻辑思维；既包含发散思维，又包含收敛思维；既有求同思维，又有求异思维等。由此形成创新思维的矛盾运动，从而推动创新思维的发展。创新思维实际上是各种思维的形式的综合体。

（3）思维空间的开放性。这主要是指创新思维需要多角度、全方位、宽领域地考察问题，而不再局限于逻辑的、单一的、线性的思维，形成开放式思维。

（4）思维成果的独创性。这是创新思维的直接体现或标志，常常具体表现为创新成果的新颖性及唯一性。

（5）思维主体的能动性。这表明了创新思维是创新主体的一种有目的的活动，而不是客观世界在人脑内简单、被动的直接反映，充分显示了人类活动的主动性和能动性。

## 四、创新思维的主要内容

### （一）逻辑思维

所谓逻辑思维，就是人在感性认识的基础上，以概念为操作的基本单元，以判断推理为操作的基本形式，以辩证方法为指导，间接地、概括地反映客观事物规律的理性思维过程。创新思维方法主要有演绎推理法、归纳推理法、实验法、比较研究法和证伪法。

（1）演绎推理法。所谓演绎推理，就是从一般的、普遍性的前提推出个别的、特殊性结论的推理。按照既定的目标，运用演绎推理的思维方法，取得新颖性结论的过程，就是演绎推理法。例如，一切化学元素在一定条件下发生化学反应的惰性气体是化学元素，所以惰性气体在一定条件下确实能够发生化学反应。这里运用的就是演绎推理方法。

演绎推理的主要形式是三段论法。三段论法就是从两个判断中进而得出第三个判断的一种推理方法。上面的例子就包含着三个判断。第一个判断是“一切化学元素都在一定条件下发生化学反应”，提供了一般的原理原则，叫作三段论式的大前提。第二个判断是“惰性气体是化学元素”，指出了一种特殊情况，叫作小前提。联合这两种判断，说明一般原则和特殊情况间的联系，因而得出第三个判断“惰性气体在一定条件下确实能够发生化学反应”的结论。

只要作为前提的判断是正确的，中间的推理形式是合乎逻辑规则的，那么，必然能够推出“隐藏”在前提中的知识。这种知识尽管没有超出前提的范围，但毕竟从后台走到了前台，对我们来说，往往也是新的，而且由于我们常常是为了某种实际需要才做这种推理，其结论很可能具有应用价值。这样演绎推理的结论就可能既具有新颖性，又具有实用性。

（2）归纳推理法。归纳推理法包括完全归纳推理和不完全归纳推理两种方法。从一般性较小的知识推出一般性较大的知识的推理，就是完全归纳推理法。在许多情况下，运用归纳推理可以得到新的知识。按照既定的目标，运用归纳推理的思维方法，取得新颖性结果的过程，就是不完全归纳推理法。

1 000 只大象都是灰色，第 1 001 只大象为白色的可能性总是存在的。所有的金属都有导电性，但电阻大小一样，使用场合与效果也不一样，用铁丝充当保险丝就难以胜任，强而为之，后患无穷。

演绎法和归纳法的关系为:演绎法和归纳法是人们对客观现实的两种对立的认识方法的总结。两者既是对立的，又是统一的，缺少任何一种，都无法认识真理。演绎法和归纳法仿佛是相反的两种方法，实际在人们的认识过程中，两者是辩证统一的。

没有归纳就没有演绎，因为演绎的出发点正是归纳的结果。演绎必须以可靠的归纳为基础。没有演绎同样也没有归纳，因为归纳总是在一般原理、原则或某种假说猜想的指导下进行的。

（3）实验法。实验是为了某一目的，人为地安排现象发生的过程，据此研究自然规律的实践活动。实验的特点是必须能重复，能够在相同条件下重复地做同一个实验并产生相同的结果，这是一个实验成功的标志。不能重复的实验就不是成功的实验，其结果没有可信度，就不能作为科学依据，这是符合逻辑思维原理的。

（4）比较研究法。比较研究法是通过两个或两个以上对象的同和异来获得新知识的方法。在比较研究中，主要起作用的还是逻辑思维中的演绎推理、归纳推理和类比推理。所以，比较研究是运用逻辑思维进行创新的一种方法。

（5）证伪法。根据形式逻辑中的矛盾律，在同时间、同关系上，不能对同一对象做出不同的断定。用一个公式来表示，就是：A 不能在同时间、同关系上是 B 又不是 B。

根据形式逻辑中的排中律，在同时间、同关系上，对同一事物是两个相互矛盾的论断必须做出明确的选择，必须肯定其中的一个。用一个公式来表示，就是：A 或者是 B，或者不是 B，二者必居其一 ，不可能有第三种选择。

根据以上两个规律，运用逻辑思维方法，可以在证明一个结论是错误的同时，证明另一个结论是正确的。用这种方法来取得正确答案的方法，就是反证法或证伪法。证伪法在许多情况下，可以帮助我们解决疑难问题，取得创新结果。

### （二）形象思维

所谓形象思维，主要是用直观形象和表象解决问题的思维。其特点是具体形象性、完整性和跳跃性。形象思维的基本单位是表象。它是用表象来进行分析综合、抽象、概括的过程。当人利用已有的表象解决问题时，或借助于表象进行联想想象，通过抽象概括构成一种新形象时，这种思维过程就是形象思维。所以，利用表象进行思维活动、解决问题的方法，就是形象思维法。例如，一个人要外出，他要考虑环境、气候、交通工具等情况分析比较走什么路线最佳，带什么衣物合适，这种利用表象进行的思维就是形象思维。在文学作品中典型形象的创造，画家绘画，建筑师设计规划建筑蓝图等，都是形象思维的结果。在学习中，不管哪一门学科，不管是多么抽象的内容，如果得不到形象的支持，如果没有形象思维的参与，都很难顺利进行。所以，我们学习各门课程时，既要运用抽象思维法，也要运用形象思维法。

形象思维训练方法主要有形象模仿法、形象想象法、形象组合法和形象移植法等。

#### 1．形象模仿法

形象模仿法是以某种原型为参照，在此基础之上加以变化产生新事物的方法。根据心中的表象，在模仿中获取知识和经验，从而对事物有深刻的认识和理解。很多发明创造都建立在对自然界的模仿的基础上，如模仿鸟发明了飞机，模仿鱼发明了潜水艇，模仿蝙蝠发明了雷达。

#### 2．形象想象法

形象想象法是想象与形象思维相结合的一种思维方法。如高尔基就认为，想象在其本质上也是对于世界的思维，但主要用形象来思考，是一种“艺术的思维”。想象不是凭空产生的，是在大脑中对已有表象进行加工改造重新组合形成新形象的心理过程。

形象想象法是智慧活动富于创造性的重要条件。艺术家的艺术创作、工程师的蓝图设计、科学家的发明创造等都离不开想象的心理过程，也正是想象力激励他们获得成功。

唐代著名画家吴道子观看他的朋友裴旻将军舞剑。在寒光闪闪的剑影中，裴旻静若处女，动如脱兔，矫若游龙。吴道子想象力飞腾，欣然命笔，不到半个时辰，一幅线条特别流畅的《佛像图》即跃然于壁面。

#### 3．形象组合法

形象组合法是指将不同的意象合成一个新的整体，使组合后的整体价值大于各个意象价值的简单加合。

形象组合形式：一是事物形象之间的组合关系，也就是单个的事物形象如何组合成新的形象乃至整体的形象世界；二是形象内部的各个因素之间的构成关系，也就是单个的形象内部包含了哪些因素及这些因素是如何组成这个形象的。

#### 4．形象移植法

形象移植法是指把某一研究对象已知的意象移植应用到有些意象尚不清楚的其他研究对象上，从而产生新事物的方法。例如，“鼠标”的发明就属于形象移植法。发明者是美国的道格拉斯·恩格尔巴特，他曾经在笔记本上把鼠标的发明构思勾画出来，并随身携带笔记本数年之久。20世纪60年代初，一次，他参加一个不大感兴趣的会议，感到百无聊赖，便顺手从衣袋掏出笔记本，画出了鼠标的雏形清样。由于形似老鼠，也像老鼠样拖着一条长尾巴，被戏称为“鼠标”。

### （三）发散思维

发散思维又称辐射思维、放射思维、多向思维或扩散思维，是指从某一信息、某一事物中想象出各种可能、各种用途；以一个问题为中心，思维路线向四面八方扩散形成辐射状，从不同方面思考同一问题。例如，红砖有什么用途呢？

（1）硬度方面——凳子、锤子、支书架、磨刀等。

（2）突发奇想——刻成一颗红心献给心爱的人，在砖上制成自己的手印、脚印变成工艺品留念。

（3）建筑材料——盖房子、铺路面、修烟囱等。

（4）重量方面——压纸腌菜、凶器砝码、哑铃等。

（5）形状方面——尺子 、多米诺骨牌、垫脚等。

（6）颜色方面——当作笔画画、做指示牌、压碎做颜料等。

发散思维方法主要有发挥想象力法、跳出逻辑思维圈法、大胆质疑法、多路思维法、换位思考法、纵向思维法与横向思维法等。

#### 1．发挥想象力法

发散思维和想象思维是密不可分的，向四面八方任意地展开想象，就是发散思维。要想培养发散思维，就要提供一个能充分发挥想象力的空间与契机，有机会异想天开，心驰神往。奇思妙想是产生创造力的不竭源泉。例如，妈妈不停地追问女儿关于鱼的吃法，就是发散思维训练的典型实例。

#### 2．跳出逻辑思维圈法

思维定式往往会成为开拓创新的思维枷锁阻碍新思维新方法的构建和新知识的吸收。因此，思维定式与创造性思维是互相矛盾的。

3．大胆质疑法

明代哲学家陈献章说："前辈谓学贵有疑，小疑则小进，大疑则大进。"质疑能力的培养对启发思维发展和创新意识具有重要作用，质疑常常是培养创新思维的突破口。孟子说："尽信书，不如无书。"大胆怀疑书本，勇于发表独特见解，是提升发散思维能力的重要一环。

4．多路思维法

解决问题时不是一条路走到黑，而是从多角度多方面思考，这是发散思维最一般的形式。例如，有一条水很深、很宽的河，要设法到河那边去，就可以运用多路思维法。

5．换位思考法

在创新活动中，如何将思维的角度进行转换是一个很关键的问题。比如，"田忌赛马"故事中的孙膑就很聪明，他其实就是换个角度看问题而已，把顺序调整一下即可。看问题的角度往往决定人们对于问题的看法，如果多寻求几个角度去观察和思考，其中就多了一些智慧。不同的角度，不同的视野，"旱路不通走水路"，就会发现不一样的精彩，就会拥有一片更广阔的天空。

6．纵向思维法与横向思维法

纵向思维是指在一种结构范围内，按照有顺序的、可预测的、程式化的方向进行的思维形式。这种思维方式符合事物发展方向和人类认识习惯，遵循由低到高、由浅及深、自始至终等线索，因而清晰明了，合乎逻辑。

横向思维是指突破问题的结构范围，从其他领域的事物、事实中得到启示，而产生新设想的思维方式。这种思维方式不一定是有顺序的，同时也不能预测。不是过多地考虑事物的确定性，而是考虑多种多样的可能性；关心的不是怎样在旧观点上修修补补，而是注意如何提出新观点；不是一味追求正确性，而是着重追求它的丰高性；不拒绝各种机会，尽可能去创造和利用机会。

（四）联想思维

所谓联想思维，就是指人们在头脑中将一种事物的形象与另一种事物的形象联系起来，探索它们之间共同的或类似的规律，从而解决问题的思维方法。

客观世界是复杂的，是由许多形色的事物构成的，而不同事物之间又存在着各种各样的差异。正是由于这些差异，才使整个世界变得丰富多彩、千姿百态。同样，也正是由于这些差异，才使得人们难以将它们联系到起。事实证明，两个事物之间的差异越大，将它们联想到一起就越困难， 而一旦将两种看似不相干的事物联系起来，往往就能做出创新。

联想思维有着广泛的基础，它为我们提供了无限广阔的天地。一个人如果不会运用联想思维，学点就只知道点，那么他的知识是零碎的、孤立的，派不上什么用场的。可如果他善于运用联想思维，就会由此及彼扩展开去，做到举一反三，闻一知十，触类旁通，从而使思维跳出现有的圈子，突破思维定式而获得创新的构思。

在创新过程中，联想思维是一种常见而有效的方法。根据联想思维产生的目的性，可以将联想思维方法分成自由联想法和强迫联想法两种。

1. **自由联想法**

自由联想法是一种主动自由的积极联想，是在自由奔放、毫无顾忌的情况下进行联想，该方法是属于探索性的，它是由美国芝加哥大学的心理学家首先提出并开始实验的。心理学家提出一个有趣的问题，要求参与实验的人尽快地想到许多观念，再从这些观念中选择出新的观念来。例如，提及“飞机”一词，就可以联想到航空、机身、机翅、机尾与着陆装置等，还可以联想到飞机的原理起飞的上升力、着陆的下降力及飞机冲力必须超过它的阻力等。经过一系列的追踪研究发现，自由联想越丰富的人，做出创新的可能性也往往越大。

2. **强迫联想法**

强迫联想法是苏联心理学家哥洛万斯和塔斯林茨发明的，其方法是要求拿本产品目录，随意翻阅，联想翻看到的两种产品能否构成新事物。

日本软件银行总裁孙正义认为，自己的成功得益于他早年在美国留学时的“每天一项发明”。那时候不管多忙，他每天都要给自己5分钟的时间强迫自己想一项发明。他发明的方法很奇特：从字典里随意找三个名词，然后想办法把这三样东西组合成一个新东西。一年下来，竟然有250多项发明。在这些“发明”里，最重要的是“可以发声的多国语言翻译机”。这项发明后来以1亿日元的价格卖给了日本夏普公司，为孙正义赚到了创业的资金。在这里，孙正义所用的就是强迫联想法。

### （五）逆向思维

逆向思维是对司空见惯的似乎已成定论的事物或观点反过来思考的一种思维方式，即“反其道而思之”，从问题的相反面进行深入的探索，创立新思想、新形象。

人们习惯于沿着事物发展的正方向去思考问题，并寻求解决办法。逆向思维的魅力就在于对于某些问题，从结论往回推，倒过来思考，从求解回到已知条件，或许就能使问题简单化，或变得轻而易举，甚至创造出惊天动地的奇迹。

把思维方法来个180°的大转变，有时竟能取得想不到的效果。历史上，有许多科学家就是采用逆向思维法而取得重大发现和发明的。例如，科学家兰米尔采用逆向思维法，发明了充气电灯泡并荣获帕金奖章。他不是提高灯泡的真空度，而是分别将氢气、氮气、二氧化碳、氧气等充入灯泡，观察和研究发现钨丝在氮气中可以延长工作时间。

逆向思维方法主要有位置逆向思维法、过程逆向思维法和条件逆向思维法。

1．位置逆向思维法

所谓位置逆向思维法，就是对已知的两类不同事物，设想将它们相互对换或错位所可能产生的结果的再认识和估价。其基本特点就是不仅要把两个分离的事物相互联系起来，还要借助于设想将两个事物或其某些方面的属性进行对调或结构变换，来达到发明创造的目标。

2．过程逆向思维法

所谓过程逆向思维法，就是从物态变化角度进行对比思考，即看到从一种状态变为另一种状态时思考与之相反的变化。例如，18 世纪，拉瓦把金刚石煅烧成 $CO_2$ 的实验，证明了金刚石的成分是碳。1799 年，摩尔沃成功地把金刚石转化为石墨。金刚石既然能够转变为石墨，反过来，石墨能不能转变成金刚石呢?后来，法国化学家亨利・莫瓦桑用石墨制成了金刚石。

3．条件逆向思维法

所谓条件逆向思维法：就是从事物的依存关系考虑，前后、左右、上下、大小的关系颠倒着进行导向思维。例如，中国的史丰收就是运用此种逆向思维。一般人进行数学运算都是从右至左、从小到大进行运算。史丰收运用逆向思维，反其道而行之，从左至右、从大到小来进行运算，运算速度大大加快。

（六）辩证思维

辩证思维是指以变化发展视角认识事物的思维方式，与逻辑思维相对立的一种思维方式。在逻辑思维中，事物一般是“非此即彼”“非真即假”，而在辩证思维中，事物可以在同一时间里“亦此亦彼”“亦真亦假”，而无碍思维活动的正常进行。

辩证思维方法主要有归纳与演绎法、分析与综合法、抽象与具体法等。

1．归纳与演绎法

归纳是从个别事实推出一般结论的思维方法，是思维从个别到一般的过程。演绎是从一般原理推出个别结论的思维方法，是思维从一般到个别的过程。归纳是演绎的基础演绎是归纳的前提和指导。人的认识是不断地从个别到一般，又从一般到个别的过程。这恰恰是归纳和演绎交替使用的过程。

2. 分析与综合法

分析是在思维中将对象整体分解为各个组成部分，分别加以研究和认识的思维方法，是思维从整体走向部分的过程。综合是主体在思维中把对象的各个方面的认识进行整合，全面地把握对象的方法，是思维从部分走向整体的过程。

综合离不开分析，没有分析，就难以认清对象的部分和细节，从而难以正确认识整体。分析也离不开综合，由于部分不能离开整体，如果对整体没有一个正确的认识，分析也无法进行。

3. 抽象与具体法

人们认识事物时，首先反映的是具体事物，称之为感性具体。人们使用分析的方法，把事物分解成各个部分，把它们从整体中抽取出来，并撇开各个部分的非本质属性，抽象出它的本质属性，称之为理性抽象。

人们的认识从感性具体发展成理性抽象，从现象深入本质，进一步弄清各部分的各种科学规定之间的内在联系，运用从抽象上升到具体的方法，把各种规定按照固有的内在关系相互联系起来，总体把握这一事物，对客观事物的认识由理性的抽象上升到理性的具体或者思维的具体。

（七）应变思维

应变思维是对问题未经逐步分析仅依据自己的感知迅速地对问题答案做出判断、猜想和设想的一种思维方式。

18 世纪，俄国大军事家苏沃洛夫非常注意培养训练士兵随机应变、当机立断和快速反应的能力。他常常会突然问：“森林里有多少细菌?”“天空中有多少星星?”“这个蚁穴里有多少只蚂蚁?”开始，有些士兵不明白他的用意，被弄得丈二和尚摸不着头脑，只好回答：“我不知道。”苏沃洛夫最讨厌这句不负责任的“我不知道”，异常愤怒。其实，苏沃洛夫突然地提出一些使人发蒙的问题正是训练士兵应变能力的一种方法。

应变思维方法主要有优化抉择法、创造性预见法、急中生智法和直觉思维法等。

1. 优化抉择法

创造性思维都要从问题开始，而问题的解决往往存在多种可能性。因此，能否从中做出正确的抉择就成了关键。

法国数学家庞莱的发明实际上就是抉择怎样从多种可能中做出优化的抉择呢？经验表明，单单运用逻辑思维是没法完成的，必须依靠应变抉择。爱因斯坦创立“光量子假说”也是如此。

2．创造性预见法

所谓创造性预见法，是指人脑对事物对象及其结构关系的一种迅速的判断与敏锐的思维法。预见思维是一种运用发展变化的眼光看世界的思维方法。

布鲁纳有关预见的训练是一门正式的学术学科，但却很容易被人们所忽视。机灵的预见、丰富的假设和大脑迅速做出试验性结论，这是从事任何一项工作的思想家极其珍贵的财富，而学校的任务就是引导学生掌握这种天赋。法拉第预见了磁力线与磁场的存在；居里夫人预见了放射性元素针和镭的存在；丁肇中教授预见了J粒子的存在。

3．急中生智法

顺其然，夺其时，识其本，成其事。急中生智往往能够最大限度地激发人的大脑潜能，瞬间释放出智慧的光芒。

急中生智最主要的特征是简约性，在极短的时间里做出决策。英国首相丘吉尔有一次在公开场合演讲，从台下递上一张纸条，上面只写了两个字“笨蛋”。丘吉尔神色从容地对大家说：“刚才我收到一封信，可惜写信人只记得署名，忘了写内容。”

4．直觉思维法

法国著名哲学家、数学家笛卡尔说，直觉可以作为思维的起点。亚里士多德认为，直觉就是科学知识的创始性根源。青年数学家阿普顿刚到研究所工作时，爱迪生想考考他的能力。于是，爱迪生给了他一只实验用的灯泡，叫他计算灯泡的容积。一个小时过去了，爱迪生回来检查，发现阿普顿仍然忙着测量和计算。爱迪生说：“要是我，就往灯泡里灌水，将水倒入量杯，就知道灯泡的容积了。”毫无疑问，阿普顿的计算才能及逻辑思维能力是令人钦佩的。然而，这个问题表明，他所缺少的恰恰是像爱迪生那样的直觉思维能力。

## 课后阅读

### 大学生，你不失业谁失业？

上课的时候，清醒没有发呆多，发呆没有睡觉多，睡觉没有玩手机多；下课的时候，自修没有吃零食多，吃零食没有看连续剧多，看连续剧没有游戏多。如此这般，就业时的失败怎能不比成功多？

不给范围就不会考试，给了范围也只是复印同学准备的答案。你自己即使是老板，你会雇用你自己吗？

付了钱得不到商品是谁都不肯的，而你交了学费却对那些不给你知识的老师心存感激。基本的买卖都不会，你还配做什么？

上大学填报志愿不知道自己的兴趣特长，大学毕业找工作了同样不知道自己的兴趣特长。自己都不认识自己，还有谁能认识你？

学技术不肯动手，学理论不肯动脑。等待你的除了失业还能是什么？

你说，你修完了《计算机应用基础》，但真实水平与小学生大体相当。你的竞争力在哪里？

你说，你修了两年英语，然而，你的水平还没有翻译软件水平高。有哪家用人单位需要你？

你说，你修了《思想道德修养课》，但你根本就没听。你敢说，除了课堂上睡眠的抗干扰能力得到提升外，在思想修养和道德品德方面还有哪一点比高中生强？如此德性，怕你都来不及，还会有谁会用你？

你说，你修过《阅读与写作》，但你读的是手机，你写的是微信。对语文，自己都没信心，你还想指望人家对你有信心？

你说你有专业，除了玩手机略显专业外你能响亮说出你还有什么专业特长吗？不论什么课，对你来讲都变成了手机操作课。拿笔的时间远没有拿手机的时间多，看黑板的时间远没有看手机的时间多，你让谁去相信你是一个有专业的人？

实习要让父母开假证明，评先进要让父母找关系，补办证书要父母跑学校。找工作的时候，你能有一分坦然和自信吗？

双休日你起来吃过早饭吗？连吃饭都不会，还有谁会相信你会干活？

谁也不怀疑你军训的时候叠过被子，但又有谁会相信军训结束后你还叠被子？

唯一投入的是游戏，耗时最多的是游戏，而你的自荐信对此又只字不提。自己做的连自己都不认可，世界上还有谁会认可你？

讲大道理的时候你是老子，伸手要钱的时候你是永远的儿子。你可以欺负你的父母，世界也能任由你欺负吗？

离开了电脑你还能做什么？离开了游戏你还喜欢什么？离开了家你还能到哪里去？离开了父母还有谁会给你送水端饭？对于这些问题，你都找不到答案，你还想找到前程吗？

学无所成，怪学校；考试挂科，怪老师；犯错受罚，怪制度；人际孤独，怪同学；就业困难，怪时代；孤立无援，怪父母。只有责怪，没有反思；只有骂人，没有检讨。如此处事，老板即使是你爹，他敢录用你吗？

图书馆里没有你的人影，运动场上没有你的人影，公益场上更没有你的人影。你退化的不是肌肉，你退化的不是责任感，你退化的是最基本的生存能力。像你这样的人，唯一适合的岗位是看守坟墓。今天，这一古老的职业已消失，你的失业也就成了必然。

存在的价值在于不可替代。责任心，吃苦精神，写作水平，做事能力，专业修养，操作技术，学问素养，与人相处，有哪一方面是你的看家本领？有哪一点是他人不可替代的？农民工都比你强，你不失业谁失业？

# 主题二　创新创业能力训练

大学生创新能力训练一般可以通过课程教学、学科竞赛、专项课题研究等途径和方式实现。

## 一、在课程教学中训练创新能力

### （一）在课程知识学习中训练创新能力

#### 1．采取多样新颖的教学方法，培训大学生的创新思维

具体做法：在大学生学习的每门课程中，教师根据教学内容，运用多样新颖的教学方法，使课堂动起来，让学生充满激情，思想活跃，真正成为学习的主人。让学生参与到学习中，充分发挥学生的主体作用，师生之间进行多向交流与探讨。为了取得比较好的训练效果，在教学中，教师可以事先准备一些具有趣味性探索性、研究性创造性的练习题，以激发学生的求知欲望和表现欲望。激励学生的成就感和进取精神，着重引导学生积极思考，使不同学生能体验成功的喜悦，从而让大学生在知识学习中培养创新思维。

训练模式:课程知识学习+多向交流探讨+培养学生创新思维。

示范：以市场营销学课程学习为例，目标市场知识学习——关于手机目标市场的交流与探讨某区域手机，目标市场的开发——提出具体的手机，目标市场开发方案——培养创新思维。

#### 2．建立协作学习小组，培训大学生的创新能力

具体做法：在课程教学中，教师通过引导大学生组建协作学习小组，传授学生相应的创新学习方法，让学生在协作学习过程中学会如何分析解决问题，形成新设想、产生新方案的规律、途径、手段和方法。面对“事物”，心里多问一问：现在的这些有什么问题吗？该怎样做才能更好些？通过组织利用协作学习的方式引导学生提出问题，激发学生形成新设想，学会寻找解决问题的有效途径。

训练模式：协作学习组织+创新方法+培养寻找解决问题的新途径。

示范：以市场营销课程学习为例，新产品市场开发协作学习组织—创新方法—寻找开发新途径。

#### 3．培养学习兴趣，激发创新精神

具体做法：在教学中，把教师的主导作用和学生的主体作用结合起来。根据教育教学内容和学生身心状态，教师通过各种形式创设情境，精心设计问题，并给学生提供思

维的广阔空间，有意识地鼓励学生在学习中发现并总结规律，大胆质疑问难，敢于提出假想，激发学生强烈的好奇心、刨根究底的欲望，从而培训出学生的创新精神。

训练模式：激发学生强烈的好奇心和学习兴趣＋产生刨根究底欲望＋培训出创新精神。

示范：以市场营销学课程为例，脑白金营销为什么成功？

**4．启发想象能力，增强创新能力**

具体做法：在教学中，教师通过提供机会，精心选择些发散点，培养学生创造想象的能力。让学生通过各种形式表现自己脑海中的构想，谋求一种与众不同的理解。鉴于学生的能力水平问题，在实际教学操作中，可采用小组合作的形式。让学生在和谐、合作的气氛中，边讨论边思考，各抒己见。在这个过程中，它能引发学生进步思考，不失时机地培养学生的创新思维能力。

训练模式：激发学生强烈好奇心和学习兴趣＋产生刨根究底欲望＋培训出创新精神。

示范；以市场营销学课程为例，脑白金营销成功的主要原因是什么？

### （二）在实践中训练创新能力

**1．开设创新实验项目**

创新实验项目不像一般的实验训练，侧重在课程知识的应用，侧重在学生运用所学的课程专业知识去解决实际问题。学生要完成创新实验项目，需要深入思考，需要解决许多没有现成答案的问题，需要自己设计方案，寻找答案。创新实验项目能够很好地培养学生的创新能力。

学校主要通过投资购买专门的创新创业培训软件来培训大学生的创新能力。如杭州贝腾公司的创新创业软件、深圳因纳特科技有限公司的创新先锋软件等，都可以模拟创新创业环境，通过训练让大学生的创新创业能力大大提高。

**2．任务驱动**

任务驱动的教与学的方式，能为学生提供体验实践的情境和感悟问题的情境，围绕任务展开学习，以任务的完成结果检验和总结学习过程等，改变学生的学习状态，使学生主动进行探究实践思考。其具体实施过程如下。

（1）给出具体任务。在实训过程中给出具体的任务。如娃哈哈新品在某市的上市推广。

（2）设定任务目标。比如，在多长时间内要让该新品的知名度达到百分之多少，产量达到多少，销售收入达到多少等。

（3）制定任务要求与规则。学生分组进行，在规定的时间内每组要设计出新品上市推广方案；将设计方案撰写出来交给教师，然后同娃哈哈公司合作实施。

（4）任务结束后的反馈。例如，你上市推广的创意来源于哪儿？你是从哪个方面考虑推广创新的？在这个活动中，你有什么收获？

实训可以让学生在实践中掌握理论知识，也可以让学生结合自己的专业，提高自己的动手能力。

#### 3．情境模拟实训

情境模拟实训的核心在于激发学生的情感，通过有目的地引入或创设具有一定情绪色彩的、以形象为主体的生动具体的场景，引起学生一定的态度体验，从而帮助学生理解知识，并使学生的心理功能得到发展。例如，在智力激励法的实训过程中，布置学习任务后组织学生模拟公司会议的场景，确定会议的时间，融于具体形象的情境中，让学生在体、地点、内容，在创设的模拟情景中解决问题。情景模拟的教学方式寓教学内容于具体形象的情景中，让学生在体验中加深对知识的理解。

#### 4．案例训练

将案例的情境与相应的训练内容联系起来，以揭示案例与实训知识之间的联系。实训的特点就在于教师通过启发、引导、组织、调控，促使学生积极参与，主动交流和展开探索研究，从而培养大学生的创新能力。

### （三）在科研过程中训练创新能力

本科教育数学质量的重大学生科研训练是高校教育改革的重要举措，是提高大学本科教育教学质量的重要经验之一，是培养大养大学生创新意识和创造能力的有效途径。发挥其主观能动性。通过科研训练，可以激发大学生学习的主动性，培养其进行独立思考的能力，进而发挥其主观能动性。同时科研训练还培养了学生的团队意识以及将来进入职场所必备的基本道德素质，能力创新正是在这一系列的活动中产生的。

#### 1．学校搭建大学生科研训练平台

学校负责搭建大学生科研训练平台。平台搭建的好坏直接决定大学生的创新意识和创新能力训练的质量。平台一是要培养大学生的科研兴趣，二是要提供大学生开展科研的条件，三是要提供政策和经费的支持。

#### 2．教师提供科研项目并指导实施

（1）教师可以吸收大学生参与自己的科研项目，培养学生科研的兴趣。

（2）教师指导学生申报学生科研项目，并教给学生最基本的科研与创新方法，如如何选题，如何收集、分析、整理资料、如何提炼论点、如何论证阐述等。

（3）以培养学生获取知识的能力为着眼点，培养学生的创新能力。教师应多培养学生独立思考的能力，通过创建讨论小组，使学生积极参与讨论，教师从旁指导。有一千个读者，就有一千个哈姆雷特。对于同一个问题，每个学生都有其独特的见解。但是，只有通过集体讨论，才能明白自己思维的局限性，从而激发更广阔的思维，产生更多的灵感。

**3．学生借助科研培养创新能力**

学生是科研训练成功与否的内因，不论是学校，还是教师，都属于科研训练的辅助因素，真正发挥作用的还是学生本人。学生要正确认识科研训练与创新能力培养之间的关系，要严格要求自己参加科研训练以提高自身的创新能力积极参与科研训练活动，在实践中积累知识培养能力，并形成与人合作的良好品质。

## 二、在学科竞赛中训练创新能力

### （一）在专业学科竞赛中训练大学生的创新能力

学科竞赛是在紧密结合课堂教学的基础上，以竞赛的方法激发学生理论联系实际，引导学生通过完成竞赛任务来发现问题、解决问题进而培养学生综合能力的系列化活动。这不仅对实践教学具有促进作用，而且在增强学生学习兴趣，培养学生的团队协作意识和精神，推进学科建设和课程改革，引导高校在教学改革中注重培养学生的创新能力动手能力等方面具有重要的功能。

**1．在竞赛内容方面**

各学校可以根据不同门类专业学科设计竞赛题目。竞赛题目可以是按照参赛标准和准则自行设计作品，也可以是针对现存问题提供解决方案，还可以发挥大学生的想象力构建一个场景来说明学科知识在实际中的具体运用，具有内容开放、竞赛难度较大的特点。学科竞赛对知识的综合和灵活运用能力要求较高，学生需要充分运用库存知识去发现并且分析解决问题，利用现有知识背景去筛选方法及验证方案，进而完成从掌握理论知识到切实解决问题的跨越。

**2．在竞赛准备方面**

学科竞赛需要参赛学生具备良好的心理素质和精神面貌。学科竞赛比赛周期较长，短则几周，长则数月，而且参赛场数多，难度系数和强度系数随着时间的推移会逐渐增大。这就要求参赛者具有坚持不懈的毅力和百折不挠的精神，长时间面临困难的勇气和决心，有超强的忍耐力和抗压力，具有心理准备要求充分、抗压能力强等特点。

3．在竞赛方式方面

参赛的学生可以利用现代化网络提供的便利条件，运用网络和各种文献资料、书籍、光影磁盘等多种途径获取所需信息。同时，参赛者可以建立稳定的人际脉络网，形成自己的“军师团”，向他们请教参赛的好策略可行性方案。这种半开放形式和完全开放形式的学科竞赛方式对资料和信息的获取路径、对信息如何分析和处理，没有规定的范式。因此对于外部资源的利用全凭参赛者“各显神通”，具有灵活度高、支撑系统多、可利用资源广泛的特点。

（二）借助“挑战杯”平台训练大学生的创新能力

“挑战杯”全国大学生课外学术科技作品竞赛是国内著名大学和新闻单位联合发起的，由共青团中央，中国科协、教育部全国学联和承办单位所在省（市）人民政府共同主办，是一项具有示范性导向性和群众性的全国竞赛活动。各高校可以以“挑战杯”为平台积极开展各级各类科技竞赛活动，促进大学生创新和实践能力的提升。

1．建立科学合理的创新能力培养体系

改革传统的教学模式，在原有的实践教学平台、实训教学平台的基础上，增加大学生创新教学平台。创新教学平台在搭建上要包括科技或社会活动项目、竞赛活动或项目、创新作品或创业成果，将平台分为基础层、综合层和提高层，形成一个完善的教学平台。

2．加强三支队伍的建设和注重两个梯队的培养

三支队伍包括专业教师队伍、组织管理队伍和科技活动骨干队伍，两个梯队则是指导教师梯队和参赛选手梯队。专业教师队伍在教育教学过程中的创新性思维创新性教育教学方法的充分发挥，为持久开展创新教育、培养大批创新人才提供了基础条件。

组织管理队伍由学生工作者组成，他们与学生接触最多、联系最紧密，对学生产生潜移默化的影响。科技活动骨干队伍在培养大学生创新能力方面发挥带动作用。指导教师梯队决定学生科技创新活动的层次和质量，必须选拔和培养一批技术水平高、责任心强的教师参与指导大学生科技创新活动，为课外科研提供技术支持。参赛选手梯队关键在于中间人才梯队的培养和供应，在全国性大赛中，一般要组织较多的学生参加预赛，让更多的学生参与设计和制作，再从中选拔优秀的学生参赛。对于落选的学生，学校也要鼓励他们以后备队员的身份与参赛队员一起进行训练。这样做，一方面可以防止个别参赛队员由于特殊原因不能参赛时随时有队员进行补充，另一方面也为活动的持续开展培养了梯队。

3．建立创新教育的有效载体

参加课外科技活动对学生而言是一个自主探索学习的过程。学生会不断发现问题，提出问题并努力求解。这就促使学生从被动学习转变为主动学习，锻炼其发现问题解决

问题的能力。学生课外科技活动的实质是强调创造性，获得解决问题的方法和形成探索研究的精神，它为创新活动构建了一个新的平台。

**4．为项目孵化提供条件和促进科研成果的应用及转让**

学校在条件成熟时可设立科技创新“孵化器”，对有较强实际操作能力和良好市场前景的创新创业项目给予一定帮助。在把项目“扶上马”，参赛之后，如果该项目有宽广的空间和潜力，我们还应该在创业的道路“送一程”。

## 三、在专项课题研究中训练创新能力

各高校为了培养大学生的创新创业能力，还可以通过设立或申报大学生创新创业的专项研究课题，让大学生在主持或参与创新创业专项课题研究中培养创新能力。

### （一）高校自设的大学生创新创业项目

各高校可以根据本学校专业学生的实际情况，从培养大学生创新能力的需要出发，设立具有特色的一些创新专项科研课题供本校学生申报，让学生在专项课题研究中培养创新能力。例如，华侨大学设立的“华侨大学学生科技文化创新创业项目”、乐山师范学院设立的“乐山师范学院科技和旅游文化创新创业项目”等。

### （二）地方政府设立的大学生创新创业项目

各高校所在的省、地市政府部门为了推动本省、本地市大学生创新创业活动，培养大学生创新创业能力而设立的专题研究项目，学校也可以积极动员大学生去申报，争取立项。如四川省人社局、乐山市人社局就设立了相应的专项课题。

## 课后阅读

### 西点军校 18 条军规

西点军校 18 条军规是您在成功的道路上必须学的一课，人生的整个征途中，西点军校 18 条军规无时无刻伴随着您，提醒着您，激励着您。当您在生活中、在事业上感到茫然无措、身心俱疲的时候，一定要回来将这些军规多读几遍。

第一条、无条件执行

西点军校学子、美国总统艾森豪威尔说过：“任何语言都是苍白的，你唯一需要的就是执行力，一个行动胜过一打计划”。光说不做，什么都无法改变；抱怨着去做，只会更加难过；只做不说才是提升自我的首选。因为，服从本身也是对自我的尊重和肯定。

第二条、没有任何借口

任何带一丝借口的理由都是庸者、愚者自我安慰的掌上名言。“没有任何借口”体现的是一种完美的执行能力，一种服从，诚实的态度，一种负责，敬业的精神。而在现实生活中，借口成了一面挡箭牌，这本身就是一种不负责任的态度。

第三条、细节决定成败

西点军校前校长潘莫曾指出：“最聪明的人设计出来最伟大的计划，执行的时候还是必须从小处着手，整个计划的成败就取决于这些细节。”想成就一番事业必须从简单的事情做起。如果说不拘小节拥有的是豁达的人生，那注重细节的人往往会成就非凡的事业。

第四条、以上司为榜样

这个世界只在乎你是否达到了一定的高度，而不在乎你是踩在巨人的肩膀上去的还是踩在垃圾堆上去的。上去的速度一定程度上取决于学习的对象，所以遇到强者是件幸运的事。对于值得自己学习的人和事，竭尽全力，这才是正确的人生态度。

第五条、荣誉原则

是否有荣誉心关系到事情的成败，而荣誉心是由自己的心去决定的。世上不知有多少安于现状的人，只因没有强烈的荣誉观念，所以他们得过且过，没有为目标去努力去激情地感受。其实很多时候，他们明明是可以做到的，却被自己丢弃在“平庸的荒漠”。

第六条、受人欢迎

俗话说的好：得人心者得天下。”一个能让人打心眼儿里喜欢的人，可以在社会上左右逢源。人有百种，各有所好。若能做到让人人都喜欢，就不是一般的能力了。世间有这种能力的人可以更快地完成自己的追求，并获得他人的认可，一举双得。

第七条、善于合作

自己是独立的，但世界是大家的，与人沟通和合作是必然的。善于合作，是指在需要互相配合的事情上能够与别人协调一致，做好自己的那个部分。毕竟，个人力量有限，只有实现了资源的优化组合，与志同道合者合作，才能实现仅凭自己无法达成的愿望。

第八条、团队精神

一群优秀的人组成的团队是拥有最强生命力和竞争力的团队。而在它背后支撑他们每个成员的巨大力量，便是可贵的团队精神，如果非得说有什么力量是无坚不摧的，那么就是有具备这种精神的团队了，而个体也只有在这样的团队中，才可能发展得更好。

第九条、只有第一

成功是很多人的最终追求，而竞争意识是成功人士的特征之一。对于天生的挑战者来说，第二意味着做的不够，只有第一，才是永恒不变的追求。只有这样的胆大和“妄为”，才能有更为持久的竞争力和主动地位。

第十条、敢于冒险

每时每刻，我们每个人都处在一定的风险里。那些过于保守，缺乏创新意识的人很难成功，而且很多时候，与风险结伴而来的还有机遇。选择还是放弃就成为了人生岔路口的指向标，或功成名就或一败涂地，就看是否有敏锐的眼光和敢于尝试的勇气。

第十一条、不断提升自己

成长，在于每一天的获得和积累；提高，在于自己的学习和努力。西点军校第一任校长，乔纳森·威廉斯曾说过：“不管你有多么伟大，你依然需要提升自己，如果你停止在现有的水平上，实际上你是在倒退。”

第十二条、全力以赴

留有余地还是全力以赴？这是两种不同的处世态度，猛然看去似乎都有道理，事实上要分场合分事情。对于梦想，只需懂得这两句词就够了“把握生命中的每一分钟，全力以赴我们心中的梦，不经历风雨，怎么见彩虹，没有人能随随便便成功……”。

第十三条、尽职尽责

做事一丝不苟能够迅速培养严谨的品格、获得超凡的智能。一个人一旦领悟了全力以赴地工作能消除工作辛劳这一秘诀，他就掌握了打开成功之门的钥匙了。能处处以主动尽职的态度工作，即使从事最平庸的职业也能增添个人的荣耀。

第十四条、没有不可能

将“可能”变成“不可能”的人是十足的懒汉；而将“不可能”变成“可能”的人是自己人生的魔术师。这样的人常常会绝处逢生，再多的艰难困苦，在它面前似乎都只是“摆设”，能以很轻松的心态绕过前行。

第十五条、永不放弃

在拥有这种意志力的人的身上没有所谓的“滑铁卢”，更看不到沮丧的眼泪，不论面对怎样的困境，多大的打击，他们总是埋头苦干，从不轻言放弃。因为他们明白，期待的胜利往往就产生在再坚持一下的努力之中。

第十六条、敬业为魂

做一个踏实的工作者，是表现自己的正途，用自身的积极行动去证明你是一个不可或缺的人。要知道，任何一个双手插在口袋里的人都爬不上成功的梯子。只有对事业全身心投入的人，才会获得事业的成功。

第十七条、理念至上

有什么样的想法就有什么样的选择。有什么样的选择就有什么样的生活。我们虽然不能成为贵族的后代，但是通过我们的努力，我们可以成为贵族的祖先。这是一个充满竞争的时代，要想走向成功卓越，必须学会从起点之前赢得先机。

第十八条、自动自发

所谓的主动，指的是随时准备把握机会，展现超乎他人要求的工作和表现，以及拥有“为了完成任务，必要时不惜打破成规”的智慧和判断力。我们的人生好比一份考卷，单选，多选，不定项，无其不有。主动一些，多比别人做一道，就多一份成功的可能。

# 主题三 创新方法

创新方法是指创新活动中带有普遍性和规律性的方法和技巧。创新方法一直为世界各国所重视，在美国被称为创造力工程，在日本被称为发明技法，在俄罗斯被称为创造力技术或专家技术。我国学者认为创新方法是科学思维、科学方法和科学工具的总称。其中，科学思维是一切科学研究和技术发展的起点，始终贯穿于科学研究和技术发展的全过程，是科学技术取得突破性、革命性进展的先决条件。

科学方法是人们进行创新活动的创新思维、创新规律和创新机理，是实现科学技术跨越式发展和提高自主创新能力的重要基础。科学工具是开展科学研究和实现创新的必要手段和媒介，是最重要的科技资源。由此可见，创新方法既包含实现技术创新的方法，也包含实现管理创新的方法。目前，主要的创新方法有头脑风暴法、统摄法、奥斯本检核表法、六顶思考帽法等。

## 一、头脑风暴法

头脑风暴（Brain Storming，BS）法又称智力激励法或自由思考法（畅谈法，畅谈会，集思法）。头脑风暴法出自“头脑风暴”一词。所谓头脑风暴（Brain-Storming），最早是精神病理学上的用语，指精神病患者的精神错乱状态而言的。而现在则成为无限制的自由联想和讨论的代名词，其目的在于产生新观念或激发创新设想。

头脑风暴法是由美国创造学家 A.F.奥斯本于 1939 年首次提出、1953 年正式发表的一种激发性思维的方法。此法经各国创造学研究者的实践和发展，至今已经形成了一个发明技法群，如奥斯本智力激励法、默写式智力激励法、卡片式智力激励法等。

在群体决策中，由于群体成员心理相互作用影响，易屈于权威或大多数人意见，形成所谓的“群体思维”。群体思维削弱了群体的批判精神和创造力，损害了决策的质量。为了保证群体决策的创造性，提高决策质量，管理上发展了一系列改善群体决策的方法，头脑风暴法是较为典型的一个。

头脑风暴法又可分为直接头脑风暴法（通常简称为头脑风暴法）和质疑头脑风暴法（也称反头脑风暴法）。前者是在专家群体决策中尽可能激发其创造性，产生尽可能多的设想，后者则是对前者提出的设想、方案逐一质疑，分析其现实可行性。

采用头脑风暴法组织群体决策时，要集中有关专家召开专题会议，主持者以明确的方式向所有参与者阐明问题，说明会议的规则，尽力创造在融洽轻松的会议气氛。主持者一般不发表意见，以免影响会议的自由气氛，由专家们“自由”提出尽可能多的方案。

### （一）头脑风暴法的激发机理

头脑风暴何以能激发创新思维？根据 A.F.奥斯本本人及其他研究者的看法，主要有以下几点。

第一，联想反应。联想是产生新观念的基本过程。在集体讨论问题的过程中，每提出一个新的观念，都能引发他人的联想。相继产生一连串的新观念，产生连锁反应，形成新观念堆，为创造性地解决问题提供了更多的可能性。

第二，热情感染。在不受任何限制的情况下，集体讨论问题能激发人的热情。人人自由发言、相互影响、相互感染，能形成热潮，突破固有观念的束缚，最大限度地发挥创造性思维能力。

第三，竞争意识。在有竞争意识的情况下，人人争先恐后，竞相发言，不断地开动思维机器，力求有独到见解，新奇观念。心理学的原理告诉我们，人类有争强好胜心理，在有竞争意识的情况下，人的心理活动效率可增加50%或更多。

第四，个人欲望。在集体讨论解决问题过程中，个人的欲望自由不受任何干扰和控制是非常重要的。头脑风暴法有一条原则，不得批评仓促的发言，甚至不许有任何怀疑的表情、动作、神色。这就能使每个人畅所欲言，提出大量的新观念。

### （二）头脑风暴法成功的关键

头脑风暴法成功的关键是探讨方式，即群体能进行充分、非评价性和无偏见的交流，具体可归纳为以下几点。

#### 1．自由畅谈

参加者不应受任何条条框框限制，放松思想，让思维自由驰骋，从不同角度，不同层次，不同方位，大胆地展开想象，尽可能地标新立异，与众不同，提出独创性的想法。

#### 2．延迟评判

头脑风暴必须坚持当场不对任何设想作出评价的原则，既不能肯定某个设想，又不否定某个设想，也不对某个设想发表评论性的意见，一切评价和判断都要延迟到会议结束以后才能进行。这样做一方面是为了防止评判约束与会者的积极思维，破坏自由畅谈的有利气氛；另一方面是为了集中精力先开发设想，避免把应该在后阶段做的工作提前进行，影响创造性设想的大量产生。

#### 3．禁止批评

绝对禁止批评是头脑风暴法应该遵循的一个重要原则。参加头脑风暴会议的每个人都不得对别人的设想提出批评意见，因为批评对创造性思维无疑会产生抑制作用。即使自己认为是幼稚的、错误的，甚至是荒诞离奇的设想，亦不得予以驳斥。

同时，发言人的自我批评也在禁止之列。有些人习惯于用一些自谦之词，这些自我批评性质的说法同样会破坏会场气氛，影响自由畅想。

诸如“这根本行不通”“你这想法太陈旧了”“这是不可能的”“这不符合某某定律”

“我提一个不成熟的看法”“我有一个不一定行得通的想法”等语句，禁止在会议上出现。

4．追求数量

头脑风暴会议的目标是获得尽可能多的设想，追求数量是它的首要任务。参加会议的每个人都要抓紧时间多思考，多提设想。至于设想的质量问题，自可留到会后的设想处理阶段去解决。在某种意义上，设想的质量和数量密切相关，产生的设想越多，其中的创造性设想就可能越多。

（三）头脑风暴法的操作程序

1．准备阶段

头脑风暴法的主持工作最好由对决策问题的背景比较了解并熟悉头脑风暴法的处理程序和处理方法的人担任。头脑风暴主持者的发言应能激起参加者的思维“灵感”，促使参加者感到急需回答会议提出的问题。

主持人应事先对所议问题进行一定的研究，弄清问题的实质，找到问题的关键，设定解决问题所要达到的目标。同时选定与会人员，一般以5～10人为宜，不宜太多。然后将会议的时间、地点、所要解决的问题、可供参考的资料和设想、需要达到的目标等事宜一并提前通知与会人员，让大家做好充分的准备。

通常，可按照如下原则选取与会人员。

（1）如果参加者相互认识，要从同一职位（职称或级别）人员中选取。领导人员不应参加，否则可能会对参加者造成某种压力。

（2）如果参加者互不认识，可从不同职位（职称或级别）人员中选取。这时不应宣布参加者的职位，即应同等对待所有参加者，而不必考虑其职位高低。

（3）参加者的专业应力求与所论及的决策问题相一致，这并不是专家组成员的必要条件。但是，专家中最好包括一些学识渊博，对所论及问题有较深理解的其他领域的专家。此外，头脑风暴法的所有参加者都应具备较高的联想思维能力。

2．热身阶段

这个阶段的目的是创造一种自由、宽松、祥和的氛围，使大家得以放松，进入一种无拘无束的状态。主持人宣布开会后，先说明会议的规则，然后随便谈点有趣的话题或问题，让大家的思维处于轻松和活跃的状态，这个时间需5～10分钟。如果所提问题与会议主题有着某种联系，人们便会轻松自如地导入会议议题，效果自然更好。

一旦参加者被鼓励起来以后，新的设想就会源源不断地涌现出来。这时，主持者只需根据“头脑风暴”的原则进行适当引导即可。应当指出，发言量越大，意见越多种多样，所论问题越广越深，出现有价值设想的概率就越大。

3．明确问题

接下来，主持人简明扼要地介绍有待解决的问题。介绍时不可过分详细，否则，过多的信息会限制人的思维，干扰思维创新的想象力。

4．重新表述问题

经过一段讨论后，大家对问题已经有了较深程度的理解。这时，为了使大家对问题的表述能够具有新角度、新思维，主持人或书记员要记录大家的发言，并对发言记录进行整理。通过记录的整理和归纳，找出富有创意的见解，以及具有启发性的表述，供下一步畅谈时参考。

5．畅谈阶段

畅谈是头脑风暴法的创意阶段。为了使大家能够畅所欲言，需要制订的规则是：第一，不要私下交谈，以免分散注意力；第二，不能妨碍他人发言，不去评论他人发言，每人只谈自己的想法；第三，发表见解时要简单明了，一次发言只谈一种见解。主持人首先要向大家宣布这些规则，随后引导大家自由发言，自由想象，自由发挥，使彼此相互启发，相互补充，真正做到知无不言，言无不尽，畅所欲言，然后将会议发言记录进行整理。

6．筛选阶段

会议结束后的一两天内，主持人应向与会者了解大家会后的新想法和新思路，以此补充会议记录。然后将大家的想法整理成若干方案，再根据相关标准进行筛选。经过多次反复比较和优中择优，最后确定 1～3 个最佳方案。这些最佳方案往往是多种创意的优势组合，是大家集体智慧的结晶。

（四）头脑风暴法中主持人技巧

（1）主持人应懂得各种创造思维和技法，会前要向与会者重申会议应严守的原则和纪律，善于激发成员思考，使场面轻松活跃而又不失脑力激荡。

（2）可轮流发言，每轮每人简明扼要地说清楚一个创意设想，避免形成辩论会和发言不均。

（3）要以赏识激励的词句语气和微笑点头的行为语言，鼓励与会者多出设想，如说：“对，就是这样！”“太棒了！”“好主意！这一点对开阔思路很有好处！”等。

（4）禁止使用“这点别人已说过了！”“实际情况会怎样呢？”“请解释一下你的意思。”“就这一点有用”“我不赞赏那种观点。”等。

（5）经常强调设想的数量，比如平均 3 分钟内要发表 10 个设想。

（6）遇到人人皆才穷计短、出现暂时停滞时，可采取一些措施，如休息几分钟，再进行几轮脑力激荡。或发给每人一张与问题无关的图画，要求讲出从图画中所获得的灵感。

（7）根据课题和实际情况需要，引导大家掀起一次又一次脑力激荡的“激波”。如课题是某产品的进一步开发，可以从产品改进配方思考作为第一激波、从降低成本思考作为第二激波、从扩大销售思考作为第三激波等。又如，对某一问题解决方案的讨论，引导大家掀起“设想开发”的激波，及时抓住“拐点”，适时引导进入“设想论证”的激波。

（8）要掌握好时间，会议持续 1 小时左右，形成的设想应不少于 100 种。但最好的设想往往是会议要结束时提出的，因此，预定结束的时间到了后可以根据情况再延长 5 分钟，这是人们最容易提出好设想的时候。在 1 分钟时间里再没有新主意、新观点出现时，智力激励会议可宣布结束或告一段落。

### （五）质疑头脑风暴法简介

在决策过程中，对上述直接头脑风暴法提出的系统化的方案和设想，还经常采用质疑头脑风暴法进行质疑和完善。这是头脑风暴法中对设想或方案的现实可行性进行估价的一个专门程序。在这一程序中：

第一阶段就是要求参加者对每一个提出的设想都要提出质疑，并进行全面评论。评论的重点是研究有碍设想实现的所有限制性因素。在质疑过程中，可能产生一些可行的新设想。这些新设想包括对已提出的设想无法实现的原因的论证，存在的限制因素，以及排除限制因素的建议。其结构通常是：“××设想是不可行的，因为……，如要使其可行，必须……”

第二阶段是对每一组或每一个设想编制一个评论意见一览表，以及可行设想一览表。质疑头脑风暴法应遵守的原则与直接头脑风暴法一样，只是禁止对已有的设想提出肯定意见，而鼓励提出批评和新的可行设想。在进行质疑头脑风暴法时，主持者应首先简明介绍所讨论问题的内容，扼要介绍各种系统化的设想和方案，以便把参加者的注意力集中于对所论问题进行全面评价上。质疑过程一直进行到没有问题可以质疑为止。质疑中抽出的所有评价意见和可行设想，应专门记录或录在磁带上。

第三个阶段是对质疑过程中抽出的评价意见进行估价，以便形成一个对解决所讨论问题实际可行的最终设想一览表。对于评价意见的估价，与对所讨论设想质疑一样重要。因为在质疑阶段，重点是研究有碍设想实施的所有限制因素，而这些限制因素即使在设想产生阶段也是放在重要地位予以考虑的。

由分析组负责处理和分析质疑结果。分析组要吸收一些有能力对设想实施做出较准确判断的专家参加。如果须在很短时间就重大问题做出决策时，吸收这些专家参加尤为重要。

实践经验表明，头脑风暴法可以排除折中方案，对所讨论问题通过客观、连续的分析，找到一组切实可行的方案，因而头脑风暴法在军事决策和民用决策中得出了较广泛的应用。例如，在美国国防部制订长远科技规划中，曾邀请 50 名专家采取头脑风暴法开了两周会议。参加者的任务是对事先提出的长远规划提出异议。通过讨论，得到一个使原规划文件变为协调一致的报告，在原规划文件中，只有 25%～30%的意见得到保留。由此可以看到头脑风暴法的价值。

当然，头脑风暴法实施的成本（时间、费用等）是很高的，另外，头脑风暴法要求参与者有较好的素质。这些因素是否满足会影响头脑风暴法实施的效果。

## 二、5W2H 分析法

5W2H 分析法又叫七何分析法，是二战中美国陆军兵器修理部首创。简单、方便，易于理解、使用，富有启发意义，广泛用于企业管理和技术活动，对于决策和执行性的活动措施也非常有帮助，也有助于弥补考虑问题的疏漏。

### （一）5W2H 分析法的具体内容

发明者用五个以 W 开头的英语单词和两个以 H 开头的英语单词进行设问，发现解决问题的线索，寻找发明思路，进行设计构思，从而搞出新的发明项目，这就叫作 5W2H 法，如图 2-1 所示。

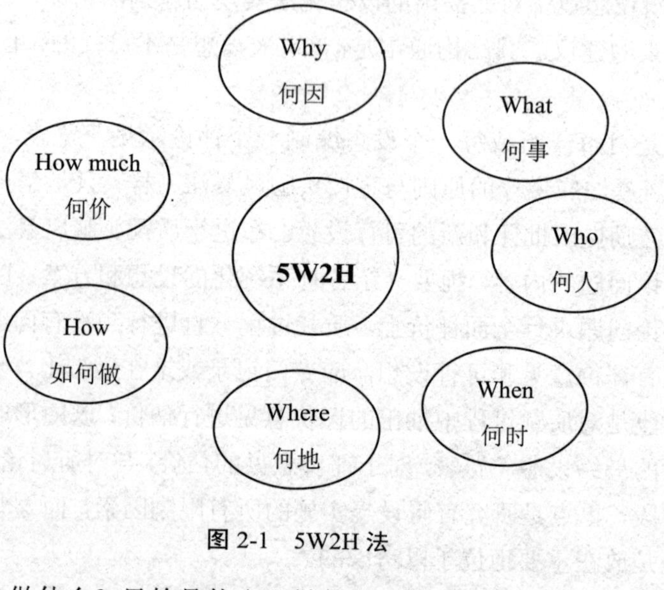


图 2-1　5W2H 法

（1）What——做什么？目的是什么？做什么工作？

（2）How——怎么样？如何提高效率？如何实施？方法怎样？

（3）Why——为什么？为什么要这么做？理由何在？原因是什么？为什么造成这样的结果？

（4）When——何时？什么时间完成？什么时机最适宜？

（5）Where——何处？在哪里做？从哪里入手？

（6）Who——何人做？由谁来承担？谁来完成？谁负责？

（7）How much——多少？做到什么程度？数量如何？质量水平如何？费用产出如何？

提出疑问于发现问题和解决问题是极其重要的。创造力高的人，都具有善于提问题的能力。众所周知，提出一个好的问题，就意味着问题解决了一半。提问题的技巧高，可以发挥人的想象力。相反，有些问题提出来，反而挫伤我们的想象力。

发明者在设计新产品时，常常提出：为什么（Why）；做什么（What）；何人做（Who）；何时（When）；何地（Where）；怎样（How）；多少（How much）。这就构成了5W2H法的总框架。如果提问题中常有“假如……”“如果……”“是否……”这样的虚构，就是一种设问，设问需要更高的想象力。

在发明设计中，对问题不敏感，看不出毛病是与平时不善于提问有密切关系的。对一个问题追根刨底，有可能发现新的知识和新的疑问。所以，从根本上说，学会发明，首先要学会提问，善于提问。

阻碍提问的因素一是怕提问多，被别人看成什么也不懂的傻瓜，二是随着年龄和知识的增长，提问欲望渐渐淡薄。如果提问得不到答复和鼓励，反而遭人讥讽，结果在人的潜意识中就形成了这种看法：好提问、好挑毛病的人是扰乱别人的讨厌鬼，最好紧闭嘴唇，不看、不闻、不问，但是这恰恰阻碍了人的创造性的发挥。

### （二）5W2H法的应用程序

下面以检查原产品的合理性为例，说明5W2H法的应用程序。

#### 1．检查原产品的合理性

（1）为什么（why）？为什么采用这个技术参数？为什么不能有响声？为什么停用？为什么变成红色？为什么要做成这个形状？为什么采用机器代替人力？为什么产品的制造要经过这么多环节？为什么非做不可？

（2）做什么（What）？条件是什么？哪一部分工作要做？目的是什么？重点是什么？与什么有关系？功能是什么？规范是什么？工作对象是什么？

（3）何人做（who）？谁来办最方便？谁会生产？谁可以办？谁是顾客？谁被忽略了？谁是决策人？谁会受益？

（4）何时（when）？何时要完成？何时安装？何时销售？何时是最佳营业时间？何时工作人员容易疲劳？何时产量最高？何时完成最为时宜？需要几天才算合理？

（5）何地（where）？何地最适宜某物生长？何处生产最经济？从何处买？还有什么地方可以作销售点？安装在什么地方最合适？何地有资源？

（6）怎样（How to）？怎样做省力？怎样做最快？怎样做效率最高？怎样改进？

怎样得到？怎样避免失败？怎样求发展？怎样增加销路？怎样达到效率？怎样才能使产品更加美观大方？怎样使产品用起来方便？

（7）多少（How much）？功能指标达到多少？销售多少？成本多少？输出功率多少？效率多高？尺寸多少？重量多少？

**2．找出主要优缺点**

如果现行的做法或产品经过七个问题的审核已无懈可击，便可认为这一做法或产品可取。如果七个问题中有一个答复不能令人满意，则表示这方面有改进余地。如果哪方面的答复有独创的优点，则可以扩大产品这方面的效用。

**3．决定设计新产品**

克服原产品的缺点，扩大原产品独特优点的效用。

这样的“5W2H”的思维方式，换种说法，就是管理的精确化、数字化，这不只限于执行工作指令时有用，还可以运用到管理的一切方面。在你做任何事情的时候，头脑中都有如此精确化、数字化的概念，才能避免你在工作中的盲目冲动或感情用事。比如在审查一个改善方案是否有价值实施的时候，只要做一个“5W2H”的比较评价，立刻就会明白是否值得去做。

## 三、六顶思考帽法

六顶思考帽是英国学者爱德华·德·博诺（Edward de Bono）博士开发的一种思维训练模式，或者说是一个全面思考问题的模型。它提供了“平行思维”的工具，避免将时间浪费在互相争执上。强调的是“能够成为什么”，而非“本身是什么”，是寻求一条向前发展的路，而不是争论谁对谁错。运用德·博诺的六顶思考帽，将会使混乱的思考变得清晰，使团体中无意义的争论变成集思广益的创造，使每个人变得富有创造性。

### （一）六顶思考帽分类

所谓六顶思考帽，是指使用六种不同颜色的帽子代表六种不同的思维模式，如图 2-2 所示。任何人都有能力使用以下六种基本思维模式。

（1）白色思考帽。白色是中立而客观的。戴上白色思考帽，人们关注的是客观事实和数据。

（2）绿色思考帽。绿色代表茵茵芳草，象征勃勃生机。绿色思考帽寓意创造力和想象力，它具有创造性思考、头脑风暴、求异思维等功能。

（3）黄色思考帽。黄色代表价值与肯定。戴上黄色思考帽，人们从正面考虑问题，表达乐观的、满怀希望的、建设性的观点。

（4）黑色思考帽。戴上黑色思考帽，人们可以运用否定、怀疑、质疑的看法，合乎逻辑地进行批判，尽情发表负面意见，找出逻辑上的错误。

（5）红色思考帽。红色是情感的色彩。戴上红色思考帽，人们可以表现自己的情绪，人们还可以表达直觉、感受、预感等方面的看法。

（6）蓝色思考帽。蓝色思考帽负责控制和调节思维过程。它负责控制各种思考帽的使用顺序，它规划和管理整个思考过程，并负责做出结论。

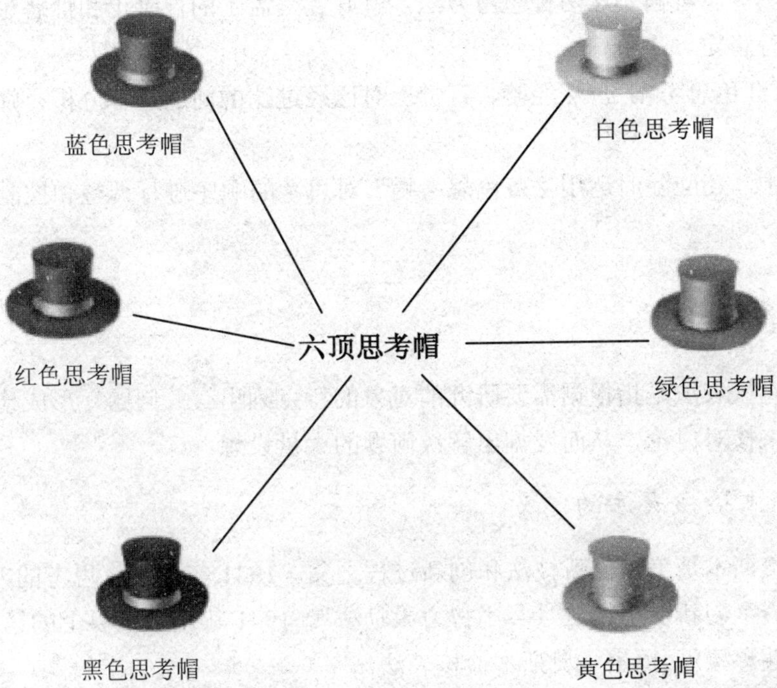


图 2-2 六顶思考帽

六顶思考帽是一个操作简单、经过反复验证的思维工具，它给人以热情、勇气和创造力，让每一次会议，每一次讨论，每一份报告，每一个决策都充满新意和生命力。这个工具能够帮助人们：提出建设性的观点；聆听别人的观点；从不同角度思考同一个问题，从而创造高效能的解决方案；用“平行思维”取代批判式思维和垂直思维；提高团队成员集思广益的能力。

### （二）应用步骤

下面以使用“六顶思考帽”来考虑我们工作中存在的问题为例，简要介绍一下“六顶思考帽”的应用步骤。

（1）运用“白色思考帽”来思考、搜集各环节的信息，收取各个部门存在的问题，获得基础数据。

（2）戴上“绿色思考帽”，用创新思维来考虑这些问题，不是一个人思考，而是各层次管理人员都用创新的思维去思考，大家提出各自解决问题的办法、好的建议、好的措施。也许这些方法不对，甚至无法实施，但是，运用创新思考方式就是要跳出一般的思考模式。

（3）分别戴上“黄色思考帽”和“黑色思考帽”，对所有的想法从“光明面”和“良性面”进行逐个分析，对每一种想法的危险性和隐患进行分析，找出最佳切合点。“黄色思考帽”和“黑色思考帽”这两种思考方法，就好像是孟子的性善论和性恶论，都能进行否决或都进行肯定。

（4）戴上“红色思考帽”，从经验、直觉上对已经过滤的问题进行分析、筛选，做出决定。

在思考过程中，还应随时运用“蓝色思考帽”对思考的顺序进行调整和控制，甚至有时还要刹车。

## 四、奥斯本检核表法

所谓奥斯本检核表法是指根据需要研究的对象的特点列出有关问题，形成检核表，然后一个一个地来核对讨论，从而发掘出解决问题的大量设想。

### （一）奥斯本检核表法的定义

亚历克斯·奥斯本是美国创新技法和创新过程之父。1941 年出版《思考的方法》，提出了世界上第一个创新发明技法——“智力激励法”。1941 年出版世界上的第一部创新学专著《创造性想象》，提出了奥斯本检核表法。

奥斯本检核表法是针对某种特定要求制定的检核表，主要用于新产品的研制开发。奥斯本检核表法引导主体在创造过程中对照 9 个方面的问题进行思考，以便启迪思路、开拓思维想象的空间，促进人们产生新设想、新方案。

奥斯本检核表法主要面对 9 个大问题：有无其他用途、能否借用、能否改变、能否扩大、能否缩小、能否代用、能否重新调整、能否颠倒、能否组合。

奥斯本检核表法是一种产生创意的方法。在众多的创造技法中，这种方法是一种效果比较理想的技法。由于它突出的效果，被誉为创造之母。人们运用这种方法，产生了很多杰出的创意，以及大量的发明创造。

### （二）奥斯本检核表法的优势

奥斯本检核表法是一种具有较强启发创新思维的方法。这是因为它强制人去思考，有利于突破一些人不愿提问题或不善于提问题的心理障碍。提问，尤其是提出有创见的新问题本身就是一种创新。它又是一种多向发散的思考，使人的思维角度、思维目标更丰富。另外，核检思考提供了创新活动最基本的思路，可以使创新者尽快集中精力，朝提示的目标方向去构想、创造和创新。

奥斯本检核表法有利于提高发现创新的成功率。创新发明的最大敌人是思维的惰性，大部分人的思维总是自觉或不自觉地沿着长期形成的思维模式来看待事物，对问题不敏感，即使看出了事物的缺陷和毛病，也懒得去进一步思索。因为检核表法的设计特点之一是多向思维，用多条提示引导你去发散思考。奥斯本检核表法中有 9 个问题，就好像有 9 个人从 9 个角度帮助你思考。你可以把 9 个思考点都试一试，也可以从中挑选一两条集中精力深思。

利用奥斯本检核表法，可以产生大量的原始思路和原始创意，它对人们的发散思维有很大的启发作用。当然，运用此方法时还要注意几个问题。首先，它要和具体的知识经验相结合。奥斯本只是提示了思考的一般角度和思路，思路的发展还要依赖人们的具体思考；其次，还要结合改进对象（方案或产品）来进行思考。最后，运用此方法时还可以自行设计大量的问题来提问。提出的问题越新颖，得到的主意越有创意。

### （三）奥斯本检核表法的过程

奥斯本检核表法的核心是改进，或者说，关键词是：改进!!! 通过变化来改进。其基本做法是：首先选定一个要改进的产品或方案；然后，面对一个需要改进的产品或方案，或者面对一个问题，从不同角度提出一系列的问题，并由此产生大量的思路；第三，根据第二步提出的思路，进行筛选和进一步思考、完善。

#### 1. 实施步骤

（1）根据创新对象明确需要解决的问题。

（2）根据需要解决的问题，参照表中列出的问题，运用丰富想象力，强制性地一个个核对讨论，写出新设想。

（3）对新设想进行筛选，将最有价值和创新性的设想筛选出来。

#### 2. 注意事项

（1）要联系实际一条一条地进行核检，不要有遗漏。

（2）要多核检几遍，效果会更好，或许会更准确地选择出所需创新、发明的方面。

（3）在检核每项内容时，要尽可能地发挥自己的想象力和联想力，产生更多的创造性设想。进行检索思考时，可以将每大类问题作为一种单独的创新方法来运用。

（4）核检方式可根据需要，一人核检也可以，三至八人共同核检也可以。集体核检可以互相激励，产生头脑风暴，更有希望创新。

### （四）奥斯本检核表法问题

奥斯本的检核表法属于横向思维，以直观、直接的方式激发思维活动，操作十分方便，效果也相当好。下述 9 组问题对于任何领域创造性地解决问题都是适用的，这 75 个问题不是奥斯本凭空想象的，而是他在研究和总结大量近、现代科学发现、发明、创造事例的基础上归纳出来的。

（1）现有的东西（如发明、材料、方法等）有无其他用途？保持原状不变能否扩大用途？稍加改变，有无别的用途？

人们从事创造活动时，往往沿这样两条途径：一种是当某个目标确定后，沿着从目标到方法的途径，根据目标找出达到目标的方法；另一种则与此相反，首先发现一种事实，然后想象这一事实能起什么作用，即从方法入手将思维引向目标。后一种方法是人们最常用的，而且随着科学技术的发展，这种方法将越来越广泛地得到应用。

某个东西，“还能有其他什么用途？”“还能用其他什么方法使用它？”……这能使我们的想象活跃起来。当我们拥有某种材料时，为扩大它的用途，打开它的市场，就必须善于进行这种思考。德国有人想出了300种利用花生的实用方法，仅仅用于烹调，他就想出了100多种方法。橡胶有什么用处？有家公司提出了成千上万种设想，如用它制成：床毯、浴盆、人行道边饰、衣夹、鸟笼、门扶手、棺材、墓碑等。炉渣有什么用处？废料有什么用处？边角料有什么用处？……当人们将自己的想象投入这条广阔的“高速公路”上时，就会以丰富的想象力产生出更多的好设想。

（2）能否从别处得到启发？能否借用别处的经验或发明？外界有无相似的想法，能否借鉴？过去有无类似的东西，有什么东西可供模仿？谁的东西可供模仿？现有的发明能否引入其他的创造性设想之中？

当伦琴发现“X光”时，并没有预见到这种射线的任何用途。因而当他发现这项发现具有广泛用途时，他感到吃惊。通过联想借鉴，现在人们不仅已用“X光”来治疗疾病，外科医生还用它来观察人体的内部情况。同样，电灯在开始时只用来照明，后来，改进了光线的波长，发明了紫外线灯、红外线加热灯、灭菌灯等。科学技术的重大进步不仅表现在某些科学技术难题的突破上，也表现在科学技术成果的推广应用上。一种新产品、新工艺、新材料，必将随着它的越来越多的新应用而显示其生命力。

（3）现有的东西是否可以作某些改变？改变一下会怎么样？可否改变一下形状、颜色、音响、味道？是否可改变一下意义、型号、模具、运动形式？……改变之后，效果又将如何？

如汽车，有时改变一下车身的颜色，就会增加汽车的美感，从而增加销售量。又如面包，给它裹上一层芳香的包装，就能提高嗅觉诱惑力。据说，妇女用的游泳衣是婴儿衣服的模仿品，而滚柱轴承改成滚珠轴承就是改变形状的结果。

（4）放大、扩大。现有的东西能否扩大使用范围？能不能增加一些东西？能否添加部件，拉长时间，增加长度，提高强度，延长使用寿命，提高价值，加快转速？……

在自我发问的技巧中，研究“再多些”与“再少些”这类有关联的成分，能给想象提供大量的构思设想。使用加法和乘法，便可能使人们扩大探索的领域。

（5）缩小、省略。缩小一些怎么样？现在的东西能否缩小体积，减轻重量，降低高度，压缩、变薄？……能否省略，能否进一步细分？……

前面一条沿着“借助于扩大”“借助于增加”而通往新设想的渠道，这一条则是沿留“借助于缩小”“借助于省略或分解”的途径来寻找新设想。袖珍式收音机、微型计算机、折叠伞等就是缩小的产物。没有内胎的轮胎，尽可能删去细节的漫画，就是省略的结果。

（6）能否代用。可否由别的东西代替，由别人代替？用别的材料、零件代替，用别的方法、工艺代替，用别的能源代替？可否选取其他地点？

例如，用充氩的办法来代替电灯泡中的真空，使钨丝灯泡提高亮度。通过取代、替换的途径也可以为想象提供广阔的探索领域。

（7）从调换的角度思考问题。能否更换一下先后顺序？可否调换元件、部件？是否可用其他型号？可否改成另一种安排方式？原因与结果能否对换位置？能否变换一下日程？……更换一下，会怎么样？

重新安排通常会带来很多的创造性设想。飞机诞生的初期，螺旋桨安排在头部，后来，将它装到了顶部，成了直升飞机，喷气式飞机则把它安放在尾部，这说明通过重新安排可以产生种种创造性设想。商店柜台的重新安排，营业时间的合理调整，电视节目的顺序安排，机器设备的布局调整……都有可能导致更好的结果。

（8）从相反方向思考问题，通过对比也能成为萌发想象的宝贵源泉，可以启发人的思路。倒过来会怎么样？上下是否可以倒过来？左右、前后是否可以对换位置？里外可否倒换？正反是否可以倒换？可否用否定代替肯定？……

这是一种反向思维的方法，它在创造活动中是一种颇为常见和有用的思维方法。第一次世界大战期间，有人就曾运用这种“颠倒”的设想建造舰船，建造速度也有了显著的加快。

（9）从综合的角度分析问题。组合起来怎么样？能否装配成一个系统？能否把目的进行组合？能否将各种想法进行综合？能否把各种部件进行组合？。

例如，把铅笔和橡皮组合在一起成为带橡皮的铅笔，把几种部件组合在一起变成组合机床，把几种金属组合在一起变成种种性能不同的合金，把几件材料组合在一起制成复合材料，把几个企业组合在一起构成横向联合……

## 五、综摄法

综摄法是美国麻省理工学院戈登（William Gordon）教授提出的一种典型的创意构思方法。它以已知事物为媒介，将毫无关联且不同的知识和要素结合起来，以打开“未知世界门扉”，激起人们的创造欲，使潜在的创造力得以发挥，产生众多创造性设想。

### （一）综摄法的基本规则

为了摆脱旧框框的束缚，开阔思路，综摄法认为在创造性思考时，要有一段时间暂时抛开原来想要解决的问题，通过类比探索得到启发。因此，它是一个“变熟悉为陌生”和“变陌生为熟悉”的创造性思考过程。

**规则一：变熟悉为陌生**

简单来说是指对某些早已熟悉的事物，从新的角度或运用新知识进行观察和研究，从而摆脱陈旧固定看法的桎梏，产生创造性想法，即将熟悉的事物化成陌生的事物看待。

**规则二：变陌生为熟悉**

是指把看不习惯的事物当成早已习惯的熟悉事物。要求我们在碰到一个完全陌生的事物或问题时，运用全部经验、知识（熟悉的）对其进行分析、比较，并根据这些结果，再思考用什么方法才能达到目的。

### （二）综摄法的实施

**1．与会人员的确定**

组成人员的要求：具备经常运用、熟练掌握类比思维方法的能力；年龄最好在25～40岁；有互相帮助的品格，有积极配合的团队意识，有一定的抽象概括能力，对组织以及组织目标忠诚。

会议规模及要求：5～8人，其中包含主持人1名，与讨论问题相关的专家1名，各科学领域的专业人士3～6名，这是这种方法所要求的基本组合。

（1）主持人。主持人的选择对方法的实施十分重要。

主持人素质的要求：有相当丰富的技巧和策略，要让成员的能力都能得到充分的发挥；在专家受到组员的意见顿悟，显示出要进行积极思考时，主持人还应把握好时机向专家交代清楚问题。

主持中的要求：不介入有关内容的讨论，仅指导过程的展开和进展；不操纵小组，不霸占全场，不介入小组成员间的竞争，努力成为倾听者，能充分调动成员的积极性，使其保持旺盛的精力。

对主持人要求很高，通常需要经过专门的培训。

（2）专家。小组中至少要有1名专家，且必须是所讨论问题方面的专家。专家的任务：讨论并说明问题，让组员了解问题的背景以及现状等关键因素。然后，他与主持人一起对应该达到的目标进行研究，同时广泛听取其他组员的意见。在目标确定后，他从组员提出的设想中提取具有启示性的要素，激发自己的创意。专家在组员的帮助下提出创意！

运用综摄法提方案是为了解决实际的问题，因此，要求专家具有一定能力或权威，能让小组集思广益得到的方案付诸实施，这样才能让成员有满足感、成就感。同时，在过程中，专家还应该明确自己的期望目标是什么。

（3）其他成员。其他成员的知识背景：最好和会议主题没有多大的关系。可邀请：社会学、心理学、人类学、市场学等方面的专家，以及熟悉物理、化学、生物、通信或电子等技术的人。摆脱思维惯性！

这样组成成员的目的：各自运用不同的专业知识提想法，又可以互相激发创造性思维。如果成员中有几位思路开阔、善于提出奇妙想法的成员，那就更好了。

要求：成员间应互相鼓励、彼此支持，可以在适当的时候给予赞美，这将极大提升小组的工作成效。

**2．应用操作步骤**

综摄法是一个流程化的方法，其操作步骤如图 2-3 所示。

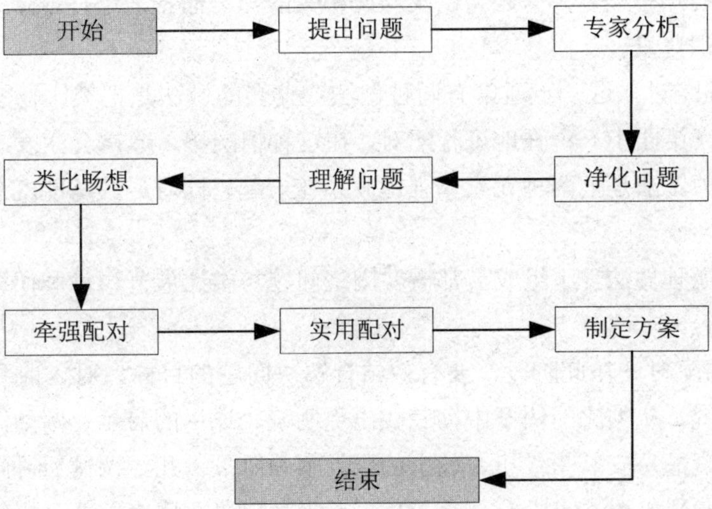


**图 2-3　综摄法操作步骤**

（1）提出问题。提出待解决的问题，可由小组成员提出；也可来自外界，通过主持人宣读。

（2）专家分析。对问题简短分析：主持人提出问题后，专家先对该问题进行解释和概要分析。由于组员不是该问题的专家，故无须详细说明。

（3）净化问题。首先，小组成员逐一谈想法，提交专家进行评价。其次，专家进行评判，此时专家会尽力对引出的观点做出判断和评论，通常他会解释为什么有的方法从他的角度看是不合适的，存在哪些问题。最后，专家记录。专家将十分新颖且具有启发性的观点全部记录，并做好标记。这一步的目的是用来进一步理清问题，同时消除前两步所隐含的僵化、肤浅的解决办法。

（4）理解问题。从选择问题的某一部分入手，每一个参与者都要（尽可能利用类比法中所包含的多种思维形式）描述他所感知到的问题，写下一种或多种见解，或者以期望性、理想化的语言对问题进行再定义。主持人鼓励组员畅所欲言并记录其观点，然后选择一位成员与专家再进行详细分析。

（5）类比畅想。这一步可以被视作一次远离问题的“假日”，是综摄法的关键所在。该步使用类比来获得解决问题方案。

首先，主持人提出一些需要或激发类比性答案的问题。

其次，小组成员用直接类比、因果类比、幻想类比等类比法进行创造性思考，提出许多具体的类比想法。

最后，主持人从众多具体的类比想法中选择一种来进行详细分析或阐释。此时选择哪一种类比是关键！比较典型的做法是，主持人依据其与问题的相关性，小组成员对使用的类比方法的熟悉程度和兴趣，以及与此相关的知识储备来进行遴选。要求主持人要熟悉组员的知识背景。

（6）牵强配对。这一步通常有两种做法：戈登的做法是把类比畅想（第五步）与被理解的问题（第四步）牵强地进行配对。在这种情况下，通常会激发产生极具创造性的想法。另一种做法是把两种元素牵强地联系在一起，同时尽其所能幻想，将两者联系起来。

无论采取哪种做法，小组成员都需要围绕问题与类比展开讨论和研究，直到发现解决问题的新途径。

（7）实用配对。在此阶段，要有效结合解决问题的目标，对之前开发出的类比案例进行深入研究，从类比的例子中彻底找出更明确、详尽的启示。例如，浙江一家机械厂为贵州一家食品厂安装蛋卷机，轧出的蛋卷容易碎裂。几经调试后，问题还是没能得到解决，且并发现机器本身没有什么毛病。后来发现贵州比南方要干燥很多。进而，又想到丝绸厂在车间里喷洒水汽，以保持一定湿度。类比！在生产蛋卷的车间里也喷洒一些水汽来保持湿度！最后取得了成功。由此可见，这位技术人员在丝绸厂的断丝情况和食品厂的蛋卷碎裂情况之间找到了因果类比关系，创造性地解决了问题。

（8）制定方案。使用综摄法要最终形成对问题的新观点和解决方法。为了制定完整的解决方案，充分发挥专家的作用，把创意构思转化为对问题的解决方案。

### （三）综摄法的适用范围

（1）适用于要寻求创新，或想得到创造性方案的情况。

（2）适用于产品开发，且创新收效较大。

（3）适用于社会领域。如美国产业界和学术界的成员们就曾经利用这种方法研究“怎样分配政府预算”的问题。

总之，综摄法作为一种创意构思方法，在新产品开发、现有产品改进设计、广告创意以及社会问题解决等方面都得到了广泛的应用。

## 六、“和田”十二技法

和田十二法，又叫“和田创新法则”，即指人们在观察、认识一个事物时，可以考虑是否可以。和田十二法是我国学者许立言、张福奎在奥斯本稽核问题表基础上，借用其基本原理，加以创造而提出的一种思维技法。它既是对奥斯本检核问题表法的一种继承，又是一种大胆的创新。“和田”十二技法主要包括以下内容。

（1）加一加：在原有的基础上改进就是创新。如加大、加长、加高、加宽。

（2）减一减：减去不必要的。如减少、减短、变窄减轻、减薄。

（3）扩一扩：功能用途使用领域放大和扩展。

（4）变一变：在方式、手段、程序等改变，改变原有事物的形状、尺寸、颜色、滋味、浓度密度顺序，场合时间对象方式、音响等。

（5）改一改：针对现有的做法提出意见建议，做得更好。带有被动性，常是在事物缺点暴露出来后，才用消除这种缺点的方式来进行创造。

（6）缩一缩：压缩缩小、降低。

（7）联一联：看看事物之间有什么联系。

（8）学一学：借鉴、综合，学习模仿别的物品的原理形状结构、颜色、性能、规格、方法等，以求创新。

（9）代一代：用别的工具、方法、材料能不能代替。

（10）搬一搬：就是移动，转做他用或把物品的某一部件搬动一下，产生一种新的物品。

（11）反一反：将上下顺序倒过来，说不定更好。将某一事物的形态性质功能以及正反、里外、前后、左右、上下、横竖等加以颠倒，从而产生新的事物。

（12）定一定：将界限标准规定明确。对新产品或事物定出新的标准、型号、顺序，或者为改进某种东西以及提高工作效率和防止不良后果做出一些新规定而进行创新。

## 七、组合创新法

所谓组合创新法，是指按照一定的技术原理，通过将两个或多个功能元素合并，从而形成的一种具有新功能的新产品新工艺新材料的创新方法。组合创新法具有以下几个特点。

（1）将多个特征组合在一起。

（2）组合在一起的特征相互支持、相互补充。

（3）组合后要产生新方法或达到新效果，有一定的飞跃。

（4）利用现成的技术成果，不需要建立高深的理论基础和开发专门的高级技术。

## 八、移植创新法

所谓移植创新法，是指将某一领域中已有的原理技术方法、结构功能等移植应用到另一领域而产生新事物、新观念、新创意的构思方法。移植创新法应用的必要条件有以下几个。

（1）用常规方法难以找到理想的设计方案或解题设想，或者利用本专业领域的技术知识根本就无法找到出路。

（2）其他领域存在解决相似或相近问题的方式方法。

（3）对移植结果能否保证系统整体的新颖性、先进性和实用性有个估计或肯定性判断。

移植创新法具有五种类型，如表 2-1 所示。

**表 2-1　移植创新法的五种类型**

| | |
|---|---|
| **原理性移植** | 把某一领域的原理移植到另一不同的领域，从而产生新设思的方法 |
| **方法性移植** | 把某领域的技术方法有意识地移植到另一领域而形成创造的方法。 |
| **功能性移植** | 把某种技术所具有的独特技术功能，应用到其他领域，促进功能扩展的方法。 |
| **结构性移植** | 把某领域的独特结构移植到另一领域面形成具有新结构的事物。 |
| **材料性移植** | 通过材料的转换达到改变性能、节约材料、降低成本的目的，带来新的功能和使用值。 |

## 课后阅读

### 李开复：如何做最好的创新？

没有什么比亲自走在创新之路上更让人兴奋的了。但是，究竟该怎样做，才能不断得到最好的创新呢？建议大家思考和实践以下五项创新的准则：洞悉未来、打破陈规、追求简约、以人为本和承受风险。

洞悉未来就是要求创新者了解未来的用户需求，以便研发出适用于未来的产品或技术。要做到洞悉未来，虽然应该重视用户，但是，不能完全听取用户的意见，因为用户不可能有足够的前瞻性，也不可能完全理解技术的发展规律。所以，创新者需要有洞悉未来的才智，能根据目前的市场情况和用户需求，结合技术的发展规律，对未来做出正确的预测和判断。这个道理就像踢足球一样，优秀的球员要到球将要到达的地方，而不是待在球现在所在的位置。在互联网发展的初期，当时的用户没有准确地提出针对搜索引擎的需求，因为用户习惯于使用分类目录来查找自己需要的网页。那时，用户可能并不知道搜索引擎是什么，不清楚自己是否真正需要这样的功能，也不清楚技术上是否具有可行性，但是，能够洞悉未来的创新者可以推测：随着网页数量的不断增长，总有一天，分类目录将无法更好地容纳更多的新网页。这时，创新者便先于用户想到，未来的用户需求一定会转向比分类目录浏览更加便捷的方式。例如，是不是可以允许用户使用任何关键词进行查询，并获取网页结果呢？在技术上，是不是可以自动为海量网页创建索引并获得最好的排序呢？谷歌公司的创始人正是洞悉了这个用户的潜在需求，而投身于搜索技术的研发。当用户对于网络搜索的需求越来越明显时，以谷歌为代表的搜索引擎就自然而然地走向前台，取得了巨大的成功，并直接带动了网络广告产业的兴起。

做最好的创新的第二项准则是打破陈规。其实，创新的最大障碍就是无法脱离固有的思维定势或思维框架，总是在已有的方式、方法里打转。如果不能打破陈规，那么，无论对未来用户的需要有多么清楚的认识，创新者也无法想出最有效的、最新颖的解决之道。无法打破陈规的一个例子就是一位发明家在发明汽车的时候，脑子里依然还是想用操作马车的陈规来操作汽车。结果，他不是用方向盘，而打算使用缰绳来调整汽车的方向！在科技发展史上，通过打破陈规来获得有价值创新的例子不胜枚举。当无线通信刚被发明出来的时候，几乎所有人都认定了这个技术演变的最终目标肯定是：每个人都会有一台无线通信装置，能够成为“无线”的电话。但在当时的技术条件下，无线通信设备有两个部分：无线发射器体积庞大，价格昂贵，但是无线接收器体积小，而且便宜。所以，要实现这个终极目标需要有长远的打算。这时，一位打破陈规的创新者想到，是不是可以把发射器和接收器分开，让每个人都有一部非常便宜的接收器，来接受某个中心发射器的信号。就这样，广播这种最早依赖无线电技术的大众传播方式诞生了。

追求简约也是通向创新的必由之路。在很多情况下，复杂的东西并不一定有效，只有最简单的设计和组合才能发挥最大的效力。最初做搜索引擎的时候，研究人员发现，如果用户搜索时多输入几个字，搜索结果就会准确得多。那么，有没有什么方法能提示用户多输入几个字呢？当时，有人想到，我们能不能做一个智能化的问答系统，引导用户提出较长的问题呢？但是，这个方案的可行性会遇到许多挑战。也有人想到，我们能不能主动告诉用户，请尽量输入更长的句子，或者根据用户的输入主动建议更长的搜索词呢？但是，这样似乎又会干扰用户。最终有一位技术人员想到了一个最简单，也最有效的点子：把搜索框的长度增大一半。结果，当用户看到搜索框比较长时，就会有更大的可能性输入更多的字词。今天搜索引擎上长长的搜索框就是这么来的。

以人为本是企业能否保持持久的创新能力的关键。21世纪人才最重要。在19世纪的一个普通工厂里，最能干的工人与普通工人相比，他们的生产力最多相差一倍。但是，在21世纪的IT企业、研发机构中，一个最有创造力的研发人员和一个普通的工程师相差甚至上千倍。如果你的企业能够吸引、留住这些人，他们的生产力却可能差距几十倍、几百倍。

好几百个、几千个天才的创新者，即便是在最激烈的竞争环境里，也一定能脱颖而出。给予他们最大的信任，赋予他为了吸引和留住人才，就要为人才创造最好的工作环境和足够的权限。在谷歌，每一位工程师都可以利用工作中20%的时间，来做自己最有激情做的事情。这是一种真正的放权和信任，也是营造自下而上的创新氛围的有效方法。事实上，谷歌公司发布的许多创新产品，最早都诞生于20%的时间里。正是因为有了诸多鼓励创新的举措，谷歌才能在10年多的时间里，一直在互联网领域里保持技术优势，不断用最好的创新改进互联网用户的使用体验。

承受风险也是创新过程中重要的一点。任何创新都有风险，在创新的过程中，我们必须用正确的态度对待失败。失败不是对我们的惩罚，而是一次最好的学习机会。爱迪生发明灯泡的时候，经历了6 000次失败才最终成功。在谷歌，有许多20%时间里开始的创新工作，但其中很大一部分都失败了。没有这些失败，就不可能有成功的创新脱颖而出；没有接受和承担风险的能力，就不可能营造出真正鼓励创新的环境。在我负责研究工作时，我的主管曾对我说，如果你每一个项目都成功了，那么你实际上是失败的。因为你并不是在做研究，而是在回避风险，只选择那些十拿九稳，没有创新价值的项目。

# 第三讲　创业准备

## 主题一　创业环境分析与创业项目选择

### 一、创业环境

大学生创业的成败受多项因素的制约。创业者自身的素质固然非常重要，然而，创业者所处的社会环境和当时的社会条件往往对创业者个人事业的成败产生重要的影响。

创业环境分析是发现创业机会的基础，是进行创业可行性分析的前提。随时变化的环境能给各行各业带来机遇，也能给各行各业造成威胁。创业者必须清楚宏观的、微观的、行业的等各种环境因素及其发展趋势对具体行业、企业的影响是限制的还是促进的，只有这样，创业者才能抓住机遇，避免严重威胁，成功创业。

#### （一）创业的宏观环境

创业的宏观环境就是创业的时代背景。创业宏观环境主要包括以下几个条件：

**1．知识科技条件**

在科技知识迅猛发展的今天，知识和科技的更新换代非常频繁，新的科研成果不断涌现，同时，新的科技成果的生命周期也明显缩短，比任何时候都更易“老化”。市场机会随之不断出现，但往往也转瞬即逝。在这种环境下，仅仅依靠政府和大企业是无法把科研成果充分地转化为现实产品或服务的。大学生可以利用科研成果将其转化为现实生产力的机会进行创业。

**2．社会心理条件**

社会的文化心理是影响大学生创业的主要因素，良好的社会文化心理成为大学生创业的动力和资源，反之则会成为创业的阻碍。在美国，超过90%的人认为创业是一项令人尊重的工作，成功的创业者会得到相当高的评价，这不仅营造了有利于创业的文化心理氛围，而且给予了创业者莫大的精神支持。从传统文化上讲，我国的社会文化心理是不主张创业的，两千多年的农耕文化，重农抑商，创业者有时甚至被视为不务正业；不过，改革开放以来，随着我国市场经济的发展和与国际经济的接轨。人们的创新意识和能力逐渐得到重视，加上社会舆论对创业者的宣传与支持，各种形式的创业活动不断涌现。大学生作为新时代的弄潮儿，在当前国家支持、鼓励创业的大好社会文化心理条件下，必将拥有更多的施展自身创业才能的机会。

3．社会经济条件

社会经济条件是创业环境条件的重要组成部分，因为社会经济发展的好坏决定了人们创业的条件和机会。迅速发展的经济不仅需要人们创业、呼唤着人们创业，而且，它也为创业者创造了前所未有的机遇，为创业者提供了一个前所未有的大舞台。

知识经济为大学生提供了巨大的创业舞台。知识经济时代最重大、最根本的变化无疑是资金让位于知识，知识成为最宝贵的资源、最重要的资本，这无疑向一切富有知识与智慧的人提供了前所未有的机遇。例如，随着高科技的发展，大量的新兴行业不断涌现，这为受过良好教育并具有相当的专业知识的人才提供了无穷的机会。当代许多创业明星就是在网络技术和服务领域创业成功的。随着知识更新速度的加快，"继续教育"成为人们的终身行为，文化教育、信息传播也成为一个大有前途的创业领域。

第三产业成为我国一个极具魅力的投资领域。从总体上看，我国第三产业仍比较落后，特别是一些新兴第三产业还远远跟不上时代的步伐。随着我国市场经济的进一步发展，第三产业可以为创业者提供许多大显身手的舞台；而且，第三产业投资少、见效快，十分适合普通大众创业。

4．法律政策条件

法律政策是创业者创业得以顺利进行的必要保证。目前，我国的《公司法》《个人独资企业法》《合伙企业法》等法律和一系列相关的政策已经出台并生效，公司、个人独资企业和合伙企业这三种最常见的企业形式的法律主体地位已经得到确立，创业企业的门槛已经大大降低，为大学生创业提供了最基本的法律保障，营造了宽松的政策环境。另外，我国各地大学生创业园相继建立，大学生创办的企业进入园区可享受一系列的优惠政策：从资金筹措到工商税务，从成果鉴定到市场管理，从场地租金到人才服务等，一系列优惠政策为大学生创业提供了宽广的舞台。

（二）创业的微观环境

创业的微观环境是指创业的具体操作环境。这一环境和创业活动有着直接联系，关系到创业活动的成败。创业的微观环境包括以下几个方面。

1．区域经济

区域经济情况是创业活动必须考虑的方面，因为创业活动所提供的服务要在区域经济的环境下展开。如果区域经济好，服务的受众群体就大，盈利的可能性就大；反之亦然。所以，区域经济情况应是创业微观环境中首要考虑的问题。

### 2．消费层次

消费层次也是创业活动必须考虑的问题。一个地区人口的消费层次直接决定了所提供的服务是否有广阔的市场。这里的消费层次不仅仅指价格上的消费水平，也指消费趋向和消费心理等诸多与消费有关的因素。

### 3．治安状况

初入社会的大学生，在创业之初，尤其是致力于服务业的，应当调查当地的治安状况，因为它对创业活动来说是非常重要的；如果创业所在区域的治安比较差的话，很容易受到不法分子的滋扰，影响创业活动的正常进行。

### 4．竞争对手

竞争对手是创业必须考虑的一个环境因素， 所谓竞争对手，是指提供相同或相近服务项目的其他单位。由于市场基本上是固定的，多一个竞争对手，就多一个瓜分“蛋糕”的人。因此，在创业环境中，应充分考虑竞争对手的因素，明确竞争对手的实力、业务范围以及可能对创业造成的影响等。

## 二、创业项目选择原则

在为数众多的创业者中，因选准项目而占尽先机、步步为营，最后事业有成者大有人在；因急于创业而仓促选项，导致功败垂成、一无所获者也不乏其例。选择决定成败，所以在创业项目的选择中，创业者一定要慎重。

据中国创业招商网统计，90%的人曾经有过创业冲动，其中 60%的人付诸实施，但这些人中仅有 10%能获得成功。那么，为什么会有这么多人折戟沉沙?中国创业招商网又进行了一次调查，结果发现：98%的创业失败是因为没有选准合适的项目，此外该调查还显示：80%的创业者在创业前期都感到确定创业项目“十分头疼”“很难抉择”；在创业失败的案例中，有 60%的人觉得是“创业项目不对头”或“创业项目选择失误”；而在成功创业的人群中，70%的人认为“良好的创业项目成就事业”。

由此看来，创业成功与否，项目的选择显得举足轻重。但由于自身资源的缺乏，大学生创业初期往往需要吸引外部投资作为创业启动的资金支持，而能否吸引投资或者吸引资金的多少以及最终能否取得创业成功。很大程度上取决于创业项目的选择，所以创业者在项目的选择上一定要科学合理、细致全面、小心谨慎。具体而言，选择创业项目应遵循以下原则：

### （一）知己知彼原则

所谓知己，就是创业者在选择项目之前，应该首先对自己的状况有一个清楚的认识和判断。例如自己可以提供多少创业资金，有哪些从业经验和技能专长，自己的兴趣和爱好是什么，社会关系状况如何，自己在性格上有哪些优势和弱点，家庭成员是否支持等。从创业者本人的角度看，“知己”越深入，越详尽，就越容易找到扬长避短并适合自己的项目，越能提高创业成功率。

所谓知彼，就是要了解创业所在地的社会经济环境。要认真分析当地的发展政策，包括产业结构政策、金融政策、税收政策、就业政策等：了解当地的消费环境，例如居民的购买力水平、购买力投向，购买习惯等；了解当地的自然和人文资源，包括具有市场开发价值的工业原料和农林渔牧产品、传统的生产加工技术、独特的自然和人文景观等；了解当地市场的竞争强度，包括拟选择项目所在行业的竞争者数量、规模、实力水平等。深入考察创业环境能够帮助创业者开阔视野，敏锐地捕捉市场机会，增强项目选择的合理性。

### （二）自有资源优先原则

创业者在审视了创业环境之后，应该从中甄选出可以利用和开发的资源。甄选应贯彻自有资源优先原则。所谓自有资源，就是创业者本人拥有的或自己可以直接控制的资源，包括专有技术、行业从业经验、经营管理能力、个人社会关系、私有物质资产等。

相对于其他非自有资源，自有资源的取得和使用成本往往较低；同时这些资源在利用过程中也容易使项目获得标新立异的优势，在将来的市场竞争中占据主动地位。我国许多老字号品牌如“北京烤鸭”“山西老陈醋”能够历经百年而长盛不衰，与这些品牌商家在最初创业时开发并有效利用自己的专有技术有密切关系。创业者选择项目要充分考虑项目的资源状况，尽量选择有独特资源优势的创业项目。如果能够慧眼独具，发掘自身特有的资源进行项目开发，往往更容易获得成功。例如，一些农学专业大学生农村创业大有所为，计算机专业大学生 IT 创业如火如荼……创业要从自身实际出发，不能为追求所谓的创业热点而盲目投资，这样可以避免决策失误而功败垂成。

### （三）市场第一原则

市场经济社会里包括企业在内的一切经济活动都要围绕市场进行，创业不但要乘“需”而入，还要尽量做到“经久不衰”。产品的市场支持力、市场容量及自身接受能力对创业者来讲都是至关重要的，所以创业者要通过市场调查和预测考察所选项目目标群体的现实消费和潜在消费状况，以及自己是否可以顺利进入市场等，进而选择那些具有广阔市场前景的项目。

### （四）短平快原则

创业者在创业之前普遍缺乏资金、客户等资源，因此为尽快脱离创业“初始危险期”，使项目的运用进入良性循环，就要遵循短平快原则。一方面可以迅速收回投资，降低投资风险；另一方面，即便项目后期成长性不好，创业者也可以选择维持经营或后期主动退出，利用挖掘到的“第一桶金”另寻出路。实践中，不少成功创业者目前经营的产业与当初创业时的选择大相径庭就说明了这一点。

### （五）因时而动、顺势而为原则

时势造英雄。英雄总是离不开他所处时代的历史背景，所谓“因时而动”，即如果一个创业项目符合国家的产业导向，它成功的机会将会大大提高；反之，则很容易中途夭折。我国目前一个明显的特点是国家政策具有很强的推动性。

产业政策往往就影响甚至左右一个产业的发展格局，国家和地方都出台了不少鼓励创业的产业政策。例如国家为了大力扶持高科技产业、文化产业，在政策和经济上给予了诸多优惠政策。如果顺势而为，选择一个符合国家的产业导向的项目，创业成功的概率将大大提高。

### （六）以新取胜原则

老子曾说：“我有三宝，一曰慈，二曰善，三曰不敢为天下先。”此语深蕴中庸之道，内化为很多人的处世哲学。但就创业而言，创业者是很需要一些敢为天下先的勇气的，因为创业本身就是一项创新活动，而市场又要创业者能够抢占先机，出奇制胜。我们很难想象，一个陈旧俗套、立意平平的创业项目如何能够获得投资者的青睐或者在激烈的市场竞争中站稳脚跟。

项目的选择是一个非常复杂的系统工程，不可能一蹴而就，以上内容只是一些最基本的原则。其实要做好项目的选择还需要许多技术性工作，如在预选一个项目后所要进行的市场调查、市场预测以及项目评估。因为市场拥有最大的话语权，项目最终能否成功还取决于市场空间大小，市场对项目产品的需求才是创业能否成功的根本。

## 三、适合大学生的创业模式

美国戴尔电脑公司总裁麦克·戴尔曾说：“创业没有准则。”那么就创业而言，也没有哪一种固定的模式可以保证我们一劳永逸地接近成功。生活有多种可能，成功也并非只有一种途径，邯郸学步、东施效颦从来都只能成为笑柄；创业者只有避免盲从，根据自身的实际情况选择适当的创业模式，才有可能取得成功。下面列出几种可行的创业模式，供大学生创业者参考。

### （一）互联网创业——网中自有黄金屋

互联网创业不同于传统的创业模式，它不需要雄厚的资金支持，也未必需要丰富的创业经验，而是凭借一种对互联网的由衷热爱、一套扎实的专业技术就可利用现成的网络资源创造一个神奇的创业神话。

互联网创业模式主要有以下优点：门槛低、成本少、风险低，方式灵活特别适合初涉商海的创业者。像易趣、淘宝、阿里巴巴等知名商务网站，拥有较为完善的交易系统、交易规则、支付方式和成熟稳定的客户群。加盟这些网站，可谓近水楼台。此外，网络创业，还得到了政府的重视和支持，在政策和服务上给予诸多的优惠和帮助。对初次尝试网络创业的大学生而言。互联网创业事先要进行多方调研，以选择既适合自己产品特点又具有较高访问量的电子商务平台。相比较来说，网上加盟的方式可能更为适合大学生，这样能在较少的投入下启动创业。边熟悉游戏规则，边依托成熟的电子商务平台发展壮大。

### （二）加盟创业——站在巨人的肩上

牛顿曾有句名言："我能看得更远一些，那是因为我站在巨人的肩膀上。"对于大学生创业者而言，也不妨尝试种"站在巨人肩膀上"的创业模式加盟创业。

加盟创业以其分享品牌、分享经营、分享资源等诸多优势，逐渐成为备受青睐的创业新方式。目前，连锁加盟有直营、委托加盟、特许加盟等形式，投资金额根据商品种类、店铺要求、技术设备的不同从 6 000 元至 250 万元不等，可满足不同需求的创业者。

加盟创业的最大特点是利益共享，风险共担。创业者只需支付一定的加盟费，就能借用加盟商的品牌优势，利用现成的商品和市场资源，并能长期得到专业指导和配套服务，分享总部提供的支持、培训、管理、广告、促销等，而不必摸着石头过河，从而大大降低了创业风险。

对初次尝试加盟创业的大学生而言，加盟创业要经过以下步骤：①选准行业；②找对品牌；③查看直营店业绩；④查看是否具有完善的加盟机制；⑤查看是否具有健全的培训体系；⑥对总部与加盟店进行实地考察；⑦对合同文本仔细阅读；⑧提升创业能力。

同时，初次创业的大学生选择加盟创业务必慎重，小心提防一下加盟陷阱。

（1）投身的行业"钱景"不佳。如果这个"行业"或这种"店"的产品，是民生必须而非一时流行并且处在成长阶段，意味着目前的竞争尚不激烈，未来整个市场的成长空间很大，越早投入获利的空间就越大，赚钱的概率也就越高。

（2）加盟总部的经营管理经验和知识不足。管理经验是创业者从加盟总部获得的重要资源之一，而许多连锁加盟总部的管理者并不具备经营管理的经验和知识，只是因为开了几家生意很好的店，遇到别人加盟开分店的要求，便草率地成立一个加盟总部，这种类型的总部以餐饮业最多。

连锁加盟总部需要具备的管理知识很多，包括商品的开发与管理，商圈的经营、行销与广告宣传活动，人员的招募与管理，财务的规划与运作。而有些总部甚至没有开设直营店，不具备店务的经营管理知识，也就不能协助加盟创业者很好地长期经营店铺。

如果，加盟店选址较好，依靠大量的客流也可以维持较好的生意，但如果开店的地点比较普通，销售的商品过气而导致生意下滑，那么店务的经营管理马上就会出现问题。

（3）加盟总部过于强势，合约对加盟者限制较多。一般而言，比较强势的加盟总部，能在管理模式、财务结构和行销活动等方面给予加盟者实质的帮助。但俗话说“店大欺客”，其实不止“欺客”，有时实力强大的加盟总部还会以一种强势的姿态对待加盟店，对后者动辄刁难、罚款，甚至以解约相威胁。

此外，许多强势的总部在加盟合约上的限制条款很多，而且单方面突出对总都、部有利的内容，淡化加盟店的权益，甚至在合约上会出现一些违法条文。大多数的创业者，尤其是大学生，由于经验与时间不足，无法深入了解合约上的陷阱与不公平，再加上心中急于想要创业，往往匆匆签约而着了对方的“道儿”。所以大学生创业者需要在签约前多走访几家加盟店拜访请教，了解总部在签约之后的服务和总部人员的心态，存不存在刁难、欺诈加盟店主的情况。例如国内有些规模较大的便利高店系统，总部人员非常强势，刁难加盟店并威胁解约的事情时有发生，法院经常会接到加盟店主的控告申诉。

（4）加盟总部的财务结构不健全。从某种程度上说，财务结构是一家企业的生命线，直接决定了企业的生死存亡，大学生创业者选择加盟总部时，要尽可能了解其财务状况。总部的财务结构是否健全，很难在外表上一览无余。一种最简单的测试方式就是：看加盟签约时应支付给总部的履约保证金是要求现金还是商业本票或者不动产抵押。

一般来说，刚成立不久的加盟总部由于财力单薄，资金的压力大，所以往往要求加盟店提供的履约保证金为现金。这样就有可能出现由于总部财务结构不健全，导致公司资金周转困难而倒闭，总部该提供的后勤支持责任无法继续完成，而加盟店主的保证金也拿不回来的问题。所以除了在同行业间调查了解之外，加盟创业者最好选择以不动产抵押方式提供履约保证的加盟企业，尽量避免现金流失。

此外，加盟者还应注意加盟总部是不是有对加盟店的收款期限缩短、对供货厂商的付款期限延长、拖欠或者已经开票支付的货款要求换票的情形。如果出现以上情况，除了说明总部的商品采购管理机制存在问题外，更大的可能也许就是总部无法正常支付货款而使得厂商停止供货，这时加盟者务必提高警惕。

（5）加盟总部缺乏“应变能力”。一般而言，门市经营行业的店面风格要针对主力商品的消费模式来设计，但市场是不断变化的，商品也有固定的生命周期，所以门市的装潢与格调也要能够随时根据这些变化作出相应的调整。如果加盟总部不具备这种商品开发的应变能力，那么当现有的商品组合走到衰退期，不能迎合消费者新的需求变化时，不能跟上竞争者的调整步伐，加盟门市的生存能力就会大打折扣。

以目前颇为流行的咖啡店为例，消费者的年龄结构有下降的趋势，而且商品的变化也呈现出从原来以传统口味咖啡为主，到意式咖啡、花式咖啡的需求提高以及花果茶口味饮品不断增加的趋势。所以咖啡店主欲提高营业额，除了要在商品结构上进行调整之外，咖啡店的装潢格调也要变得更年轻，更新潮，色泽由以往的深暗色系转向较为明亮的色系。如果创业加盟者所选择的总部对外在环境变化的敏锐度、应变力过低，这个品牌的集客能力就会大大下降，营业额和销售利润也会迅速减少。

（6）加盟总部设计的盈利计算方式存在缺陷。一些加盟总部常常为了简化计算公式，或者要让加盟者获得一种诱人的高额获利的假象，并未将实际营运时所需的开办费用、组押金、营运周转金列入公式中计算，从而使得加盟者低估资金投资总额。

因此，加盟者需要注意的是：正确的经营观念必须将收入低估，费用高估，准备预留3～6个月的营运周转资金，并将这些都列入计划的资金流量计算当中。且在与加盟总部洽谈时，加盟者务必要将这些一定存在的费用核查清楚，才不会在实际经营时发生资金不足的困难。

（7）加盟体系的发展速度过快。生活中我们常常可以看到这样一种现象：有些加盟总部因为一炮走红而广受欢迎，于是开始不断攻城略地，加盟店数量剧增，规模扩大，一派形势大好的局面。但欣欣向荣的背后也可能早已暗流涌动：急速的规模扩充，除需大量资金投入外，还可能会因为规模不经济而造成一段时间的亏损，部门及人员的增加也会产生沟通不协调的问题，从而造成工作失误，降低效率。

因此加盟创业者定要注意，当自己所投身的连锁总部一旦出现这种现象，这就预示着企业很可能即将遭遇上述陷阱使总部财务结构不健全，最终的结果很可能是原先精心构筑的貌似金碧辉煌的事业大厦因不堪负重而轰然倒塌。

（8）加盟大品牌一定可以赚钱。俗话说“背靠大树好乘凉”，于是一些创业者认为：加盟大品牌就一定能赚钱。因为如此可以通过特许经营借助品牌优势减少广告宣传开支，分享总部经营经验，定期获得总部支持等。这让一些没有相关行业经营背景的加盟者尝到甜头的同时，也让另一些人产生了错觉。只要有特许商的支持，任何领域都可以大胆涉足。于是我们可以看到，有些人尽管对餐饮业一窍不通，但眼见别人加盟大品牌后获利颇丰，便飞蛾扑火一般投身其中，结果自然不尽如人意。其实当前特许经营行业多种多样，涉及各行各业。

如果投资者想要加盟特许经营企业，首先要对市场有一定的了解，前期要对整个市场需求进行初步的调查。其次，要从自身的资金状况出发，挑选适合自己的加盟项目。最后还要尽可能选择自己熟悉、适合自己的行业和领域。唯有如此，创业成功的梦想才可期待。

（9）低成本、高回报指日可待。现实生活中，我们经常可以看到些诸如“2万元开快餐店，轻松当老板”“零费用加盟，一年回收成本”等夸大特许经营的广告宣传。在这些诱人广告的狂轰滥炸之下，有些人便以为特许经营市场进入门槛低，无需太多的资金投入，就能轻易获得高额回报。

其实这种宣传手段根本不符合特许经营的特点，因为在特许经营过程中，不论品牌大小，任何特许者都不能保证加盟者加盟后能够成功盈利，更不用说高额回报了。加盟者加盟的是一个品牌，一个特许经营体系，并非一加盟就胜券在握、高枕无忧了。现实中就有很多不规范的特许者以特许经营为幌子，承诺短期回收成本，变相高价推销产品，甚至非法敛财。因此，在决定选择特许经营模式之前，加盟者要对这种模式以及特许者有充分的认识与了解，以免被那些不切实际的虚假广告所蒙蔽。

（10）加盟“成功”模式能够轻易复制

邯郸学步、东施效颦尽管为人诟病已久，但现实生活中仍然不乏重蹈覆辙者。例如，一旦某个加盟店获得成功，便有大批投资者蜂拥而至，纷纷效仿，虽然偶尔也有幸运者脱颖而出，而大部分追随者却都折戟沉沙，败走麦城。因为一些加盟者认为依靠成熟品牌特许就能坐收渔利，但他们没有考虑到，对于经营者来说，在获取利益的同时必须承担相应的风险，而简易的模仿很少能够创造奇迹。

说到底经营还得依靠自己，虽然很多特许经营品牌的商业模式是现成的，品牌大小也可能对经营有一定的作用，但市场最终还是要靠自己摸爬滚打。探索出适合自己的经营模式，所谓“因地制宜”，也就是这个意思。

言以蔽之，加盟创业虽然广受欢迎但也绝非轻易做到一本万利。总的来说，这种创业模式应注意以下三点。

第一，选择行业门槛低但回报高的行业，例如房产中介等；

第二，选择新兴产品，一旦竞争产品增多，营业额下降时，应立即转向；

第三，整体投资不宜过大，尽量寻找利润高、投入少的小产品加盟，没有经验的人切忌盲目加盟大的连锁项目。

### （三）兼职创业——鱼和熊掌或可兼得

孟子曾告诉我们说：“鱼，我所欲也，熊掌，亦我所欲也，二者不可得兼，舍鱼而取熊掌者也。”但就创业而言，可以尝试这种鱼与熊掌兼得的方式——兼职创业。

大学生兼职创业可分为两个阶段：一是大学期间通过兼职，获得创业经验甚至创业资金；二是工作后利用工作外的空余时间兼职创业。

对于大学生来说，兼职创业的优势在于无须放弃学业，就能充分利用在工作中积累的商业资源和人际关系创业，实现鱼和熊掌兼得的梦想，而且不必面对背水一战、进退维谷的窘境，大大减少了创业风险。但兼职创业需要在几条战线上同时作战，对创业者的精力、体力、能力、耐力都是极大的考验，因此要量力而行。此外，兼职创业者最好选择自己熟悉的领域，分清事业发展的主次，在重点做好本职工作，不损害所在单位利益的前提下开展创业活动。

### （四）团队创业——众人划桨开大船

美国硅谷流传着这样一条“规则”：由两个 MBA 和 MIT 博士组成的创业团队，几乎就是获得风险投资的保证。虽然这种说法有些夸大其词，却揭示了这样一种事实：创业已告别个人英雄主义时代，团队创业渐入佳境。一个由研发、技术、市场、融资等各方面组成的优势互补的创业团队，更有可能获得创业的成功。

团队创业因其具有将资本、人力化零为整的优势，使一些有着相似经历、背景的创业者们因为某种吸引而聚集在团队创业的大旗之下，由退役军人、大学校友、下岗工人组成的创业团队迅速壮大。

需要注意的是，这一模式在组建创业团队时，最重要的是要考虑成员在知识、资源、能力或技术等方面的互补性，充分发挥各人的知识和经验优势，这种互补将有助于强化团队成员间的相互协作。一般来说，团队成员的知识、能力结构越合理，团队创业成功的概率就越大。

### （五）概念创业——从点子中挖掘金矿

“一沙一世界，一叶一菩提”的哲理早已为人所熟知，但是如果有人告诉你：一个点子就可以成就一项事业，你相信吗?

比尔·盖茨在总结自己的成功经验时曾说：“是什么使微软从小人物一跃而起呢?我们拥有当时巨人没想到的点子，我们总是在思考，曾经遗漏过什么可以使我们保持胜利的东西。”美国视算科技公司董事长艾德·麦克青的感触如出一辙：“我觉得我真正擅长的是当我有了一个点子，然后和一个真正的创业家一起去做，在形成小团队后，愈做愈大，一路发展下去”这种凭借创意、点子或想法创业的方式催生了一种新的创业模式——概念创业。

对具有强烈的创新意识而又缺乏资源的创业者来说，概念创业无疑是一条实现梦想的重要捷径。但需要注意的是，创业需要创意，然而创意绝不等同于创业，概念创业要求必须标新立异，但这些超常规的想法还必须具有可操作性，天方夜谭从来不可能变为现实。此外，创业还需要在创意的基础上，融合技术、资金、人才、市场经验、管理等各种因素，如果仅凭着点子盲目行动，创业成功无异于痴人说梦。

一个点子固然能够成就一项事业，但要实现概念创业的成功，把脑中概念变为财富金矿，还要经过以下三个步骤。

**1．科学分析**

当产生了创业灵感之后，创业者应对创业点子进行冷静而细致的分析，了解自己创业是否独具匠心，是否具有广阔的市场需求，是否具有可操作性，在推行过程中有无防止“克隆”的保护措施等，在此基础上选择最有发展前途并且风险相对较小的创业方案。

**2．多方咨询**

很多时候，我们总是在别人的目光里认识自己，因为很多时候我们总是“当局者迷”。所以创业者除了要对自己的创业灵感自我审视之外，最好在行动前多听听各方面的意见和建议，如成功的创业者、风险投资家、创业咨询机构等。他们提供的宝贵经验和专业指导，不仅能起到拨云见日的作用，还可以避免个人意见导致的片面性。

3．积极行动

创业不等于幻想，创业是实干家的实践活动而非空想家的思维过程，因此概念创业最终还是要落实在积极行动上。一个新颖别致而又切实可行的创业想法只有落实在一些具体的实践活动中才有获得成功的可能性，其中技术、资金、人才、市场经验、管理方法等各种资源的获得必不可少。

### （六）内部创业——员工到老板的轻松起跳

所谓内部创业，就是由一些有创业意向的企业员工发起，在企业的支持下承担企业内部某些业务内容或工作项目，进行创业并与企业分享成果的创业模式。作为一种激励方式，内部创业不仅可以满足员工的创业欲望，同时能激发企业内部活力，改善内部分配机制，成为员工和企业双赢的一种管理制度。

但是内部创业的受惠面比较有限，一般只有大型企业的优秀员工才有机会一试身手。此外，这是一种以创造“双赢”为目的的创业方式，创业者要做好周密的前期准备，选择合理的创业项目，保证最大化的利润回报，才能引起企业高层的关注与支持。同时，要想获得创业成功，也需要创业者和企业两方面共同努力。

### （七）工作室创业——躲进小楼成一统

工作室创业作为一种新的创业形势，正在全国各地悄然兴起。“录音工作室”“形象设计室”“摄影工作室”“服装设计室”等如雨后春笋般不断涌现。据报道称，工作室创业正在引发新一轮创业热潮，而大学生以其观念新、魄力大、技术强的优势，已经成为工作室创业的主力军。

工作室创业要求个人拥有较新的创意或较强的专业技能，因为大部分工作室都是以“大脑”或技术为产品。性价比是在市场上制胜的关键，但价格便宜也要以高质量产品为支撑才能维持经营，而且在创业初期也必须通过各种关系，主动开展业务，积极联系有产品需求的客户。工作室创业应该注意以下几点。

（1）团队组建。一个比较活跃的工作室团队人数应该为5～10人，其中2～5名专职，3～8名兼职，还应有2～3个业务过硬的“核心人物”。这样才能给工作室带来较多的业务，并保证业务的完成令客户满意。

（2）业务开展。工作室成立初期的业务开展应该采用主动出击的方式，努力利用各种关系，向市场推介产品，争取尽可能多的客户并与之建立信任合作的关系。此外，还可以采取守株待兔的办法，在媒体上刊登广告或在互联网上发布帖子，等待有需求的客户上门合作。

（3）经营策略。保持工作室创意或技术上的优势，做好多方面宣传推广工作。

## 四、创业逻辑与创业思维

研究和学习创业，不一定要去创办企业，但在不确定时代一定要理解创业的逻辑，要保持旺盛的创业精神，把创业精神和技能运用到自己的工作实践中，进而形成自己的创业思维。

### （一）效果逻辑与因果逻辑

萨阿斯·萨阿斯娃斯（Saras Sarasvathy）教授目前在弗吉尼亚大学达顿商学院任教，她于1998年获得博士学位，其导师是1978年诺贝尔经济学奖得主赫伯特·西蒙教授。萨阿斯娃斯是创业认知研究领域的杰出学者，提出了用于解释新企业和新市场创造的效果逻辑（effectuation）理论，吸引了众多创业学者的兴趣。选取了销售额从2亿美元到65亿美元不等的一些企业，针对27位创始人开展了实验研究，主要研究发现如下。

（1）成功创业者从手段驱动而不是目标导向的行动起步。成功创业者并不是一开始就有一个明确的愿景或产品创意，而是思考自己是谁、知道些什么，然后联系潜在利益相关人群体，寻找合作机会。随着新的资源组合被发掘和设计出来，愿景可能会形成，但推动发展的并不是愿景，而是手段、机会和利益相关人。

（2）成功创业者在评估机会时，考虑的是“可承受损失”，而不是预期收益。既然未来从本质上说不可预测，创业者就不会花时间去预测未来或计算预期值，创业者将潜在损失降低到自己可以接受的程度，即便没有那么成功，他们的损失相对那些凭借猜测潜在收益而进行大胆投资的创业者来说也要小得多。这种基于可承受损失的反复实验为获取宝贵的新资源组合创造了机会，也铺就了前行之路。

（3）成功创业者会设法利用意外而不是回避意外。这些创业者承认未来是不可预测的，最终的道路是未知的。因此，他们会保持灵活性，利用突发事件重新审视手段和目标。每遇到一个无法预料的事件，他们都会自问：这个意外是否开启了新的机会？即使面对的是负面意外，他们的热情也绝不会因此而熄灭。

（4）成功创业者会召集一些愿意加入自己的人。他们会建立大量合作关系，常常把最初的客户变成合作伙伴，把最初的供应商变成投资者，把最初的投资者变成客户、员工，或任何其他身份。最终，他们会缝制一条由投资者、客户、供应商和员工等利益相关者拼成的“百衲被”，他们共同做出承诺，携手共创事业并营造相应的环境。

效果逻辑理论由此诞生，相对应的是因果逻辑理论。因果逻辑也称为预测逻辑，因为它强调必须依靠精确的预测和清晰的目标；效果逻辑也称非预测逻辑，极度依靠利益相关人并且是手段导向的。

绝大部分的教科书和媒体都建议人们采用因果逻辑开展创业：首先要开展市场研究和竞争分析，找到目标细分市场；然后制定营销战略、计算边际成本/价格并制定财务规划；最终撰写商业计划、整合资源、组建团队并搭建新企业。而效果逻辑支持的做法则是：首先从你是谁、你知道什么以及你认识谁起步，尽可能利用少量资源开始做可以做的事情；然后要与大量潜在利益相关人进行交互并谈判实际的投入，并根据实际投入重塑创业的具体目标；重复上述过程，直到利益相关人和资源投入链条收敛到了一个可行的新创企业。

因果逻辑和效果逻辑都要求创业者理解基本的商业技能，如合理的会计实践、企业运营环境的合法性问题以及财务和人员管理的日常机制。同时，两者还都要求创业团队按照新创企业做出的承诺有效地执行。然而，两种逻辑中的主要驱动力是不同的。

### （二）精益思想与创业逻辑

精益创业目前受到大量创业者的推崇，这个概念是由精益生产演变过来的，而后者是丰田公司的大野耐一创造并且实践得来，在现代制造业有着难以撼动的地位。精益本身的含义就是要去粗取精，刨除冗杂的、陈旧的、传统的东西，改为以市场操作过程中以顾客为导向产生的真正需求为指标重新安排生产过程，从而以较少的投入产生巨大的收益。

精益的核心思想是杜绝浪费。借鉴精益生产的思想，精益创业的核心思想就是：以最低的成本制作 MVP（Minimum viable product，最简可行产品），从每次实验的结果中学习，快速迭代，在资源耗尽之前从迷雾中找到通往成功的道路。精益创业的方法论，非常像实验室里做实验的方法。

第一步：确定待验证的假设。所谓待验证的假设，就是那些认为理所当然的、一厢情愿的需求。不要自欺欺人，要把这些不确定的主观臆断全部罗列出来，按照优先性有针对地去解决。

第二步：制作 MVP。用最低的成本制作一个用于检验假设的产品，可以是经过开发的产品原型，也可以是一段故事描述。只要是能够让待测的用户能够感受到这个产品所能带来的价值，就可以。

第三步：确定衡量指标，检验假设。分析哪些客观指标可以标志之前规划的需求确实存在于用户内心之中。召集目标用户，向他们展示 MVP，测量衡量指标，用以验证之前的假设。

第四步：坚持或者转型。根据收集到的结果，决定是坚持最早的规划，还是转变方向。精益创业所引申出的创业逻辑如下：

（1）创业者必须承认在创业初期只有一系列未经检验的假设，也就是一些不错的“猜测”。一定要总结其假设，而不是花几个月来做计划和研究，并写出一份完备的商业计划书。

（2）创业者必须积极走出办公室测试他们的假设，即所谓的客户开发。要邀请潜在的使用者、购买者和合作伙伴提供反馈，这些反馈应涉及各个方面的假设，包括产品功能、定价、分销渠道以及可行的客户获取战略。关键在于敏捷性和速度，新创企业要快速生产出最简化且可实行的产品，并立即获取客户的反馈，然后根据消费者的反馈对假设进行改进。创业者要不断重复这个循环，对重新设计的产品进行测试，并进一步做出迭代，或者对行不通的想法进行转型。

（3）创业者要采取敏捷开发的方式。敏捷开发最早源于软件行业，是一种以用户为本、强调迭代、循序渐进的产品开发模式。传统的开发方式是假设消费者面临的问题和需求，周期常常在一年以上。敏捷开发则完全不同，通过迭代和渐进的方式，预先避开无关紧要的功能，杜绝了浪费资源和时间。

### （三）创业思维

所谓创业思维，是指如何利用不确定的环境，创造商机的思考方式。效果逻辑和精益创业衍生出的创业思维是一种行动导向的方法，体现了实用主义的哲学思想，对于创业者具有重要指导作用。

**创业思维 1：利用手头资源快速行动**

创业并非起始于对机会的识别和发现，或者预先设定目标，而是首先分析你是谁（你的身份）、你知道什么（你的知识）以及你知道谁（你的社会网络），即了解你自己目前手中拥有的手段有哪些。创业行动应该是手段驱动，而不是目标驱动；创业者应该运用各种已有手段或手头资源来创造新企业，而不是在既定目标下寻找新手段。创业不同于厨师做菜，不能等到所有配料都准备齐了才开干，更像是手里只有三根残弦乐器的弹奏者，你能利用三根残弦弹奏出什么样的音乐呢？

**创业思维 2：根据可承受损失而不是预期收益采取行动**

创业者必须首先确定自己可以承受的损失以及愿意承担的损失有多大，然后才投入相应的资源，而不是根据创业项目的预期回报来投入资源。毕竟任何的预期收益都是不确定的，但失败后可能造成的最大损失是确定的。在采取每一步行动之前，创业者都应该只付出自己能够承担并且愿意负担的投入。在考虑投入时，应该综合权衡各种成本，包括金钱、时间、职业和个人声誉、心理成本和机会成本等。

**创业思维 3：小步快走，多次尝试**

果敢的大步行动可能会获得很大的好处。不过，除非第一步就迈对了，否则就不会得到这个好处。第一次就迈对步子的概率微乎其微，因为一个想法或计划的成功率和投入的资源数量无关，所以小步行动通常是有道理的。因为如果能够小步行动，就可以有机会多次采取行动，而较大的步伐将提高我们碰上无法预测事物的概率。通常如果你尝试某种新方法后成功了，你很快就会被称为这个方法的专家，其实今天我们之所以说马云是个天才，真正的原因其实是他在第一次行动失败后又尝试了一次，而在第二次尝试成功了。所以，成功的关键驱动因素是不断尝试。

**创业思维 4：在行动中不断吸引更多的人加入进来**

寻找愿意为创业项目实际投入资源的利益相关者，通过谈判、磋商来缔结创业联盟，建立一个自我选定的利益相关者网络，而不是把精力花在机会成本分析上，更不要做大量竞争分析。联盟的构成决定创业目标，随着联盟网络的扩大，创业目标也会不断发生变化。

**创业思维 5：把行动中的意外事件看成好事**

西方有一句谚语“如果生活给了你柠檬，就把它榨为柠檬汁。”这实际上是要求创业者以积极的心态主动接纳和巧妙利用各种意外事件和偶发事件，它们在创业途中无法避免，不应消极规避或应付。在创业过程中，你采取的行动很可能不会带来你期望的结果，这时需要友好对待，否则将会错失某些重要的东西。很多时候，意外同时也意味着新的机会。当然，意外也可能意味着问题。如果可能，解决这个问题，你的解决方案会变成你的资产。假如这个问题会永久存在并且你无法排除，那么它将成为你采取下一步行动的已知事实基础。

**创业思维 6：把激情当成行动的动力**

如果你不断尝试，却总是遭遇挫折，长期下来，我们可能就会彷徨，不知道自己究竟要尝试多少次、犯错多少次才会成功。所以，我们需要一个强大的动机来度过这些磨难，即激情。研究早已证实，“激情是驱动创造力的关键要素”。如果驱动你的动力是诸如激情等内在动机，而非外部因素，那么产生创造性成功的概率就会比较高。激情也是驱散不确定性的另一个关键。激情和我们追求成功时的心态有关，也就是实际执行各种想法时的心态。一个人对创业想法的激情可能是衡量这个想法潜力的最佳标准，它让我们了解一个人有多愿意为了成功而坚持到底。

创业者应该树立什么样的思维方式或者说什么样的思维方式有助于创业成功？当然不存在唯一的答案，可以从创业活动的特点和本质分析。创业的本质是创新，敢于挑战、逆向思考等创新性的思维就会变得重要和必须；创业要应对不确定性，执着与灵活性并重就很有必要；创业要借助资源整合应对资源高度约束，合作共赢、欲取先予、取舍有度就成为决策的依据。

如何培养和强化创业思维，锻炼创造性思考（creative thinking）、批判性思考（critical thinking）、系统性思考（systematic thinking）方式很重要。创造性思考强调把看似无关的事物联系起来，容易产生新的发现。关于批判性思考，李开复这样解释：多问“how”；不要只学知识，要知道如何实践应用；多问“why”；突破死背的知识，理解“为什么是这样”之后才认为学会了；多问“why not"；试着去反驳任何一个想法，无论你真正如何认为；多和别人交流讨论，理解不同的思维和观点。把创新性思维与经济管理等相关知识结合起来，有助于提升创业能力。当然，创业能力的真正提升还需实践。

## 五、创业项目的选择

### （一）一般型创业项目

#### 1. 商业性项目

大学生创业有优势，也有局限性。大学生思维活跃，充满活力，喜欢接受新鲜事物，学校的学习使毕业生具备了一定的专业知识，但由于没有进入社会，商业意识、社会经验、企业管理、财务及营销等方面都比较欠缺，因此毕业生在创业方向的选择上应扬长避短，寻找适合自己发展的道路。一般来说，适合大学生创业的商业性项目有如下几种。

（1）电子商务。现在网络已变得日益普及，它已成了人们生活的另一个舞台。电子商务成本低，不受时间、空间限制，大学生从小就学习和使用计算机，他们可以用自己的知识技能进行网上创业，做电子商务。在这方面大学生不应停留在网上开店、买卖传统商品上，而应该结合自己的特点提供一些网上智力服务，或一些有创意的电子商务，比如，学国际贸易的可以通过网络寻求国际订单，为传统行业提供网络销售，为要走出去的中小企业提供外部信息，建立虚拟办公服务等。

（2）创意小店。大学生年轻有朝气，思维活跃，喜欢时尚的东西，而小店的经营相对简单，对社会经险、管理、营销、财务要求不高，因此，大学生可以发挥自己的特长，开一些有创意的小店。比如创新的蔬果店、甜品店、幼儿绘画坊、成人老年人玩具吧、绣品工艺品店个性家饰、饰品店和美容美发吧等。

（3）加盟连锁。加盟创业的最大特点是利益共享，风险共担。加盟创业以其分享品牌、分享经营、分享资源等诸多优势，而逐渐成为备受青睐的创业新方式。

#### 2. 生产型项目

创业者如果有符合市场需要并具有竞争力的实物产品，也不妨创办一个生产型的企业。不过建立一个生产型的企业可比开一个店铺复杂得多，创业者一定要了解生产型企业的特点。通常来讲，生产型企业自身具备以下三个特点。

（1）岗位数量多，人员庞大。生产型企业至少要包括以下岗位：生产岗位、辅助岗位、管理岗位、销售岗位、后勤岗位等，一个生产型企业至少需要几十名员工。

（2）员工整体素质水平低，管理难度大。尤其一线操作工人，学历水平一般集中在初中、高中、技校水平，员工在理解力、接受能力以及一些基本素质方面较为欠缺，管理难度很大。

（3）生产环节专业化程度高。除了人力资源、行政管理、财务工作等职能性岗位具有一定的通用性，属于生产环节的岗位更多表现出专业化的特性。因此，只有在本岗位实际工作过的人员才能够胜任相关任职要求。

在建立生产型企业时，创业者应做到以下几点。

①为企业建立和完善内部管理体系。对各个岗位都要制定出严密的管理制度。大学生创业者由于缺乏经营生产企业的必要经验，所以最好聘请有经验的人来协助自己管理企业，制定企业的管理章程。

②精心构造组织结构初创企业，部门不宜过多，设立的每个部门一定要是不可缺少的，可有可无的坚决不设，否则会造成人力资源的浪费，并极大地增加了管理难度。

③选人一定要精。每个岗位的员工必须完全胜任自己的职责，不能有滥竽充数的人存在，要记住企业多一个人，就会增加分管理难度。

生产型企业的产品在设计、生产、销售时，应该做到以下几点。

①供强劲的购买理由。

②个性化定位。

③获得高溢价。

④增加通路拓展的底牌。

对于加工型企业来说，最重要的当然还是产品的成本。降低成本最有效的途径就是加强企业的内部管理。这时候创业者就要把精力放在企业的日常生产管理上，而不要轻易将管理权授予任何人。

### 3．服务性项目

随着我国市场经济的不断成熟与发展，产业结构发生了巨大的变化，第一、二产业比重逐步缩小，而服务业的比重越来越大。一些毕业生也将创业的目光定在了服务行业上。目前，毕业生从事的服务业主要有以下几种类型。

（1）科技服务。大学生根据自己的兴趣爱好，结合专业，可以取得一些科研成果，但这此科研成果往往难以转化成商品，更无法直接用于创业，而一些企业，特别是一些大中型企业会有许多科技难题，毕业生可以通过老师、学校加强与企业的联系，将企业难题作为科研课题，为企业提供科技服务。如果某项科技服务成果能成为大企业的一个长期的配套产品或服务，将为创业者奠定一个稳定发展的基础。

（2）智力服务。随着社会经济的发展，服务业在我们的生活中地位越来越重要。大学生创业应发扬自己的知识优势，选择一些需要知识和专业的智力服务，如翻译、电脑维修维护、家教培训等，或把软件设计应用到一些传统行业、中小企业、商务及商业连锁领域中。

（3）家政服务。中国的家政市场非常庞大，并且正在快速持续地发展。时下，一些创业者正涉足家政服务或为家政服务提供中介的公司，规模小的只有两三名员工，规模大的也只不过是 10 多名员工。家政市场普遍存在很多问题，如企业规模小，经营不规范，家政服务员整体文化素质偏低，家政服务机构档次不高，缺乏有效的法律规范，家庭用工安全隐患大，家政服务员社会地位低，导致家政服务市场供求关系失衡。一些大学生创业者开始实行“员工制”的模式，使家政公司与当地政府“联姻”，员工由社区推荐，一般的家政服务员每天（或每周几天）到公司“上班”，然后进入居民家中服务。上岗前要经过严格的技能培训。员工由公司付给工资，享受各类保险。

（4）饮食、娱乐服务。饮食、娱乐服务业是我国较早兴起的行业，经过多年的市场竞争，这类行业的门槛越来越高。不过由于这类行业有着巨大的消费人群，每年仍有不少创业者投入到这类行业。

### （二）创新型创业项目

创新理论的创始人熊彼特认为，所谓创新，就是指“企业家对生产要素的新组合，即建立新的生产两数”。在熊彼特看来，这种创新可以通过五种途径实现：一是引入一种新的产品或提供一种产品的新数量；二是采用一种新的生产方法；三是开辟一个新的市场；四是获得一种原料或半成品的新的供给来源；五是采用一种新的企业组织形式。

按照熊彼特的创新理论，只有创新成果被商业化并实现了商业价值，才算得上是创新。一些并不涉及技术创新，但基于工艺创新而创造出的新产品，或企业组织管理体系创新、市场途径创新，同样属于创新型创业活动。真正的创新型项目的特点应该包括如下方面。

（1）创新不是创“高”。新是老和旧的对应，只要没有出现过的、没有被使用过的就是新的，并不是说只有创造出微电子、生物技术、宇宙技术那种改变世界的技术才叫创新。

（2）创新并非是要创造前人、古人没有之新。其他地区有，本地区没有的，融会到本地的也可以成为创新。别的行业有，引进到本行业的，也可以称为创新。当然在引进和融会中要注意知识产权问题。

（3）创新型项目还包括形式的创新。市场经济下，产品的包装、造型非常重要。

（4）还有模式的创新。比如营销，新的营销网络的组建、新的促销手段的应用，都算作创新型创业。

（5）重视制度的创新。创新不仅表现在技术、产品上，也涉及产权制度、人事制度、薪酬制度，这种创新也必然能增强企业的竞争力。

## 课后阅读

### 创业前：送你十句箴言

一、善用别人的资源

没有能力买鞋子时，可以借别人的，这样比赤脚走得快。

——《塔木德》箴言

成功大都是使用别人口袋里的钱来成就自己的梦想。《塔木德》箴言提到：对于财富运用的观念，我很欣赏现在流行的“托付观”，它认为人生如过客，你一生中拥有的任何东西都不属于你个人，而是被交托到你手中。

著名经济学家于光远说：人有三种，一是天才、二是人才、三是蠢才。花大钱办小事是蠢才；花小钱办大事是人才；不花钱办大事是天才。温商中很多人是在“零资产”“零资源”的情况下，发展起来的。“用好自己的资本，善用别人的资本，用活今天的资本，巧用明天的资本”，在这种观念的指导下，很多温商甚至在“负”资本中发展起来，他们少花钱多办事，不花钱也办事，花别人的钱办自己的事，实现了从贫穷到富裕的两极跨越，创造了无中生有的创富神话。

二、用钱要恰到好处

有时你看似是一件很吃亏的事，往往会变成非常有利的事。

——李嘉诚

成功的企业家有时是极其豪爽的，他们可以动辄上亿元，投资于慈善事业；他们对客户，坚守着“吃亏是福”的指导方针，他们认为知识是无价的，不能赤手空拳地开始行程，必须用知识把自己武装起来。另一方面，他们表现得极为吝啬，他们视节俭为一生中食之不完的美筵。

花钱要恰到好处，不做挥霍的浪费者，也不做葛朗台似的吝啬鬼。正如比尔·盖茨所说：“花钱如炒菜一样，要恰到好处。盐少了，菜就会淡而无味，盐多了，苦咸难咽。”

三、适者生存，而非大者生存

这个世界是属于弱者的，因为弱者最懂得适应。

——杰克·韦尔奇

达尔文说过：“应变力也是战斗力，而且是重要的战斗力。得以生存的不是最强大或最聪明的物种，而是最善变的物种。”有位经济学家说：千规律，万规律，经济规律仅一条：适者生存。

要想生存，就要像水一样适应环境，水本无形，也可以有形。放在桶里的水是圆的，放在箱子里的水是方的，它随势而变，不拘一格。必须学会像水一样，善于随着周围的环境改变而改变，随行就市，不断调整自己，改变自己，使自己能够适应周围的大气候，这样才能在竞争中处于不败之地。水的精神赋予了温商“一有土壤就发芽、一有阳光就灿烂”的生存能力。

四、寻找无竞争的蓝海

风险越大，赚钱的机会就越大。到别人认为是冷门的地方，你会赚到数不清的钱。

——世界船王奥纳西斯

没有人的地方水草最为丰美，“钻空子”的思维，使得他们往往能从“没有市场”处找出市场；从“乱花渐欲迷人眼”的市场混乱中，寻找到商机；从鲜为人知的边缘经济的夹缝中杀出一条血路。

五、拿来主义

可持续竞争的惟一优势来自于超过竞争对手的创新能力。

——管理顾问詹姆斯·莫尔斯

模仿是创新的基础。蒸汽机的发明，是瓦特对小水壶热蒸汽原理的模仿运用；卫星上天环绕地球运行，是牛顿对苹果落地原理的模仿创新。统计显示：创新，是由80%~90%的模仿，10%~20%的创新组成的。

温州人的模仿能力是极其可怕的，他们把打火机、眼镜、低压电器等商品拆开再重装，然后，就能自己制造出一模一样的产品了。在一无资金、二无技术、三无资源的背景下，有着狡黠而胆大性格的温州人，最初正是靠了“模仿”，才打出了一片属于自己的市场。现在，他们对创新提出了更高的要求。

六、基业长青靠诚信

即使是口头承诺，神也可以听见。

——犹太商人

一位商人说：“做人要务实，讲话要真实，做事要诚信，不能骗人蒙人，丧失信用。钱可以创造，但诚信比金钱更重要。不守诚信也许能赢得一时之利，但一定会失长久之利。”朴实的语言里有对诚信的坚持。

诚以修身，信以立业，诚信实现了商人的利益最大化。《塔木德》训诫后人：“你们不可行不义。要用公道天平、公道砝码、公道升斗、公道秤。”犹太人认为诚信就是财路，就是商业活动中最高的技巧。诚信是商人步入市场的通行证，失信于市场即是商人的自杀。

七、赚钱是硬道理

只有偏执狂才能生存。

——安德鲁·葛鲁夫

贫穷是什么？贫穷不是缺米少盐，也不是缺衣少食，贫穷是无能，是罪恶。《塔木德》箴言提到：身体依靠心灵而生存，心灵则依靠钱包而生存。对钱有着绝对的偏执，他们身体的每个细胞都呼唤着金钱，对他们来说，“生命诚可贵，爱情价更高。若为金钱故，二者皆可抛。”

无道胜有道，“赚钱才是硬道理”，他们穿着金色的外衣，在无涯的商海，以钱做舟，以钱做桨，寻找着未知的金矿。

八、隐形冠军

小生意怕食不怕息，大生意怕息不怕食。

——恒基兆业地产集团主席李兆基

随着20世纪90年代赫尔曼·西蒙教授《隐形冠军》一书的出版，人们惊奇地发现，一国经济活力的真正源泉往往并非那些声名显赫的大企业，反而在小市场领域高居本国乃至全球领先地位的中小公司。他们被称为“隐形冠军”。这些隐形冠军甚至常常拥有各自所在市场60%～90%的全球市场份额。

通过多年深入的研究和调查，赫尔曼·西蒙总结了隐形冠军的八大特质：①目标明确；②高度专注；③攥紧客户关系；④成为卓越者的伙伴；⑤创新；⑥跻身顶级竞技场；⑦保护独一无二；⑧强大的企业文化。

九、“微利是图”

别想一下就造出大海，必须先由小河川开始。

——《塔木德》箴言

据统计，国外90％以上的大富豪是白手起家或靠小本起步的，只有不到10％的人是靠继承遗产发家的。在中国，改革开放之前商场上几乎全是穷人，靠赚小钱起家的恐怕要占到99％以上。

温州人的商业哲学是：“惟利是图”不足取，“微利是图”却能积少成多，是生财之道、赚钱之术，他们认为：生意场上的事情，看大而未必大，看小而未必小。能挣大钱，也绝不嫌弃小钱。他们挣钱有时是按角、分来计算的。他们响亮地喊出了“赚一厘钱也光荣”的口号，就靠这一分一厘的集腋成裘，完成了他们的原始累积，为其后来的第二次、第三次创业奠定了雄厚的资金基础。

十、和“同志”牵手

一个人赚钱没有什么了不起，要让大家都能赚钱。许多个体的精诚合作，可以控制整个市场。

——温州商人

石油大王洛克菲勒说：“我获得成功的奥秘，就在于有一大批人在工作中真诚的合作。”有人做了这样的比喻：一般人的做法犹如打麻将，看住上家，扣住下家，防住对家，结果我做不成，你也做不成。犹太商人和温州商人的做法犹如下围棋，你占这个点，我就占那个点，你卖汽车，我就开旅馆，大家在竞争中合作，在合作中竞争，其结果是联手造势，有模有样。

# 主题二　商业机会识别

## 一、商业机会的内涵及特征

发现、寻找和利用机会是任何一个成功创业者的特征之一，也是成功创办和管理企业的基础。不仅仅是产生想法和识别机会，还要筛选和评估它们，从而决定把握和利用最有价值的机会。

### （一）什么是商业机会

商业机会是能够满足消费者的需求、并能使投资者收回投资的有吸引力的商业想法或主张。可是，一个好的想法未必是一个好的商业机会。企业想法和商业机会之间的区别：一个好的企业想法未必是一个好的商业机会。例如：在新产品中超过 80%的都是失败的。

商业机会通常体现为市场上尚未满足和尚未完全满足的有购买力的消费需要，也称为市场机会。商业机会客观存在于市场过程之中，是一种有利于企业发展的机会或偶然事件，是还没有实现的必然性。

### （二）一个好的商业机会的特征

一个好的商业机会必须是能够实行和实现的，并要符合以下标准。

（1）建立真实的需求。即那些具有购买力和购买欲望的消费者有未被满足的需求。

（2）能够收回投资。即在承担风险和努力工作之后，可以带来回报和收益。

（3）具有竞争力。即消费者认为购买你的产品或服务比购买其他的产品或服务能够获得更多的价值。

（4）实现目标。满足那些冒险的人和组织的愿望。

（5）有效的资源和技能。也就是说，是在创业者具备的资源、能力、法律必备条件等范围内的。

## 二、创业机会的识别与捕捉

面对纷繁复杂社会环境，如何识别和捕捉创业机会考验着准备创业的大学生智慧。

机会是一种客观存在，其具体的存在方式又有以下特征：第一，机会本身是无形的，以弥散的方式附着在不断发展变化的事物之中，它不会像有形物体那样让人们直接触摸到；第二，机会的出现，一般不是单个事物发展变化的结果，往往是多种因素合力的结果；第三，机会本身不会主动告诉我们它的到来，全靠人们自己去感知、分析和判断。

## （一）识别和评估商业机会

### 1．行业和市场

（1）市场需求。一个关键的问题就是你的想法是否有市场。这个市场是由购买力、乐于并能够购买你的产品或服务的消费者组成的。因此，满足消费者的需求还要考虑合适的价格、地点和时间。一个好的创业机会， 必然具有特定市场定位，专注于满足顾客需求，同时能为顾客带来增值的效果。

（2）市场结构。每一个市场都有一定的市场结构，市场结构主要反映了企业在市场竞争中的地位和企业市场势力的强弱。因此，将要进入的市场具有一个怎样的市场结构，市场竞争是否十分激烈，对于创业者来说具有重要意义。

针对创业机会的市场结构进行分析，包括进入障碍、供货商、顾客、经销商的谈判力量、替代性竞争产品的威胁，以及市场内部竞争的激烈程度。

（3）市场规模。如果一个新创企业进入的是一个规模巨大而且还在发展中的市场，那么在这个市场上占有个不大的份额就可以拥有相当大的销售量。如果进入的是一个十分成熟的市场，那么即使市场规模很大，由于已经不再成长，利润空间必然很小，因此这个新企业恐怕就不值得再投入。反之，一个正在成长中的市场，通常也会是一个充满商机的市场。所谓水涨船高，只要进入时机正确，必然会有获利的空间。

（4）市场增长率。一个有吸引力的市场应该是既有较大规模而且又不断成长。在这样的市场上，新创企业占有市场增长的很大份额却不会对竞争对手构成很大威胁，而且即使只占有一个小的市场份额，只要能够保持，就意味着不断增加的销售额。因此，市场增长率与“机会窗”密切相关。

机会经常被称为“窗口”。也就是说，它是真实存在的，但是它不是永远都敞开的。随着时间的推移，市场以不同的速度在增长，市场变得更大，确定市场的难度就更大，因此适时性很重要。后面的问题就是确定窗户打开的时间长度，能否在窗户关闭之前把握和抓住机会。

（5）市场份额。如果一个新创企业在未来能够占有 20%的市场份额，表明这个企业的潜力是十分巨大的，因为较高的市场份额将为一家公司创造非常高的价值，否则该公司的价值可能比其账面价值高不了多少。

对于大多数寻求一家具有较高潜力公司的投资者来说，只占有一个市场不到 5%的份额的企业是没有吸引力的。

（6）成本结构。若初创公司成本低可能面临有吸引力的市场机会。低成本可能来源于行业中存在的规模经济性，对于刚刚创业的企业来说，要在起步阶段就利用规模来实现低成本恐怕是勉为其难的，但低成本也可以来源于技术和管理，这大概是新创企业的希望所在。

2．资本和获利能力

（1）税后利润。高而持久的毛利通常转化为持久的税后利润。有吸引力的机会具有取得至少 10%～15%，通常为 15%～20%或更高比例的持久利润的潜力。那些产生不到 5%税后利润的企业是十分脆弱的。

（2）盈亏平衡点和正现金流。有吸引力的公司有可能在一年内达到盈亏相抵和取得正现金流量。一旦取得盈亏相抵和正现金流量的时间超过 3 年，机会的吸引力相应地就减少了。

（3）资本需要量。有着较少或者中等程度的资本需要量的投资机会是有吸引力的。如果创业需要太多的资金，这样的机会应较为缺乏吸引力。

（4）退出机制。作为风险投资者，通常还要考虑在一定的时候将所投资金抽回，因此，退出机制对于创业机会的评估也具有相当的重要性。资金的退出主要有企业被收购或出售、公开发行股票等各种途径。有吸引力的机会应该能够拥有或者想象一种获利和退出机制，而没有退出机制的机会也就没有太大的吸引力了。

3．竞争优势

一个能吸引人的机会必须具备某些竞争优势。例如：在市场中与同类产品相比更低的成本或更好的质量。

（1）成本。成本优势是竞争优势的主要来源之一。较低的成本给企业带来较大的竞争优势，从而相应的投资机会较有吸引力。一个新企业如果不能取得和维持一个低成本生产者的地位，它的预期寿命就会大大缩短。

（2）控制程度。初创企业如果能够对价格、成本和销售渠道等实施较强的或强有力的控制，这样的机会应较有吸引力。当所处市场领导者份额小于 20%，初创企业对价格、成本、分销渠道具有中等或较强的控制力，则市场吸引力较大。另外，一个对其产品的原材料来源或者销售渠道拥有独占性控制的新企业，即使它在其他领域较为薄弱，它也仍能够取得较大的市场优势。

（3）进入壁垒。进入市场的壁垒问题一需要大量的资金投入、 保护（例如：专利权）、合同优势（例如：一个市场、一个供应商的专营权利）是决定投资或不投资的重要因素。换句话说，如果一个企业不能或面对很多进入障碍，那么这个机会几乎就不会吸引人了。

另外，如果不能把其他竞争者阻挡在市场之外，新创企业就可能迅速消失。

因此，如果一家企业不能阻止其他公司进入市场，或者它面临着现有的进入市场的障碍，它就没有吸引力。

4．管理团队

在大量的资金、高风险、变化多端的市场、激烈的竞争等风险决策中，团队管理是一个重要的衡量尺度。团队在相同或相关行业和市场中，在管理、技术、营销、利润等方面具备一定的能力和相关的经验与否，经常决定了企业的成功或失败。这就说明了风险投资者（为企业提供资金的人）非常强调管理因素，他们经常会说宁愿要一个好 的管理团队去经营一个一般的产品或服务，也不想要一个不好的管理团队去经营一个优异的产品或服务。

5．创业者的个人目标和能力

对于任何投资创业的人，能否愿意承担风险都是一个重要的问题。个人的动机是成功创业者的本质特征。因此，除非个人真的想要创办一个企业，否则他或她是不愿意承担风险去做的。

一个相关的问题就是潜在的创业者是否具备创业必需的能力（包括知识、技能和特质），如果不具备，是否能够学习并提高这些能力。许多小企业的管理者都是基于他们的能力才创办企业的。将上述问题结合在一起，就变成一个基本的问题，企业所必需的条件和创业者的要求和期望是否一致和相符。这不仅对于创业成功十分重要，也关系到创业者的幸福和快乐

6．资金、技术和其他必需的资源

掌握可用的资金、技术和其他必需的资源将决定是否可以利用某个机会。一般的规则是在某个地区有越难满足的需求，就是越能吸引人的机会，当然肯定会有一个产品或服务的市场。举个例子，仅仅销售一个突破性的专利产品并不会保证能够成功，但是它的确形成了一个强大的竞争优势。

7．环境

企业的外部环境对于机会的吸引力有着深远的影响。我们谈及的环境不仅仅指的是自然环境（自然环境越来越重要了），而且还包括政治、经济、地理、法律环境。政治的不稳定性，致使在很多国家的商业机会不吸引人，特别是需要很高的投资并且投资回收期又很长。类似的还有通货膨胀、外汇汇率波动或司法系统不健全都不利于吸引投资，即使回报很高。缺乏可用的基础设施和服务（例如：道路、水电供应、通信、运输、学校和医院）也会影响一个地区的商业机会的吸引力。

想要成为创业者就需要收集信息。如果一些潜在的创业者认为这项工作太难，他们就会安慰自己说：市场数据（市场的大小、特征、竞争者等）经常和真正潜在的商业机会背道而驰，不能真实地反映商机。但是换句话说，如果市场数据很容易获得，并且数据很清晰地反映潜在的情况，那么可能将会有很多的创业者进入市场，机会相应地就会减少变小了。也有一些发表的信息来源（也叫作次要信息），包括好多图书馆、商会、

投资促进中心，政府部门、大学、外国大使馆、互联网、报纸等。除了上述之外，通过经常与人们交流也是收集信息的来源（也叫初级调查），比如消费者和供应商，你需要设计一个调查的方法和渠道。

**8．致命缺陷**

有吸引力的企业不应该有效命的缺陷：一个或更多的致命缺陷使一个机会变得没有吸引力。通常这些缺陷涉及上述种种准则之中的一个或几个。市场太小、市场竞争极其激烈、进入市场的成本太高等都可以是一种致命的缺陷。

每一个准备创业的人都希望尽快找到创业机会，但是茫茫商海，怎么样用呢？哪些是创业机会，哪些不是呢，这就需要大学生创业者利用“火眼金睛”，迅速准确地识别和捕捉创业机会。创业机会识别是创业领城的关键问题之一，从创业过程角度来说，它是创业的起点，创业过程就是围绕着机会进行识别、开发、利用的过程，大学生创业机会的寻找是要做调研，要收集、利用、分析、综合各种信息，了解社会经济的状况、社会各行业的发展情况、消费者的需求和消费流行趋势，发掘市场空队，从而识别创业机会。

**商业机会的评价准则**

| 类别 | 指标 | 最有利标准 A | 最不利标准 E | A | B | C | D | E |
|---|---|---|---|---|---|---|---|---|
| 行业和市场 | 市场需求 | 产品有市场需求 | 顾客群已忠诚其他品牌 | | | | | |
| | | 能够形成特定的顾客群 | 无特定的顾客群 | | | | | |
| | | 产品的顾客利益点突显 | 产品顾客利益点不显著 | | | | | |
| | 市场结构 | 销售者数目少 | 销售者数目多 | | | | | |
| | | 销售者规模小 | 销售者规模大 | | | | | |
| | | 买卖双方信息不对等 | 买卖双方信息对等 | | | | | |
| | 市场规律 | 大，占份额很小就能收益很高 | 小，即使占较大份额收益也很低 | | | | | |
| | | 新兴、不稳定、多变 | 稳定、机会少 | | | | | |
| | 成本结构 | 占市场份额 20%以上 | 占市场份额小于 5% | | | | | |
| | | 不依赖于规模经济 | 依赖于规模经济 | | | | | |
| 资本和获利能力 | 税后利润 | 10%～20% | 低于 5% | | | | | |
| | 盈亏平衡 | 1 年开始盈利 | 3 年开始盈利 | | | | | |
| | 资本要求 | 中低水平资本 | 大量资本量 | | | | | |
| | 退出机制 | 能够拥有或者想象一种获利和退出机制 | 没有一种退出机制 | | | | | |

（续表）

| | | | | | | | | |
|---|---|---|---|---|---|---|---|---|
| 竞争优势 | 成本 | 成本最低地位 | 成本较高地位 | | | | | |
| | 控制程度 | 对价格、成本、分销渠道具有中等或较强的控制力 | | | | | | |
| | 进入壁垒 | 拥有所有权、法规优势等壁垒 | 无法把其他竞争者阻挡在行业外 | | | | | |
| 管理团队 | 人员 | 囊括业内明星的团队 | 缺乏业内专家 | | | | | |
| | 团队 | 创业团队团结互补 | 有过不团结记录 | | | | | |
| 个人标准 | 成功标准 | 创业项目符合创业者个人成功标准，创业动机强烈 | 创业项目不符合创业者个人成功标准，创业动机不强 | | | | | |
| | 愿望 | 是自己的爱好 | 不是自己的向往 | | | | | |
| | 机会成本 | 项目价值大于其他工作 | 项目价值等于或小于其他工作 | | | | | |
| | 压力承受 | 创业者能够接受高成长、高收益项目压力 | 对高成长、高收益的项目压力感到恐慌 | | | | | |
| 必需资源 | 资源的拥有 | 拥有可用的资金、技术和其他必需的资源 | 缺乏资金、技术和其他必需的资源 | | | | | |
| 环境 | 环境作用 | 处于有利的环境中 | 环境不稳定 | | | | | |
| 缺陷 | 致命缺陷 | 没有致命缺陷 | 有一个或两个致命缺陷 | | | | | |
| 合计 | | | | | | | | |

## （二）大学生创业机会识别的思路

### 1．利用自身和学校的优势寻找创业机会

拥有较为丰富的科学文化知识，是当代大学生创业者最大的资本。学校高精尖的研究项目可以为大学生创业者提供技术支持。几乎每个大学都有一批知识渊博、训练有素的教授、学者和教师队伍，他们不仅精通本专业的基础理论和专业知识，具有丰富的教学经验和科学的教学方法，而且承担大量的科研工作，拥有相当数量的科研成果和专利技术。这些研究成果完全可以转化为创业项目，进而为大学生提供创业机会。

学校先进的仪器设备给大学生创业提供了实践条件。实验设备是高校培养大学生实践动手能力的必备之物，有些设备的质量甚至高于社会企业或科研单位的设备质量，它们不仅保证了课堂教学和实验研究，还给大学生提供了进行科学实践的场所。在这里，大学生可以将智慧变为各式各样的发明、专利，为自己创造创业机会。

另外，高校为大学生提供了得天独厚的创业环境。大学生平时在学校学习，不仅可以利用学校现有的资源，还可以接受老师和同学的启发，在学习、工作实习、各种社团活动中寻找创业机会，既增加了一份成功的筹码。也减少了一份创业失败所需要承担的

巨大风险。

**2．在分析政策发展中识别创业机会**

政策是经济发展的指向标，市场，特别是中国的市场受政策影响非常大，任何一项新政策的出台都足以引发新商机。如果创业者游于研究和利用政策，就能抓住商机站在潮头。

事实上，从政策中寻找机会并不仅仅表现在政策条文所规定的表面。随着社会分工的不断细化和专业化，政策变化所提供的机会还可以延伸，大学生创业者完全可以从产业链在上下游的延伸中寻找商机。在中国创业，大学生就必须关心政治，要懂得运用政治艺术，这样才能成为一个成功的创业者。

**3．在洞察市场变化中识别创业机会**

市场瞬息万变，不同类型的市场有不同的特点，不同地区之间的市场差别也非常显著。创业者要寻找创业机会，不能闭门造车，不能躲在屋子里冥思苦想，必须与市场亲密接触，了解市场，熟悉市场，到有市场需求的地方去发现和寻找机会。谁抓住了现实需要，谁开发出适合消费者“口味”的产品，谁推出了消费者欢迎的服务项目，谁就抓住了机遇。

另外，大学生创业者应该在社会市场中抓住市场热点，在市场热点中识别创业机会.茫茫商海，处处机遇。

**4．把握人类社会的发展趋势**

发展是一个哲学术语，是指事物由小到大，由简到繁，由低级到高级的运动变化过程。发展的本质是新事物的产生和旧事物的灭亡，即新事物代替旧事物。人类社会是不断发展的，很多事物在今天可能不被人们所接受，但作为一个代表着发展趋势的新生事物，总有一天会代替旧事物，只是这需要一个过程。要把握这种趋势，就需要有超前意识，敢为人先，做“吃螃蟹”的第一人。世界在前进，社会在进步，谁能够把握这种趋势，谁就有可能获得更多的财富。

## 课 后 阅 读

### 2015年度创业公司十大创新商业模式代表案例

“成功商业模式” 可分为“基于技术突破与创新”和“主要依托产业价值链融合与分解”两类，并在不同的领域与产业价值链条上做出了不同程度的创新。成功的商业模式非常一样而又非常不一样。 非常一样的是创新性地将内部资源、外部环境、盈利

模式 与经营机制等有机结合，不断提升自身的营利性、协调性、价值、风险控制能力、持续发展能力与行业地位等。非常不一样的是在一定条件、 一定环境下的成功，更多的具有个性，不能简单地拷贝或复制，而且须通过不断修正才能保持企业持久的生命力。

一、大疆消费级无人机市场的霸主

企业介绍：深圳市大疆创新科技有限公司（DJI），成立于 2006 年，是全球领先的无人飞行器控制系统及无人机解决方案的研发和生产商，客户遍布全球 100 多个国家。它占据着全球 70%的无人机市场份额。

创新性：无人机以前主要是应用在军事方面，而大疆是第一个将无人机应用在商业领域并获得成功的企业。“大疆无人机”如今已被应用在军事、农业、记者报道等方面，是可以“飞行的照相机”。

案例解读：遥控无人机王国的“愚者”

短评：这家公司将目标受众从业余爱好者变成主流用户，而且它在这一过程中还能占据市场的主导地位，这种成功的案例在科技行业发展史上实属罕见。

创新指数：5 颗星。

二、滴滴巴士——定制公共交通

企业介绍：2015 年 7 月 15 日，继快车、顺风车之后，滴滴快的旗下巴士业务“滴滴巴士”也正式上线。

创新性：滴滴巴士是第一个尝试将巴士进行多场景应用的定制巴士。滴滴巴士是关于定制化出行的城市通勤定制服务。它根据大数据测算并推出城市出行新线路。滴滴巴士还将巴士进行多场景应用，如旅游线路定制、商务线路定制等扩展了巴士出行的场景。

案例解读：百花齐放的共享巴士，还是捉对厮杀的共享巴士？

短评：城市通勤定制服务出现的时间并不长，却发展很快。它是关于定制化出行的一种初步尝试。事实上，做定制服务的门槛其实是极高的，而滴滴巴士母公司滴滴出行的互联网技术和用户基础为其创造了有利条件。

三、百度度秘——表面它陪你聊天，其实你“赔”它消费

企业介绍：度秘（英文名：duer）是百度在 2015 年世界大会上全新推出的，为用户提供秘书化搜索服务的机器人助理。

创新性：“度秘”将人工智能带到了可以广泛使用的场景中，是百度强大的搜索技术和人工智能的完美结合体，可以用机器不断学习和替代人的行为。

案例解读：“索引真实世界”“度秘”时代来了，你跟得上吗？

短评：提起百度就是竞价排名，如今“度秘”终于可以升级这个原始的广告模式了。今年百度大会上推出的“度秘”是聊天机器人+搜索引擎+垂类 02O 的整合型产品。它把现在互联网最热、最精尖的技术全集合在了一起，百度大动干戈在百度世界大会上发布这款产品，将生态完善化繁为简，满足了“懒人”生平夙愿。

四、人人车——“九死一生”的 C2C 坚挺地活了下来

企业介绍：人人车是用 C2C 的方式来卖二手车，为个人车主和买家提供诚信、专业、便捷、有保障的优质二手车交易。

创新性：它首创了二手车 C2C 虚拟寄售模式，直接对接个人车主和买家，砍掉中间环节。该平台仅上线车龄为六年且在 10 万公里内的无事故个人二手车，卖家可以将爱车卖到公道价，买家可以买到经专业评估师检测的真实车况的放心车。

案例解读：二手车就应该这么卖！

短评：C2C 虚拟寄售的模式被描述为“九死一生”是因为：第一，二手车属非标品；第二，卖车人和买车人两端需求是对立的；第三，国内一直缺乏第三方中立的车辆评估，鱼龙混杂。因此二手车 C2C 交易困难重重、想法大胆又天真。人人车不被看好却能逃过“C 轮死”的魔咒，是因为其省去所有中间环节，将利润返还于消费者。创始人李健说：“如果我能成功，B2C 都要失业了。”

五、e 袋洗——力图用一袋衣服撬动一个生态

企业介绍：“e 袋洗”是由 20 余年洗衣历程的荣昌转型而来的 O2O 品牌，采取众包业务模式，以社区为单位进行线下物流团队建设，即在每个社区招聘本社区中 40、50、60 个人员作为物流取送人员。

创新性：“e 袋洗”是第一个以洗衣为切入点进入整个家政领域的平台。“e 袋洗"的顾客主要是 80 后。洗衣按袋计费：99 元，按袋洗，装多少洗多少。

“e 袋洗”致力于将幸福感作为商业模式的核心和主导，推了新品小 c 管家，通过邻里互助去解决用户需求，满足居民幸福感。小 e 管家在小 e 管洗、小 e 管饭的基础上，计划推出小 e 管接送小孩，小 e 管养老等服务，以单品带动平台，从垂直生活服务平台转向社区生活共享服务平台，以保证 C2C 两端供给充足。

案例解读：怎么把洗衣服变成互联网产品

短评：“e 袋洗”在搭建成熟的共享经济平台后，不断延伸出更多的家庭服务生态链，打造-种邻里互动服务的共享经济生态圈。集合社会上已有的线下资源，通过移动互联网实现标准化、品质化转变，帮助人们在生活中获得更便利、个性的服务。

六、众享网——全球首个多维共享增值服务平台

企业介绍：众享网是一个基于最新的移动互联网科技，颠覆传统商业模式和消费模式的创新型增值服务平台，涵盖 O2O 与 F2C 两大业务板块、结合独特的会员制体系，旨在通过线上线下资源的高效整合与流通，为平台使用者带来便捷、高品质的生活消费体验与长期、稳定、高附加值的复合增值服务。它以众享网 APP 和网上商城、线下体验中心为载体，采用独创的“O2O+F2C+会员制”模式，为全行业的厂家、商家及消费者打造一个多维共享的增值服务平台。

创新性：众享网采用的“O2O+ F2C+会员制”的模式，与单纯的 O2O 模式或单纯的 F2C 模式有着明显的区隔，更具整合性与黏性。通过对资源的高度整合，能为消费者

提供涵盖吃、穿、住、行、教育、医疗、养老等所有生活所需的一切产品和服务。众享网的会员制，是通过将商家的返佣重新分配，二次返利给商家和消费者，这更是将消费者的短期利益与长久增值有机结合起来：会员不仅可以享受折扣优惠，还能获得额外的积分返点。众享平台更是可以根据积分，为会员进行股权投资，帮助会员交医疗补充险，解决医疗难这个大问题。

案例解读：人民日报评选其为“2015 中国经济最具发展潜力企业”

短评：什么是“互联网+”?什么是供给侧改革?众享网用它的创新模式给出了答案。当互联网变得无孔不人，单纯的 O2O 与 F2C 都已显得过于局限，唯有跨界的高度整合与共享，才是真正的大格局、大利益。更了不起的是，众享网倡导厂家、商家和消费者通过分享自有产品、服务和信息等，实现资源的共享和增值，构建一个基于“资源其享，消费增值”的良性经济循环系统，将短期利益与长久增值巧妙结合起来，这才是真正的可持续发展、这才是真正的绿色未来!

七、干净么——餐饮界的 360，免费还杀毒

企业介绍：“干净么”是一个互联网餐饮安全卫生监管平台，基于移动互联网并连接各个环节、各个部门的第三方卫生监管平台，同政府、媒体、商家、用户等多方互动来进行监管。目前在“干净么”的 APP 上有几百万条数据，15 万家餐厅的食品安全等级评价。

创新性：它是第一家利用互联网思维来打食品安全这场仗的第三方平台，不仅对餐饮商家进行测评、监管，还包含学校、幼儿园、单位食堂等在内.用户可以查阅自己感兴趣商家的卫生安全等级，从而判断是否就餐。

案例解读：剑指“大众点评”、“美团”、“饿了么”三巨头

短评：“干净么”就好比餐饮界的 360，免费还杀毒，目标就是通过扬善惩恶使餐饮行业进入良性竞争循环。食品安全需要社会共治，“干净么” 就是连接政府、媒体和消费者的一个纽带。

八、很久以前——小费将成为常态

企业介绍：很久以前是北京簋街一家烧烤店，店内推出的打赏制度被各大餐饮集团引用。

创新性：第一家将餐厅给小费的形式进行互联网思维改良的餐厅。打赏制度：打赏金额为 4 元，打赏人是到店里用餐的顾客，被打赏人是前厅员工，包括服务员、传菜工、保洁人员、炭火工。打赏规则：1.前厅员工可以向顾客介绍打赏活动，但只能提一次；2.前厅员工不能向顾客主动索取打赏。展现形式：店内、餐桌展示牌及员工胸牌上印有活动内容—— “请打赏：如果对我的服务满意”，吸引顾客眼光。

案例解读：打赏制对于餐饮行业的意义?

短评：可别小看了打赏这个小制度，已经有很多的餐饮连锁巨头开始使用这个制度了。4 元钱顾客买不了吃亏，买不了上当，却买了一个好的服务，也给服务员多了一个

收入途径。你别嫌少，积少成多可是大大提升了服务员的积极性。

九、多点（Dmall）——不是多点少点的问题而是快点

企业介绍：“多点”是一个以超市为切入口的O2O生活服务平台，将日常生活消费和生鲜产品作为突破口。

创新性：“多点”的创新点与京东到家、天猫超市等截然不同。它与商超之间完成系统上的对接：可以通过深度整合的系统动态地获取商超库存价格等重要数据，同时，“多点”通过数据分析及供应链控制能力，将C2B模式引人商超可以解决其生鲜进销问题。同时，多点自建物流，有自己的配送员。在用户下单后，“多点”会和合作商家一起分拣货物，然后送货上门。

案例解读：新时代电商的发展要连接传统商超

短评：用户从下单到收获，全程所花时间不超过1小时，“多点”可以说是用户的网上超市，只不过模式比较轻，也比较快。

十、云足疗——上门服务中的垂直环节

企业介绍：“云足疗”于2015年1月正式上线。用户通过“云足疗”APP或微信、电话预约，可以随时随地享受足疗、修脚、理疗服务。用户可以根据“云足疗”平台上项目、价格、距离、籍贯等信息，选择符合自己要求的服务项目、服务师傅。

创新性：云足疗是第一家也是唯一家上门足疗O2O平台。云足疗砍掉了足疗店等中间环节，让技师和顾客实现无缝对接，不仅解放了长期局限在足疗店的技师们，让他们获得了比同行更高的薪资，同时也让顾客体验到低价便捷的优质上门养生服务。云足疗率先实现了上门足疗服务的标准化，平台通过面试、实名认证、技能考核、系统培训等严格筛选，来保障上线的技师的专业技能和高服务水准。

案例解读：给产品做减法，用足疗进行单点突破

短评：“云足疗”属于上门服务中的垂直环节，在O2O垂直领域是值得开发的沃土。团队15年服务行业的线下实体店的经验，是其能够在“资本寒冬”中获得融资的关键。

# 第四讲　创业资源

## 主题一　创业团队

### 一、　创业团队的组建与管理

#### （一）创业团队的要素

创业团队，就是由少数具有技能互补的创业者组成的团队，创业者为了实现共同的创业目标和一个能使他们彼此担负责任的程序，共同为达成高品质的结果而努力。

创业团队需要具备五个重要的团队组成要素，称为5P。

**1．目标（Purpose）**

创业团队应该有一个既定的共同目标，为团队成员导航，知道要向何处去。没有目标，这个团队就没有存在的价值。

**2．人（People）**

人是构成创业团队最核心的力量，在一个创业团队中，人力资源是所有创业资源中最活跃、最重要的资源。应充分调动创业者的各种资源和能力，将人力资源进一步转化为人力资本。

**3．创业团队的定位（Place）**

创业团队的定位包含以下两层意思。

（1）创业团队的定位。创业团队在企业中处于什么位置，由谁选择和决定团队的成员，创业团队最终应对谁负责，创业团队采取什么方式激励下属?

（2）个体（创业者）的定位。作为成员在创业团队中扮演什么角色，是制订计划还是具体实施或评估?是大家共同出资，委派某个人参与管理，还是大家共同出资，共同参与管理，或是共同出资，聘请第三方（职业经理人）管理?在创业实体的组织形式上，是合伙企业还是公司制企业?

**4．权限（Power）**

创业团队当中领导人的权力大小与其团队的发展阶段和创业实体所在行业相关。一般来说，创业团队越成熟，领导者所拥有的权力相应越小，在创业团队发展的初期阶段，领导权相对比较集中。高科技实体多数是实行民主的管理方式。

5．计划（Plan）

计划有两层含义：（1）目标最终的实现，需要一系列具体的行动方案，可以把计划理解成达到目标的具体工作程序；（2）按计划进行可以保证创业团队的顺利运行。只有在计划的操作下，创业团队才会一步一步地接近目标。

### （二）创业团队的内涵

一般来说，创业团队构成的要素之间相互影响、相互作用，缺一不可。它包括以下四个方面的含义。

**1．创业团队有共同的价值观、统一的目标和标准**

这是组成创业团队的前提，创业团队必须为统一的目标而奋斗，并有一致的价值观，这样组成的创业团队才有战斗力。没有一致的目标和共同的价值观，创业团队即使组建起来了，也形不成合力，缺乏战斗力。

**2．创业团队成员负有共同的责任**

有了统一的目标和价值观后，创业团队成员还必须共同负起责任来达到目标。一个好的创业团队一定是一个其成员能共同负责任的团队。

**3．创业团队成员的才能互补**

这是组建创业团队的必要条件。当组建起来的创业团队成员的知识、才能可以互补时，这个团队就可发挥出“1+1>2”的作用。如果创业团队成员的知识、能力不能互补，就失去了组建团队的意义。即使组成了团队，也不能起到很好的作用，甚至是限制了某些有能力的人发挥作用。

**4．创业团队成员愿为共同的目标做出奉献**

这是创业团队能否取得成功的关键。创业团队成员除了有责任心以外，还要有甘于奉献的精神和行动，才能成为企业的核心，在共同奉献中，带领企业前进。

### （三）创业团队的价值

共同创业有利于分散创业的失败风险。通过团队成员之间的技能互补可以提高驾驭环境不确定性的能力，从而降低新创企业的经营失败风险。更为重要的是，共同创业具有更强的资源整合能力，能同时从多个融资渠道获取创业资金等资源，保证创业企业的成功。

现代企业活动已经是非纯粹的追求个人英雄的行为，事实上成功的创业个案大都与是否有效发挥团队作用密切相关。虽然每个创始人可能都有完全掌握新企业发展的欲望，并希望所有成员都能在他的指挥下行事。不过许多调查显示，团队创业成功的概率要远远高于个人独自创业。

（1）团队能把互补的技能和经验组织到一起，超过了团队中任何个人的技能和经验。这种技能和技巧在更大范围内的组合使团队能应付多方面的挑战，比如创新、质量和客户服务，并形成一种协同工作的整体优势。

（2）团队对待变化中的事物和需求是灵活而敏感的。在共同形成明确目标和方法的过程中，团队可以建立起能支持立即解决问题和提出倡议的交流方式。因此，团队能用比个人更为快速、准确和有效的方法打入大型组织的联系网，根据新的信息和挑战调整自己的行为方式。

（3）团队能力为加强组织发展和管理工作提供独特的社会角度。通过共同努力克服障碍，团队中的人们对相互的能力建立起信任和信心，并加强共同追求高于和超乎个人和职能工作之上的团队业绩的愿望。工作的意义和成员的努力都使团队价值深化，从而使团队的业绩最终成为对团队自身的激励。

（4）团队有利于营造更轻松愉快的心理环境。团队的良好氛围与团队的业绩是相辅相成的，它能够使团队的成员愿意为了实现团队的目标而一起工作，并且为了团队的业绩成果而相互充分信任。这种令人满意的心理环境支持创造了团队的业绩，也因团队的优异业绩而得以延续。

没有团队的创业企业也许并不注定失败（事实上也不乏个人创业成功的案例），但是要建立一个没有团队仍具有高成长潜力的企业却是十分困难的。一般而言，个人创业型的新企业成长较慢，因为风险投资者在投资新企业时，都会将团队因素列为重要的评估指标，而不愿意考虑这种个人创业型的投资。

### （四）创业团队的组建策略

创业者一般在创建企业的同时，也在建立自己的创业团队。创建团队，就是一个寻找人才的过程。而新企业由于自身的竞争实力难以与成功的大企业相比，所需的人才又要求较高，这就造成了创业团队的组建困境。创业者如何解决这个问题，是考验其领导才能的关键。一般来说，创业者不必非得得到最优秀的人员，“合适”才是最重要的，而且创业者在招聘的时候，并不是高薪就能吸引人才，新创企业的企业愿景、蓬勃的活力、优秀的企业文化才是吸引人才加入的因素。对于想加入创业的人员来说，创业者的个人魅力、公司的发展潜力、长远回报、个人价值等因素对他们的吸引远比单纯的钱要大得多。在创建过程中，创业者应遵循着以下的原则:

#### 1. 具有共同的理想、利益兼顾

大学生创业时，一般首先会想到邀请与自己志同道合的同学、室友、工作中的同事加入，形成创业之初的合伙人团队，这是最初创业团队的形成的方式之一。

在创建团队时，即使是最好的朋友也应该建立一个合理的利益分配制度并得到合伙人的支持。在公司创建的时候就应该考虑建立一个制度来健全公司组织形式与绩效的制度，这样公司就不会因为某个人的离去而无法正常运作，在创建公司的时候为公司今后的发展可以打下良好的基础。

在组建创业团队时，应该强调补缺性。这种补缺性是指在性格、能力、观念，甚至是技术上的互补，因为创业者在公司的管理上不可能面面俱到。技术性的创业者需要一个管理人才帮助自己建立公司的组织结构并进行日常的绩效监督，财务的管理也需要专业的人员。当创业者自己不能做这些工作时，可以由团队成员共同提出解决方案，这种平衡和补充的作用可以保证新创的企业健康的发展。

**2．打造稳定的初创团队**

一开始就拥有一支成功的、不变的创业团队是每一个创业者的梦想。但现实是，创业合伙人分手的概率是很大的，即使企业成功地存活下来并得到发展，创业团队仍然有分手的可能，团队成员的离去有可能带走股份或者需要收购股权，造成公司的资金紧张。如果团队成员急于离开，创业者就应该考虑是不是公司的管理出了问题并应及时与团队成员沟通，解决问题。公司发展的初期团队成员的离开有时会造成“灾难性后果”。这一点创业者应当在招聘时就想到，并与团队成员做出约定。

**3．学会及时沟通**

沟通在“心理学”领域是非常重要的技巧，创业者应当成为一个沟通高手。通过沟通，可以使双方都了解彼此的需要，这样的招聘可以针对性的找到合适的人选。

创业开始时期的团队成员不要求数量很多，因为业务量还没有提升，有些财务、法律等方面的问题可以使用外包。在企业初创时期，公司的各项事务烦琐零乱，团队成员必须有共同的理想，才能克服这些问题，而且在企业初创时期，公司的各项业务开展也会遇到障碍，这需要团队成员有充分的准备，这时候团队成员的离开，可能会导致新公司倒闭。这时候创业团队的沟通就显得格外重要，一方面，通过沟通可以使团队成员相互了解，增加信任，另一方面，创业者也可以沟通理解团队成员的技能优势、思想状态、提前决策。沟通的话题可以不拘于工作，家庭、业余生活都可以成为沟通的话题，因为一个人的家庭可以真实地反应映出一个人，这对于创业团队的彼此了解是非常有用的。

**4．寻找相同或相似背景的伙伴**

一个有创业想法的人，应当有一个完整的团队建设方案，并注重人员的配合，有意识地跳出自己生活的圈子，寻找一些与自己完全不同的人才，这样创业团队的人员才会配备得更完整。

招聘是一条快捷、方便的寻找团队成员的途径，每个企业都会有招聘任务需要完成，但是创业团队与成熟企业不同，因此招聘团队成员与企业的日常招聘也不相同。新企业无法与成熟的企业在待遇上相比，但是新企业会有很多机会与挑战，对于有着相同创业理想和希望实现自己价值的人来说，这些远比薪资待遇更加有吸引力了，但是完全不提薪资也是不应该的，如果只靠理想、愿景来集合团队成员，也是不现实的。

**5．注重团队凝聚力**

团队的凝聚力是指群体成员之间为实现共同目标而实施团结协作的程度，凝聚力表现在人们的个体动机行为对群体目标任务所具有的信赖性、依从性乃至服从性上。在创业过程中，团队所有成员都认同整个团队是一股密切联系而又缺一不可的力量，团队的利益高于团队每位成员的利益，如果团队成员能够为团队的利益而舍弃自己的小利时，团队就获得了最大的凝聚力。虽然创业团队中，每一位成员都可以独当一面，但是合作仍然是团队成员首先要学会的东西，成功的创业公司中，团队的成功远远高于个人的成功，创业者与团队核心成员相互配合，共同激励。

### （五）创业团队的管理策略

新创企业的管理，实际包含公司组织、生产服务、市场营销等几个方面。新企业的管理重点一般会落在生产管理、市场、服务等环节上，而忽视团队的建设与管理。这种做法是不科学的。管理创业团队主要有以下几点。

（1）致力于价值创造。团队的每一位成员都致力于价值的创造，大家想尽办法解决问题。一旦决策方案提出，大家都会执行，每一位成员在公司的成长期发展到成熟期的过程中，都尽力做好这一过程，不但获得了丰厚的物质回报，同时个人的技能也得到提升。

（2）分享成果。在新创企业中，一般的做法是将公司的股份预留出 10%～20%，作为吸引新的团队成员的股份，团队中不仅包括资金的分享，还包括理念、观点、解决方案的分享。

（3）重视绩效考核。绩效是指给评估者和被评估者提供所需要的评价标准，以便客观地讨论、监督、衡量绩效。绩效管理可以使团队成员明确自己的职、责、权与团队的目标和计划，明确自己的角色与承担的工作，同事也可以根据自己的价值对自己的薪资产生期待。

（4）充分发挥决策者的作用。决策者的角色一般由企业的拥有者承担，他们不但对问题进行决策，而且承担决策产生的后果，所以在公司做出每项重要的决策时，决策者通常都会在决策前召开团队成员讨论解决方案。作为团队中的决策者，如果大家的意见与决策者相左时，就应该重新分析方案的可行性，并对方案进行修改。决策的主要内容是公司发展的长期目标与一定阶段的计划，还有一些是与公司发展相关的重大决策。

（5）明确执行者的任务。执行者是根据公司制定的业务计划和目标，从职能领域安排自己的工作和计划，细化量化自己的工作，具体执行决策者的决策。

在新创企业中有时会遇到团队成员职、责、权混淆的情况，这时就需要制定出规范化的企业制度保证团队成员的工作，而且企业的拥有者也应该时刻记得自己的角色分配。决策者应首先从一个执行者要求自己，只有当自己完成方案时，才能将方案交给其他执行者去执行。

## 二、团队沟通

所谓团队沟通，是指按照一定的目的，有两个或两个以上的雇员组成的团队中发生的所有形式的沟通。团队沟通力是指成员之间互相吸引的程度。这是团队赖以自豪的一种整体感，包括忠诚、投入、志趣相投以及为团队作牺牲的意愿。团队成员在一起工作时，他们的智慧和力量融合在一起，沟通力便成为整个团队前进的一股特殊力量。这是所有成员的动机、需求、驱动力和耐力的结合体。

### （一）确保团队成员明确彼此的角色

创业团队是企业的核心领导层，常常是领导班子成员的正职与副职。由于职务不同，因此责任、权利与义务也不尽相同。一些新创企业的正职和副职配合不默契，甚至闹矛盾，主要原因在于角色定位上，各方没有找准自己的位置。

#### 1. 考虑问题的角度不同

副职往往期望正职的言行符合各自的评价标准。正职无法使自己的言行满足所有副职的要求。

正职与副职考虑问题的方式和角度不一样。作为正职，他的言行往往具有风向标的作用，所以其考虑问题的角度必须是全局，而不是某一个方面或具体细节。他要在多个副职及全局工作之间找到一个平衡点，其过程及结果不可能满足所有副职的要求。作为副职，对分管的工作最熟悉，但许多分管的工作都需要正职的支持、帮助和评价，自然希望正职的言行符合自己的需求和评价标准，而这恰恰是正职无法百分之百做到的。其原因在于正职与副职掌握的信息量不同，看问题的角度不同。

#### 2. 工作中扮演的角色不同

正职是导演兼制片人，要运筹帷幄，考虑全局效益。副职是演员，是某一方面的业务专家，应该是执行力的模范。

在企业中，正职承担的是无限责任，他要考虑的事情，除了平衡各种关系外，更重要的是要考虑企业的全局利益，如何实现整体利益最大化。这如同电影导演或制片人，既要准确把握整部戏的安排与投入，又要运用各种技巧和方法，在提升片子的综合效果上大费周折，以保证收回成本并实现盈利。而副职好比演员，他主要的精力是放在与导演的沟通和对剧本及角色的理解上，尽力把自己扮演的角色演好，至于整部戏的综合效果和经济效益就不必考虑那么多。或者说，他们没有那个必要去“推算”整部戏的商业空间，所以自身也就无法真切地体悟到导演或制片人的难处。

**3．处理问题遵循的原则不同**

正职需要遵循“圈文化”，要学会“将就”“平衡”和“妥协”。副职需要遵循“条文化”，只要干好自己的事，可以不管别人的事。

企业正职的“圈文化”是由其所处的核心地位决定的。他要处理好下属无法解决而上交的各种难事，还要引导副职去破译“过关密码”，并影响其他班子成员对此问题的看法，以便能够在会议上形成一致意见，必要时还要争取上级领导的理解和支持。所以，正职要想“泰然处之”，必须贯彻好“上层意图”，制定好“本层决策”，维护好“基层利益”，在其认为必要的各个层面上做好工作，以抵御来自各方面的负面力量。在这个过程中，正职除了坚持原则之外，要学会“将就”“平衡”和“妥协”，关键时刻还要显示出化腐朽为神奇的功底。副职的“条文化”是其所处的从属地位决定的。他们可以专心致志地去“罗列”并完成自己分管的工作，别人的事可管可不管。副职在落实分管工作的过程中，可能涉及各方面的关系和利益，除了靠自己协调及在规章制度范围内处理外，必要时还可以把难题“上交”给正职去协调。

团队信息沟通表如表 4-1 所示，团队领导者自我评价清单如表 4-2 所示，团队成员角色说明工作表如表 4-3 所示。

**表 4-1　团队信息沟通表**

| 团队信息沟通表<br>运用这个表来记录每个团队成员的联系信息。<br>包括他们会在什么时间。通过什么方式和他们取得联系 | | | |
|---|---|---|---|
| 团队成员： | | 角色： | |
| 地址： | | E-mail： | |
| 办公电话 | 宅电 | 传真 | 打电话的最佳时间 |
| | | | |
| 团队成员： | | 角色： | |
| 地址： | | E-mail： | |
| 办公电话 | 宅电 | 传真 | 打电话的最佳时间 |
| | | | |

表 4-2　团队领导者自我评价清单

| 团队目标评价清单<br>用下面这个清单来评价你们的团队目标 | | | | |
|---|---|---|---|---|
| 问题 | 总是 | 经常 | 很少 | 从不 |
| 1.你经常进行有效的团队决策吗? | | | | |
| 2.你和团队成员一起确定工作任务吗? | | | | |
| 3.你帮助团队成员进行自我评价吗? | | | | |
| 4.你能保证团队成员对其工作负责吗? | | | | |
| 5.除了作决策、分限任务、制定日程外，你还做什么别的实质性的工作吗? | | | | |
| 6.团队绩效高于你的个人业绩吗? | | | | |
| 7.你能在自己独立做事和让其他人来做之间寻求一种平衡吗? | | | | |
| 8.你提倡建设性的矛盾吗? | | | | |
| 9.你会用一种积极的、具有建设性的方式来帮助团队解决存在的矛盾和问题吗? | | | | |
| 10.你能帮助团队清楚其目的、目标和方法吗? | | | | |
| 11.在必要的情况下，你能不去限制团队成员的行为吗? | | | | |
| 12.你会经常使团队努力完成其所制定的目的、目标和方法吗? | | | | |
| 13.在与团队和团队目标保持一致的情况下， 你能在团队成员中建立起大家对你的信任吗? | | | | |
| 14.你会自己掏腰包给你的团队成员一些机会吗? | | | | |
| 15.你对团队目标进行解释，并让大家各司其职吗? | | | | |
| 16.你会从团队的角度面不是个人或职位高低的角度出发考虑或形容你的角色吗? | | | | |
| 17.你会积极拥护团队吗?比如，你会为了团队所需的资源去努力争取吗?在和公司打交道的过程中，你会使团队的利益最大化吗?你会矢志不渝地相信团队的项目吗? | | | | |
| 18.你会为团队努力去发现障碍，并努力排除这些障碍吗? | | | | |
| 19. 你会主动承担起团队失败的责任。而不是怨天尤人吗? | | | | |
| 20.你会接受绩效不足这个事实，然后想办法去解决这个问题，而不是去找各种各样的理由来解释那是由于你力所不能及的因素造成的吗? | | | | |
| 21.你的态度反映了对团队的依赖吗? | | | | |
| 22.你知道什么时候你的行为会阻碍团队的发展吗? | | | | |
| 23.你认为你也有不知道答案的时候吗? | | | | |
| 24.你会摆脱命令和控制的束缚以使团队发展得更好吗? | | | | |
| 25.你能随着团队的发展而改变你的领导风格吗? | | | | |
| 26.你对团队日标和团队成员百分之百地信任吗? | | | | |
| 27.你能够在太多的控制和太少的指导之间寻求一种平衡吗? | | | | |

（续表）

| | | | | |
|---|---|---|---|---|
| 28.你能够在作出很困难的决策和让别人作决策之间寻求一种 平衡吗? | | | | |
| 29.当团队成员在谈论团队的目的、目标和方法时，你在耐心倾听吗? | | | | |
| 30.你会鼓励团队成员为了团队的发展和提高面对风险吗? | | | | |
| 31.你会鼓励团队成员以相互调换工作的方式来让他们从事不同类型的工作吗? | | | | |
| 32.你会鼓励团队成员以相互调换角色的方式来让他们从事不同类型的工吗? | | | | |
| 效率较高的团队领导者会对大多数问题回答“总是”或“经常”，如果你对任何一个问题的“很少”或“从不”，那么你就要想一想其背后所隐藏的问题和那些可能会抑制团队绩效的方面 | | | | |

**表 4-3　团队成员角色说明工作表**

| 角色说明工作表<br>让每一个团队成员都填写下来，然后把他们的答案进行比较，并将其作为会议讨论的一部分，看看大家对各自的角色有着什么样的认识 | |
|---|---|
| 1.列出每一个团队成员的角色/责任: | |
| 团队成员的名字 | 角色/责任 |
| | |
| | |
| | |
| 2.仍然不清楚自己的角色或者所负责的具体领域:<br>我对我的角色不清楚的地方: | |
| 我对其他人的角色不清楚的地方: | |
| 3.角色交叉或者相互矛盾的地方: | |
| 4.应该在团队中共同扮演的角色: | |
| 5.团队应该额外承担的角色和责任: | |

## （二）倾听团队成员的声音

创业团队从一开始就应仔细倾听而且一定要抱着一种开放的态度去倾听每一个声音。先尝试着去了解团队成员的观点和想法，再考虑是否采用这些观点和想法。如果领导者经常忽略团队成员所提供的意见和建议，那么整个团队协作就会受到严重影响。

不愿倾听团队声音的领导者会大大降低整个团队取得成功的概率，同时会使那些想要努力为团队作出重要贡献的成员感到灰心丧气。“事情是这样的”，用这种方式说话的团队领导者就不太可能激发团队成员积极去全身心投入工作。

相反，如果领导者非常重视团队成员所作出的贡献，那么这就会极大地激发他们全力以赴去创造辉煌的热情。如果领导者愿意倾听并对所听到的想法作出相应的反应，这就有助于形成一个成功与激励间的良性循环。如果团队成员的好想法被重视，这会大大推进团队向前发展。增强团队的相互依存度如表 4-4 所示。

**表 4-4　增强团队的相互依存度**

| | | |
|---|---|---|
| 增强团队的相互依存度<br>回答下面的问题，看看目前你在增强团队的相互依存度方面<br>运用你所掌握的具体信息来增强团队的相互依存度 | | |
| 清单：你是如何经常性地增强团队的相互依存度的? | 是 | 否 |
| 1.团队成员的个人工作与团队工作对于团队的成功来说同样重要吗? | | |
| 2.团队成员的个人目标与团队的整体目标一致吗? | | |
| 3.你和团队成员谈过吗?你有没有告诉过他们个人想法和技能对于团队的成功至关重要? | | |
| 4.团队和成员都知道他们每个人给团队带来哪些具体的才能吗? | | |
| 5.你提醒过团队成员，他们的技能对于团队的成功有多么重要吗? | | |
| 6.你鼓励过团队作为一个整体应该承担起其应该承担的责任吗? | | |
| 7.当出现问题时，你鼓励过团队成员一起努力来思考解决的方法吗? | | |
| 8.当团队准备采取行动时，你有没有鼓励所有的员工都接受这行动（无论这个想法源自哪里）? | | |
| 如果你对任何一个问题的答案为“否”，那么请完成下面的清单中的问题，并考虑在接下来的几周时间里，你将如何把你的全部注意力都集中到建立团队的相互依存度上。 | | |
| 通过什么方式来把你的目标与团队目标结合在一起: | | |
| 需要提醒他们对团队的成功有着重要意义的人: | | |
| 鼓励团队承担责任所应采取的行动: | | |
| 提高团队解决问题的技能和团队协作的技能: | | |

## （三）探讨团队会议的讨论模式

会议是团队沟通最开放的论坛。因此，一定要特别注意应该怎样组织会议。下面的行为准则可以有助于团队会议的讨论。

（1）所有团队会议都采用相同的模式，这样可以使团队成员知道会议的大体安排。应使这种模式成为团队的一个习惯，并用它来提高会议的效率。

（2）在每次开会前，团队成员首先要熟悉会议的议程，对可能发生的争论提前做好充分准备。

（3）在开会的过程中，尽量把焦点放在问题的解决上，而不是放在简单的信息共享上。

（4）如果能够提前把相关信息传达下去，就不要开会来浪费时间。

（5）确保讨论正常进行，如果讨论跑题时，要及时把他们带回到议程安排上来。

（6）会议快要结束时，建议讨论一些新的商业问题。

（7）尽量使所有团队成员都能发言，这样就会从每个人的发言中受益良多。

## （四）慎重对待反对意见

团队成员应当明白，反对意见和创造性的矛盾是生成新思想的一笔宝贵财富，但需要慎重对待。通常，可以按照以下方法进行。

（1）在进行重大讨论和需要作出重要决策的会议上，鼓励团队成员唱反调。即便大家对最终决策达成了一致意见，这种做法也可以帮助团队成员审视一下他们的观点。

（2）寻求一切可能的办法然后再逐一考量。如果只提出一个解决方案，那么团队成员会觉得他们所提的意见和建议没有派上用场，整个团队也会错失许多极好的可供选择的办法。

（3）一定要保证所有成员都有机会表达他们的观点并提出他们的建议。

## （五）鼓励团队经常讨论团队目标

（1）谈论目标会保证大家都朝着同一个目标迈进。

（2）阶段性地回顾团队最初制定的目标。因为一旦开始着手去做项目就会很容易忘掉许多细节问题。

（3）经常写进展报告，然后把它分发给所有的团队成员。以书面的形式让大家看到团队进展的情况，让大家知道你们进展到什么程度了，接下来将朝着哪个方向发展。

团队目标评价清单如表 4-5 所示。

**表 4-5　团队目标评价清单**

| 团队目标评价清单<br>用下面这个清单来评价你们的团队目标 | | |
|---|---|---|
| 问题 | 是 | 否 |
| 1.团队一起制定目标吗？ | | |
| 2.团队有没有把目标细分为具体的、可衡量的绩效目标（比加全天 24 小时向顾客提供服务）？ | | |
| 3.这是团队的目标而不是公司的目标吗？ | | |
| 4.实现这些目标需要每个团队成员都全身心地投入到工作中吗？ | | |
| 5.目标足够清晰吗？ | | |
| 6.目标简单吗？ | | |
| 7.目标现实吗？ | | |
| 8.目标充满抱负吗？ | | |
| 9.目标可以测量吗？如果目标无法测量，那么你和你的队员们打算什么时候实现这些目标呢？ | | |
| 10.目标能够用来测量团队的跨部门目标吗？ | | |
| 11.所有团队成员都同意测量目标的方法吗？ | | |

（续表）

| | | |
|---|---|---|
| 12.团队应承担的责任有明确的标准吗? | | |
| 13.团队目标具有优先权吗? | | |
| 14.所有团队成员对这些目标的优先权都清楚吗?他们都同意吗? | | |
| 15.所有团队成员都理解这些目标吗? | | |
| 16.所有团队成员对于这些目标的解释口径一致吗? | | |
| 17.所有团队成员都同意这些目标吗? | | |
| 18.这些目标会取得些小小的成功吗? | | |
| 19.这些小小的成功或者基准在实现目标的道路上很重要吗? | | |
| 20.这些目标会给公司的发展带来真正的价值吗? | | |
| 一个高效的团队会对其中大多数问题回答“是”。如果你对于任何一个问题回答“否”，那么就要坐下来谈谈这个问题，看它会对团队有什么样的影响。随时对团队的目标进行调整和培养能促使团队获得更好的绩效。 | | |

## 三、 创业精神与职业发展

### （一）培育大学生的创业精神

创业精神的培养不可能在一朝一夕之间完成，需要在日常的生活学习中有意识地培养，潜移默化地铸就。

#### 1．通过知识和技能学习来培育

不论哪种层次的创业精神，都要求创业者掌握和运用一定的能力来解决问题。树立正确的学习观，运用合理的学习方法，养成主动学习、持续学习的习惯，会有助于大学生获取知识和技能，培育创业精神。

（1）通过学科教学渗透，将创业意识、创业能力的培养渗透于知识学习、技能训练之中，既避免了空洞说教，又找到了依托和载体。同时增强学生学习的针对性和实用感。如以文科类为载体渗透创业意识培养，以理科和工科为载体渗透创业技能、能力的训练。

（2）开设创业教育类课程，如创业知识和创业技能训练课、创业教育学、创造技能与方法等。

#### 2．通过实践和实训活动来培育

创业精神是一些高度行为特征的集合，作为行为特征需要在行为多次、反复的强化中才能形成。良好创业精神品质的形成重在实践训练。

（1）学校要构建创业实践基地为学生提供创业实践的便利，如创业见习基地、创业实习基地和创业园等，实现产、学、研一体化。

（2）社会要为大学生提供更多的创业岗位供学生选择，如勤工俭学岗位、社区服务岗位等，使其经受创业实践熔炉的考验。

（3）大学生自己课余主动参与创业实践，熟悉各种职业特点和自己的能力特点，积累创业经验，增长创业才干，减少将来创业的盲目性。

大学生应多参与各种社会实践、校园活动、创新训练、沟通训练、拓展训练、创业实训、创业大赛，创业讲堂、创业社团等实践活动，会有助于强化自身的行为特征，培育创业精神。

**3．通过承继前人精神来培育**

精神是物质的最高产物。与物质相比，精神有延续性、超越性、广泛性、不可磨灭性等特点，即某一精神产品可以代代相承袭，可以为不同的人群使用，可以广泛用于不同的领域。不仅不被磨损而且可以发扬光大。当代的创业精神已经构成了一个精神体系，涉及创业意识、创业观念、创业责任、创业态度、创业激情、创业思维等方面。这些还可以再列出若干创业精神。如，创业责任的精神内涵可以包括：诚信精神、人与自然和谐的精神、社会利益、集体利益、公众利益高于个人利益的精神等。

**4．通过创业实践来培育**

实践是将意识转化为现实的必经过程，实践是检验真理的唯一标准，实践出真知。凡有心创业的大学生必须将创业理想付之为行动。

## （二）创新型人才的素质要求

所谓创新型人才，就是具有创新精神和创新能力的人才，通常表现出灵活、开放、好奇的个性，具有精力充沛、坚持不懈、注意力集中、想象力丰富以及富于冒险精神等特征。知识经济时代对创新型人才有以下素质要求。

**1．可贵的创新品质**

创新型人才必须是有理想、有抱负的人，具备良好的献身精神和进取意识、强烈的事业心和历史责任感等可贵的创新品质。具备了这些品质，才能够有为求真知、求新知而敢闯、敢试、敢冒风险的大无畏勇气，才能构成创新型人才的强大精神动力。

**2．坚韧的创新意志**

创新是一个探索未知领域和对已知领域进行破旧立新的过程，充满各种阻力和风险，可能遇到重重的困难、挫折甚至失败。因此，创新型人才每前进一步都是需要非凡的胆识和坚韧不拔的毅力，为了既定的目标必须坚持不懈地进行奋斗，锲而不舍，遭到阻挠和诽谤不气馁，遇到挫折和挫败不退却。只有具备了这样的创新意志，才能不断战胜创新活动中的种种困难，最终实现理想的创新效果。

3．有敏锐的创新观察

历史上的科学发现和技术突破，无不是创新的结果。从这个意义上讲，创新就是发现，而且是突破性的发现。要实现突破性的发现，就要求创新型人才必须具有敏锐的观察能力、深刻的洞察能力、见微知著的直觉能力和触感即发的灵感和顿悟，不断地将观察到的事物与已掌握的知识联系起来，发现事物之间的必然联系，及时地发现别人没有发现的东西。

4．有丰富的创新知识

创新是对已有知识的发展，在人类知识越来越丰富和深奥的今天，要求创新型人才的知识结构既有广度，又有深度。因此，创新型人才须具有广博而精深的文化内涵，既要有深厚而扎实的基础知识，了解相邻学科及必要的横向学科知识，又要精通自己专业并能掌握所从事学科专业的最新科学成就和发展趋势，这是从事创新研究的必要条件。只有通过知识的不断积累才能用更为宽广的眼界进行创新实践。

5．科学的创新实践

创新的过程是遵循科学，依据事物的客观规律进行探索的过程。任何一种创新都不能有半点马虎和空想，因此创新型人才必须具有严谨而求实的工作作风，严格遵循事物的客观规律，从实际出发，以科学的态度进行创新实践。

### （三）大学生创业与生涯发展

创业首先是一种理念、一种精神、一种不满足于现状、敢于创新并承担风险的精神，是一种在考虑资源约束的情况下把握机会创造价值的认识。从广义的角度去看创业，可以理解为是一个人根据自己的性格、兴趣、所学专业、能力等选择适合自己的事业（可以是创办企业，也可以是创办非营利的事业，还可以是就业），并把握机会，为这个事业的成功整合资源、付诸努力，最终实现自己人生目标的过程。因此创业能力中所包括的捕捉机会、整合资源的意识，以及领导、沟通等能力，具有普遍性与时代适应性。

当代大学生必须具有从业和创业的双重能力，具备多方位的职业转换能力和自主创业能力，才能适应未来的社会经济环境。这既是社会进步对人的要求，也是人们自身发展的必然趋势。创业能力对个人职业生涯发展的意义和作用，主要体现在以下几个方面。

1．创业能力有助于增强自我认知意识与能力

创业能力首先体现在创新思维能力，创新思维能力和创新意识在引导个人发现客观世界新生事物的同时，也启迪个人客观对待人的生理、心理和性别等差异，对自身的兴趣和特长更加敏感，敢于发现、肯定和主动培养自己的优势，挖掘自身潜力，尝试新的领域，在职业生涯规划中扬长避短，个性化地设计自己的职业生涯。

创业能力和创业精神则使个体在创业实践中不断开拓进取和锐意创新，有助于个人发现自我、实现自我。

2．创业能力有助于引导个人主动进行职业探索

职业是一个发展的概念，职业生涯是一个动态发展的过程。职业生涯规划不是一成不变的计划，而是个体在自我认知的基础上，基于对未来职业的前瞻性和全局性认识，对客观世界发展变化的主观预期和主动适应。个体的人生态度和价值观是相对稳定的，而外在的职业却是不断变化的，尤其是在知识经济时代，新兴职业不断出现，不适应社会需要的职业被迅速淘汰。

创业能力有助于引导个体主动地进行职业探索，积极地规划未来，以良好的心态，在职业生涯的发展中不断调整自我、更新自我、完善自我，以适应外部职业环境的变化，使自身的职业规划与社会发展互动。

3．创业能力能提升大学生职业生涯发展的高度和广度

创业能力能帮助个人带着创业的思路去主动就业，以创业带动就业。创业能力使得个人在工作岗位上可以实现不断创新，为社会做出更大的贡献。创业能力也体现在较强的岗位转换能力和抗挫折能力，使之不惧怕失业和失败，在职业生涯的发展中不断开辟新路。因此创业能力可以为职业生涯发展提供源源不断的精神动力和智力支持，给人以百折不挠的毅力和坚定的信心，不断提升个体职业生涯发展的高度和广度。

## 课后阅读

### 创新型人才的四种关键能力

一、　批判思考能力

所谓具有批判思考能力是指他比较善于发现问题，善于发现当前状况中所存在的主要问题及其症结所在，并能够积极地去寻找可靠的合理的改进措施。可以说，无论是科学研究还是各项技术革新活动或是工作方式改进等都是在发现当前状况所存在的问题基础上进行的，不能发现问题，就会安于现状或牢骚满腹，就不能进行创造和创新。发现问题，就是要对现实状况进行理性的批判，发现其症结所在并寻找改进对策。所以具有批判性思考能力是创新人才的第一位或最基本的特征。

二、顽强的意志力

具有顽强的意志品质是指一个人具有很强的耐心控制能力，它是一个人对自己的意志目标具有坚定信心的表现，从而表现出不达到目标誓不罢休的决心。创新人才的意志力是建立在理性批判的基础上的，因而他会不断地尝试新的解决方案，不会被眼前的挫

折和困难所吓倒，因为他坚信自己的目标追求是正确的，是为绝大多数人谋福祉的。

可以说，一遇到困难就退缩的人是不可能成为创新人才的。因为任何创新成果的获得都必然要经过种种考验，必然要挑战传统习惯和势力，必须迎难而上、勇往直前，否则就不可能做出任何创新性成果。

三、沟通协调能力

该特征是指一个人只有善于与环境进行协调并获得周围的支持才能获得创新成功。这意味着创新人才不是一个自我封闭的、固执己见的人，而是一个善于适应环境并能够迅速调整自我状态的人，具体表现为善于与别人分享自己的观点，主动地倾听别人的意见和建议，善于让别人了解自己的目的和意图，从而能够获得别人的理解、支持和尊重，这样就创造了一个实施创新计划的环境。这往往是一个人能够获得成功的关键所在。试想，任何一个创新计划最终付诸实施都必须依赖环境的支持，都是个人无法完成的，没有别人的理解、支持和配合，就不可能获得成功。这意味着，个人英雄主义时代一去不复返了，任何人要成功，都必须依赖群体的支持。因此善于沟通协调是一个人走向成功的必备要素，也是创新人才的基本特征。

四、把握时机能力

善于把握时机是指一个人善于把握事物发展变化的关键点，从而能够创造获得成功的关键要素，促进成功的到来。这意味着创新人才必须善于预见在创新过程中所遇到的各种困难，而且善于把握克服困难的关键点，从而能够变被动为主动，推动事物向有利于自己的目的和计划的方向变化。可以说，任何成功都不是自动实现的，都是在不断创造条件和有效地把握时机后实现的，这要求创新人才不仅要善于与环境交流，而且要敏于观察形势发展变化，从而做出适当的抉择，否则就可能贻误时机，勤苦而难成。

# 主题二　创业资金

资金是流通中价值的一种货币表现，是企业生产经营活动的起点，任何企业要开展生产经营活动都需要一定的资金数额。熟悉企业资金的不同分类，对于正确计算和合理筹集创业资金具有十分重要的意义。

## 一、　创业所需资金的分类

资金按照不同的标准可进行不同的分类。

按照资金的来源，企业的资金可以分为股权资金和债权资金。股权资金是投资者投入企业的资金；债权资金则是从各种渠道借入的资金。

按照资金的占用形态和流动性，可以分为流动资金和非流动资金。占用在原材料、在制品、库存商品等方面的资金，由于其流动性较好，极易使用和变现，被称为流动资金；分布在机器设备、房屋建筑物等上的资金，由于其受益期较长，会在长于1年的周期内给企业带来经济利益的流入，这部分资金被称为非流动资金。

按照资金投入企业的时间段，可以分为营运前支出和营运前期支出。营运前支出发生在企业开业之前，是在企业筹办期间发生的各种支出；营运前期支出是从企业开始经营起到企业能够做到资金收支平衡为止的期间内，投资者需继续向企业追加的投资。营运前期的时间跨度往往依企业性质而有所不同，一般来说，贸易类企业可能会短于一个月，制造企业则包括从开始生产之日到销售收入到账这段时间，可能要持续几个月甚至1年左右。不同的服务类企业其营运前期的时间会有所不同，可能会短于1年，也可能会比1年要长。

营运前支出按照其性质又可分为开办费支出和其他支出。开办费支出是指企业在筹建期间发生的各种费用性支出，包括人员工资、办公费、培训费、差旅费、印刷费、注册登记费以及不形成存货等流动资产、不计入固定资产和无形资产购建成本的各种支出。其他支出指企业在筹建期间为取得存货等流动资产、购建固定资产和无形资产等所发生的支出，这些支出应在其发生时确认为一项资产。企业筹建期间发生的开办费支出，应在企业开始生产经营的当月起计入当月损益，列入“管理费用”。

各种支出如表4-6所示。

**表4-6　各种支出表**

| 支出项目 | 营运前支出 | 营运前期支出 | 其他支出 |
|---|---|---|---|
| 企业注册登记费 | | | |
| 购置和装修厂房的支出 | | | |
| 机器设备购置费 | | | |
| 市场咨询费 | | | |
| 开业宣传费 | | | |
| 首次购买原材料的支出 | | | |
| 首次购买存货的支出 | | | |
| 补充原材料的支出 | | | |
| 购置别墅的支出 | | | |
| 补充存货的支出 | | | |
| 员工第一个月的工资 | | | |
| 创业者第一个月的工资 | | | |
| 培训费支出 | | | |
| 办公用品购置支出 | | | |
| 购置汽车的支出 | | | |
| 电话费 | | | |
| 劳动社会保障支出 | | | |
| 利息支出 | | | |

由表 4-5 知，创业者在创办和经营企业的过程中，会发生各种各样的支出，其中有些和企业的生产经营相关，有些和企业经营没有关系。在企业筹建和经营期间与企业自身运营相关的支出，按照其发生的时间段不同分为营运前支出和营运前期支出；与企业自身经营没有关系的支出可列入其他支出。

## 二、创业所需资金的计算

资金对企业尤其是初创期的企业来说有着至关重要的地位，但由于创业者对自己能力的过分自信和对企业经营的乐观估计，常会将营运前期的期间估计过短，或干脆忽略掉营运前期，导致对创办企业所需的资金数额估计过小，引起企业经营初期的资金断流，并最终导致企业终止经营。

创业者必须认识到，在商业信用极其发达的今天，很多企业会采用商业信用的方式开展销售和采购业务。除非创办的企业是一般的零售商店，其他性质的企业都有可能会发生一些赊销的业务，这就意味着企业实现的销售收入很多无法在当期收到现金，导致现金流入并不像预测的销售收入一样多。从而要求我们的创业者要在销售收入无法收回的期间，在流入的现金无法满足支出的期间继续追加对企业的资金投入。否则，可能会出现企业经营业绩很好，却无法按期支付房租、工资等的现象，如果企业的债务无法按期偿还，则企业的债权人有权申请企业进行破产清算，使企业丧失继续经营的资格。

为保证创业者能够较准确地计算创业企业所需资金，可以通过表 4-7 来进行创业资金的计算。

表 4-7　创业企业所需资金

| 开业前 | 1 | 2 | 3 | 4 | 5 | 6 | 7 | 8 | … |
|---|---|---|---|---|---|---|---|---|---|
| 房屋 | | | | | | | | | |
| 设备 | | | | | | | | | |
| 办公家具 | | | | | | | | | |
| 办公用品 | | | | | | | | | |
| 员工工资 | | | | | | | | | |
| 创业者基本支出 | | | | | | | | | |
| 营业税费 | | | | | | | | | |
| 业务开拓费 | | | | | | | | | |
| 广告费 | | | | | | | | | |
| 水电费 | | | | | | | | | |
| 电话费 | | | | | | | | | |
| 保险费 | | | | | | | | | |

（续表）

| | | | | | | | | | |
|---|---|---|---|---|---|---|---|---|---|
| 设备维护费 | | | | | | | | | |
| 软件费 | | | | | | | | | |
| 风险储备金 | | | | | | | | | |

## 三、创业所需资金的筹集渠道

在计算出创业所需资金之后，下一步的工作便是筹集资金。筹集足额的创业资金是企业顺利开张并持续经营的前提。但并不是说创业之初筹集的资金越多越好，因为筹集的资金过多，会导致资金的闲置，从而产生机会成本，导致企业经营效率低下。合理地筹集创业所需资金是对创业者基本的素质要求，也是其创办企业必要的前提。

创业所需资金按照其来源可以分为股权融资和债权融资两大类。

### （一）股权融资

股权融资是指企业的股东愿意让出部分企业所有权，通过企业增资方式引进新股东的融资方式。通过股权融资方式获得的资金既可以充实企业的营运资金，也可以用于企业的投资活动。

广义上的股权融资包括内部股权融资和外部股权融资。内部股权融资指在企业生产经营过程中由于企业经营获利导致的留存收益的增加，包括根据企业净利润10%提取的盈余公积金和企业的未分配利润。外部股权融资则指由于投资者追加投资所导致的股权的增加，可以是原投资者追加投资，也可以通过吸收新的投资者使企业的实收资本增加（这一过程往往会伴随着资本公积的增加）。这里所讲的股权融资仅指外部股权融资。

一般来说，创业者要创办企业首先需要自己向企业投入部分资金。创业者投入企业的资金是创业者愿意并且能够承担相应责任和义务的标志，它既反映了创业者本人对于所创办企业的信心，也是其日后在企业投入时间和精力的促进和动力，还是对债权人资金的保障。所以，任何企业均应有部分投资者投入的资金。

股权融资的渠道有以下几种。

（1）投资者个人的储蓄资金。准备创业的人，应从自我做起，较早地将自己收入的一部分储蓄起来，作为创业资金。刚毕业的大学生，则可以从父母那里取得部分创业资金，作为自有资金投入。创业者还可以从亲友处取得部分资金，如果这些资金是亲友投入的，则算作股权融资，如果从亲友处借的资金需要按期还本付息，则属于债权融资。

（2）合伙人的资金。创业者可以通过转让部分股权的方式从合伙人那里取得创业资金，创办合伙企业。

（3）成立公司。创业者还可以通过公开或私募股权的方式，从更多的投资者那里获得创业资金，成立公司制企业。

（4）风险资本。风险资本是一种以私募方式募集资金，以公司等组织形式设立，投资于未上市的新兴中小型企业（尤其是新兴高科技企业）的一种承担高风险、谋求高回报的资本形态。对于创业者来说，所创企业如果符合风险投资家的项目选择标准，那么风险资本是种比较好的融资方式。通过风险资本不但可以筹集资金，还可以得到风险投资者专业的帮助和指导。

（5）其他企业投资。创业者可以从那些拥有闲置资金的企业获得投资资金，一方面可以满足创办企业的资金所需，另方面也可以使那些拥有闲置资金的企业获得较高的收益。

## （二）债权融资

债权融资是指企业通过借钱的方式进行融资。债权融资所获得的资金，企业首先要承担资金的利息，另外在借款到期后要向债权人偿还资金的本金。债权融资主要用于解决企业营运资金短缺的问题，而不用于资本项下的开支。

创业者获得债权融资的方式主要包括银行借款、非银行金融机构借款、其他企业借款、政府借款、商业信用融资、租赁融资等多种方式。

### 1. 银行借款

比较适合创业者的银行贷款形式主要有抵押贷款和担保贷款两种。缺乏经营历史从而也缺乏信用积累的创业者，比较难以获得银行的信用贷款。

（1）抵押贷款。借款人以其所拥有的财产作为抵押，获得银行贷款。在抵押期间，借款人可以继续使用其用于抵押的财产。抵押贷款有以下几种。

①不动产抵押贷款：创业者可以土地、房屋等不动产作抵押，从银行获取贷款。

②动产抵押贷款：创业者可以用股票、国债、企业债券等银行承认的有价证券，以及金银珠宝首饰等动产作抵押，从银行获取贷款。

③无形资产抵押贷款：是一种创新的抵押贷款形式，适用于拥有专利技术、专利产品的创业者。创业者可以用专利权、著作权等无形资产向银行作抵押或质押，获取贷款。

（2）担保贷款。担保贷款是指借款方向银行提供符合法定条件的第三方保证人作为还款保证的借款方式。当借款方不能按约还款时，银行有权按照约定要求保证人履行或承担清偿贷款连带责任。其中较适合创业者的担保贷款形式有：

①自然人担保贷款：自然人担保可采取抵押、权利质押、抵押加保证三种方式。

②专业担保公司担保贷款：目前各地有许多由政府或民间组织的专业担保公司，可以为包括初创企业在内的中小企业提供融资担保。这些担保机构大多属于公共服务性非盈利组织。创业者可以通过申请，由这些机构担保向银行借款。

除此之外，可供创业者选择的银行贷款方式还有托管担保贷款、买方贷款、项目开发贷款、出口创汇贷款、票据贴现贷款等。

尽管银行贷款需要创业者提供相关的抵押、担保或保证，对于刚毕业的大学生来说条件有些苛刻，但如果创业者能够提供银行规定的资料，能提供合适的抵押，得到贷款并不困难。

2．非银行金融机构借款

非银行金融机构指以发行股票和债券、接受信用委托、提供保险等形式筹集资金，并将所筹资金运用于长期性投资的金融机构。根据法律规定，非银行金融机构主要包括经银监会批准设立的信托公司、企业集团财务公司、金融租赁公司、汽车金融公司、货币经纪公司，境外非银行金融机构驻华代表处等机构。创业者还可以从这些非银行金融机构取得借款，筹集生产经营所需资金。

3．其他企业借款

对于有闲置资金的其他企业，创业者既可以吸收其资金作为股权资本，还可以向这些企业借款，形成债权资本。

4．政府资金

国家和各地政府为促进创业型经济的发展，推出了不同形式的创业基金或创业担保基金。创业者还要善于利用政府扶持政策，从政府方面获得融资支持。如专门针对下岗失业人员的再就业小额担保贷款，专门针对科技型企业的科技型中小企业技术创新基金，专门为中小企业“走出去”准备的中小企业国际市场开拓资金等，还有众多的地方性优惠政策。利用相关政策的扶持，可以达到事半功倍的效果。

5．商业信用融资

商业信用指企业在正常的经营活动和商品交易中由于延期付款或预收货款所形成的企业间常见的信贷关系。企业在筹办期以及生产经营过程中，均可以通过商业信用的方式筹集部分资金。如企业在购置设备或原材料、商品过程中，可以通过延期付款的方式，在一定期间内免费使用供应商提供的部分资金。

6．租赁融资

租赁融资主要是创业者通过融资租赁的方式融通部分资金。融资租赁是指实质上转移与资产所有权有关的全部或绝大部分风险和报酬的租赁。资产的所有权最终可以转移，也可以不转移。融资租赁是集融资与融物、贸易与技术更新于一体的新型金融业务。由于其融资与融物相结合的特点，出现问题时租赁公司可以回收、处理租赁物，因而在办理融资时对企业资信和担保的要求不高，所以非常适合中小企业融资。

此外，融资租赁不体现在企业财务报表的负债项目中，不影响企业的资信状况。这对需要多渠道融资的中小企业而言是非常有利的。企业在筹建期，可以通过融资租赁的方式取得急需设备的使用权，解决部分资金需求，获得相当于租赁资产全部价值的债务信用。

### （三）增加获得投资机会的方法

无论是吸收合伙人的出资、采用组建公司的方式还是吸收其他企业或风险资本的投资，要增加筹集股权资本的概率，需要创业者关注以下几个方面的信息。

（1）有一个好的项目。一个好的项目是吸引股权资金的最基本条件，创业者首先应能够找到一个吸引人的、有着广阔发展前景和足够利润空间的项目，且能够证明自己有着足够的实施该项目的能力。

（2）有自己在该项目的投入。创业者对项目的投入，可以是资金方面的（包括房屋、设备等固定资产的投入），也可以是其他方面的，如技术和劳务的投入。创业者对项目的投入说明了其对项目的信心。

（3）有较高的逆商。创业者应该多进行尝试，包括多次申请或向多个潜在投资者申请，尤其是在吸引风险投资上。因为风险投资公司每个月都会收到上百份甚至上千份融资申请，但只有其中的一小部分能够得到投资公司的投资，所以，创业者一方面应多联系一些投资公司，并且有针对性地向其提供自己的商业计划，另一方面应对自己联系的投资公司进行跟进，以增加获取资金的机会。

### （四）增加获取贷款机会的方法

不论从何处筹集债权融资，创业者要增加获取款项的可能性，都需要具备一些基本的条件，并从以下几个方面入手，进行充分的准备。

（1）优秀的创业团队。创业者是创办企业的核心和关键因素，优秀的创业团队是项目成功实施的保障，创业团队需要证明其具备经营企业的能力，需要向贷款机构（人）展示其具备拟开展业务领域里的经验或知识，以吸引债权人的目光和资金，因为债权人的资金可能会投给具有一流团队和二流项目的企业，但一般不会投给具有一流项目和二流团队的企业。所以优秀的创业团队是吸引债权人资金的首要条件。

（2）可行的企业想法。吸收债权人资金的第二个要件是创业团队要拥有个可行的企业想法。一个好的企业想法是实现创业者愿望和创造商业机会的第一步，但只有经过评估可行的企业想法才能够成为商业机会，给创业者带来经济和社会效益。

（3）完善的商业计划。创业者应该首先能够证明他们有明晰的企业战略，并且有通往成功之路的切实可行的行动计划。创业者或创业团队除了具备可行的企业想法外，还必须能够将具体的企业想法细化到每一个步骤、 每一个预算，将其落实到具体的商业计划之中，完善的商业计划是创业者吸引资金的重要文件。创业者应该请专业人士帮其准备一份让金融机构感到值得研究的商业计划，增加获得贷款的可能性。

（4）高质量的抵押资产。按照《贷款通则》第十条的规定，“除委托贷款以外，贷款人发放贷款，借款人应当提供担保。”处于筹备期或初创期的企业，一般不符合贷款人要求的资信条件，难以取得信用贷款，而需要一定的资产作抵押。如果创业者或其团队成员拥有高质量的抵押资产，则其取得贷款的概率会大大提高。

### （五）贷款人在评估贷款申请时考虑的问题

了解贷款人在发放贷款前考虑的问题，有助于创业者在提出借款申请或在借款合同谈判过程中，有的放矢地准备相关材料，增加获得贷款的概率。一般来说，贷款人在收到借款人的借款申请后，会从许多方面对借款人的资质进行评估，以决定是否放款。这主要包括下面几个因素。

（1）借款人的信用。银行在评审企业贷款申请时，要考虑借款人的信用“6C”。

①借款人品质（Character）：考察申请人对待信用的态度，包括过去的信用记录。

②偿还能力（Capacity）：审查申请人的收入情况以确定其是否有能力偿还借款。

③资本结构（Capital）：审查申请人的个人财产，主要包括存款、不动产及其他个人财产。

④经营条件（Conditions）：地区、国家的经济状况对贷款的难易程度有很大影响。

⑤担保物（Collateral）：是否有担保和抵押财产，以及这些财产的质量也是银行要考虑的重要方面。

⑥事业的连续性（Continuity）：借款企业持续经营的前景，银行要考虑借款人能否在日益竞争的环境中生存与发展。在信用6C中，借款人的品质最为重要。

（2）贷款类型和还款期限。贷款机构会考虑借款人的贷款类型，是短期借款（期限在一年内的借款）还是长期借款（还款期超过一年的借款），同时要对借款人提出的还款方案进行分析，以确认借款人的还款能力。

（3）贷款目的和用途。贷款人为保证自己的资金安全，一般会对货物资金的用途进行规定，并要求借款人不能将资金用于法律法规限制或禁止的项目上，力求资金的使用符合规定用途。

（4）资金的安全性。除了对借款人的以上情况进行考察外，贷款机构还会对创办企业未来的销售情况和现金流状况进行预测，以分析企业未来是否有足够的现金流用于偿还贷款本息。

## 四、资金的成本与筹资风险

创业企业使用的资金，无论是从各种渠道借来的资金，还是创业者个人的自有资金，或者其他方式筹集的股权资金，都具有一定的资金成本。认识到这一点，对于创业者合理选择筹资渠道，及时募集所需资金非常重要。

资金成本从企业管理者筹集资金的角度来看，是企业筹集和使用资金而付出的代价；从投资者的角度看，是资金提供者要求得到的必要的投资报酬率。在市场经济环境下，资金作为一种特殊商品具有特定的交易价格，资金成本是其交易价格的体现。无论从何种渠道取得的资金，企业都需要为其使用权支付代价，债权人要求得到的利息是债务资金使用权代价的表现方式，投资者要求得到的利润和分红是股权资金使用权代价的表现形式。

### （一）资金成本率的种类

资金成本从绝对量上看，包括用资费用和筹资费用两部分。用资费用是指企业在生产经营和对外投资活动中因使用资金而承付的费用，如向债权人支付利息、向股东分配股利等；筹资费用是指企业在筹集资金活动中为获得资金而付出的费用，如向银行支付的手续费、因发行股票或债券而支付的发行费用等。用资费用是经常性的，是资金成本的主要内容，而且可以在税前扣除，起到一定的抵税作用；筹资费用通常在筹资时一次支付，在获得资金后不再发生，可视为对筹资额的一项扣除。

资金成本率是从相对量的角度对资金成本的一种衡量，是资金成本的相对数，指企业用资费用与有效筹资额之间的比率，通常用百分比表示，是企业筹资实务中经常采用的指标。资金成本率主要有个别资金成本率和综合资金成本率。个别资金成本率是指各种资金的成本率，如借款的资金成本率、债券的资金成本率、股权资本的资金成本率等；综合资金成本率是企业全部资金的加权平均资金成本率，往往以各种资金占全部资金的比例作为权重。

### （二）债务资金的成本

债务资金包括各种借款、商业信用、融资租赁等各种形式。

**1．借款的资金成本**

借款的资金成本取决于其需要支付的利息金额、企业的所得税率和实际筹集的资金数额三个方面。计算公式为

$$K_D = \frac{L_D(1-T)}{L(1-F_D)}$$

式中，$K_D$——借款资金成本率；$L_D$——借款的年利息额；$T$——企业所得税税率；

$L$——借款筹资额，即借款本金；$F_D$——筹资费用融资率，即借款手续费率

如果企业借款的筹资费用很少，可以忽略不计。这时借款的资金成本率可按下式直接测算

$$K_D = R_D(1-T)$$

式中，$R_D$——借款的利息率

2. 商业信用资金成本

企业在筹建和初创期，可以通过向供应商赊购的方式取得部分财产物资，节约资金支出这种赊购行为是商业信用的表现形式。一般情况下，企业间的商业信用不存在资金成本，只有在企业采用带息商业汇票进行结算或者存在现金折扣的情况下才可能需要考虑商业信用的资金成本。

（1）应付票据（带息）的资金成本。票据是体现一定财产权利的有价证券。我国票据法中的票据包括汇票、本票和支票。因为银行汇票、银行本票和支票都是即期票据，可以即刻收款或存入银行成为货币资金，所以这里的票据仅指商业汇票。带息商业汇票是指商业汇票到期时，承兑人必须按票面金额加上应计利息向收款人或被背书人支付票款的票据。应付票据的资金成本即其票面上标明的利率。

（2）应付账款。对于延期付款的业务，在买方提前付款时，卖方可给予一定的现金折扣。现金折扣是销售企业为鼓励客户在规定期限内提前付款而向债务人提供的一种债务扣除。一般以“折扣/付款期限” 表示，如“3/10，2/20，1/30，0/60”， 表示如果客户在 10 天内付款可享受售价 3%的折扣，在 20 天内付款可享受售价 2%的折扣，在 30 天内付款可享受售价 1%的折扣，在 60 天内付款不享受折扣，企业的信用期为 60 天。西方企业在各种信用交易中广泛应用现金折扣，现金折扣一般为发票金额的 1%~5%。在卖方提供现金折扣时，买方应尽量争取获得此项折扣，因为丧失现金折扣的机会成本会很高。现金折扣的资金成本可按下式计算

$$\text{资金成本} = \frac{C_D}{1-C_D} \times \frac{360}{N}$$

式中，$C_D$——现金折扣百分比；$N$——失去现金折扣后延期付款天数。

3．融资租赁的资金成本

融资租赁兼有买卖、信贷和租赁的功能，可以通过“融物”的形式实现融资的目的，其独特的作用和优势日益受到企业的广泛重视，是与银行信贷、证券并驾齐驱的三大金融工具之一。

融资租赁的资金成本主要取决于租赁合同规定的利率。如果租赁合同中明确写明了利率，则融资租赁的资金成本可以在合同利率的基础上乘以（1-所得税率）， 反映其税后的资金成本。如果租赁合同中没有写明利率，则需要通过计算租赁的“内含利率”来确定。租赁内含利率是指在租赁开始日，使承租人的租金和资产余值的现值之和等于

资产的购置成本时的贴现率。

资产购置成本=每期租金 $X$（$P/A$，$i$，$n$）+资产余值 $X$（$P/F$，$i$，$n$）

### （三）股权融资的资金成本

无论是创业者的自有资金，还是吸收的各种其他股权资金，其投资的最直接目的都是为了获利。因为投资实业的风险比借钱收息的风险更大，按照风险收益对等的原则，进行股权投资所要求的报酬率要高于借钱给他人所能取得的利息率。再加上按照法律的规定，企业只能以税后利润分配给投资者，使得企业支付给投资者的利润不具有抵税效应，从而股权融资的成本会高于债权融资的成本。

按照资金成本实质上是投资必要报酬率的思路，股权融资的资金成本率就是投资者投资的必要报酬率，投资者的必要报酬率等于无风险报酬率加上风险报酬率，用公式表示为

股权融资资金成本=无风险报酬率+风险报酬率

无风险报酬率是指加上通货膨胀补偿率以后的货币时间价值。风险报酬率的高低取决于投资者对待风险的态度，比较敢于承担风险的投资者会将其定得较低，比较规避风险的投资者则会将风险报酬率定得较高。

### （四）综合资金成本

综合资金成本率指企业全部资金的成本率，通常以各种资金的比例为权重，对个别资金成本进行加权平均测算，也称加权平均资金成本率。其计算公式为

$$K_{\mathrm{W}} = \sum K_i W_i$$

式中，$K_i$——第 $i$ 种融资的资金成本；$W_i$——第 $i$ 种融资占全部资金的比例

企业在进行资金筹集的过程中，除了考虑个别融资方式的资金成本，还需要同时考虑综合的资金成本，以使企业的资金成本最低。

### （五）筹资风险和财务杠杆

企业的全部资金由股权资金和债权资金构成。股权资金的资金成本是变动的，在企业所得税后的利润中支付；而债权资金的资金成本通常是固定的，并在所得税前扣除。因此，不管企业的息税前利润是多少，都要首先扣除利息等债权资金的成本，然后才能归属于投资者。当企业发生亏损或者资金不足以支付利息或偿还本金时，可能给企业的声誉带来影响，严重时可能会导致企业终止经营。所以，使用债权资金具有一定的风险，这种风险叫财务风险。财务风险也称筹资风险，是指企业在经营活动中与筹资有关的风险，也指在筹资活动中利用债务资金可能导致的企业投资者收益下降的风险，甚至可能导致企业清算的风险。

债务资金的合理运用可以给企业投资者带来更高的投资收益。这种由于使用债务资金而给投资者带来的额外收益叫作财务杠杆利益。由于企业从息税前利润中支付的债务利息负担相对固定，当息税前利润增多时，每 1 元息税前利润所负担的债务利息会相应降低，扣除企业所得税后可分配给股权资金所有者的利润就会增加，从而给投资者带来额外收益。

## 五、资金筹集决策

债权融资的资金成本较低，合理使用还能带来杠杆收益，但债务资金的使用同时会带来企业清算或终止经营的风险。股权资金的资金成本较高，但由于在企业正常生产经营过程中，不用归还投资者，是一项企业可永久使用的资金，没有风险。创业者在筹集资金时应对债务资金、股权资金的优缺点进行比较，并考虑企业的资金需要量、资金的可得性以及控制权分散等问题来进行综合分析。

### （一）股权融资和债权融资的比较

股权融资和债权融资各有优缺点，如表 4-8 所示。

表 4-8　股权融资和债权融资的比较

| 融资类型 | 优点 | 缺点 |
| --- | --- | --- |
| 股权融资 | 永久性资本，保证企业最低的资金需要；<br>无固定利润分配或股利支付负担；<br>是对债权人投资的保障，增强企业的举债能力；<br>如果企业经营出现困难，投资者会尽力帮助企业渡过难关 | 分散企业控制权；<br>融资成本高；<br>稀释投资者的投资收益，降低单位货币投资的投资利润 |
| 债权融资 | 企业控制权和所有权得到维护；<br>可选择有利的时间归还债权融资；<br>可以节约自有资金；<br>借款成本可在税前列支；<br>通货膨胀可以减少实际还款数 | 要负担利息成本；<br>要承担将来利润可能不足以归还借款的风险；<br>让他人了解财务及其他一些保密信息；<br>贷款机构（人）有可能要附加一些限制条款；<br>如果企业经营出现困难，债权人会优先得到清偿 |

### （二）股权筹资的决定

创业者是否要通过合伙或组建公司的形式筹集资金，对于企业日后的产权归属和企业发展有着极为重要的作用。如果创业者拟吸收合伙人的资金，就一定要认真考虑合伙人的专长和经验，以更好地发挥团队优势，各尽其才。按照目前我国的法律规定，创业者在创办公司时只能设立个人独资公司和有限责任公司，个人独资公司不涉及吸收他人资金这里不作讨论，通过设立有限责任公司的形式吸引股权资金的话，由于法律对有限责任公司股权转让的限制，创业者也需要对投资人进行充分的考察，最好找到有着共同风险偏好和经营目标的合作者，以寻求更长久的合作。

不同的风险投资商会在不同行业或领域有着强于他人的专长，而且不同的风险投资商会对其投资的企业予以不同的关注和支持。在吸引风险投资商投资时，创业者要分析其专注投资的领域以及其对投资企业的态度，选择最适合企业发展的投资商。

无论通过何种方式吸引股权投资，对合作者的专长和特质都要进行充分了解，以寻求更长久的合作，谋求企业更好的发展。另外，对企业控制权的把握也是创业者必须考虑的因素，转让多少控制权能够既吸引投资又有利于对企业日后经营的控制，是创业者必须慎重选择且关乎企业健康发展的最重要的问题之一。

### （三）借款筹资的决定

创业者如果想通过借款的方式筹集资金，则在进行决策时，需要从以下几个方面进行分析。

（1）考虑经营过程中的获利是否能够超过借款的利息支出及其他费用支出。由于借款的杠杆效应，如果企业在日后的经营过程中赚取的利润能够支付借款的利息和其他费用的支出，且还有剩余，则借款经营对企业较为有利，可以给创业者带来财务杠杆收益。如果在对日后经营进行预测时，发现企业获利不足以支付借款利息，会给创业者带来杠杆损失，还有可能会使企业更快地走上清算之路，这时就不应该借款。

（2）慎重考虑借款期限。创业者在决定借款前应认真考虑借款期限能否与企业未来经营期间的货款回笼周期相匹配。如果筹集的资金拟运用在设备等固定资产的投资上，则最好借入长期资金，使资金的还款期限与设备的回收期匹配；如果借入的资金拟用于原材料等流动资产的投资，则可以借入短期资金。当占用在材料上的款项回笼时及时偿还借款，减少利息的支出，降低企业的资金成本。总之，借入资金的归还期限应与其投资的资金回收期限相匹配，保证企业在日后归还投资时，不会影响正常的生产经营。

（3）确定合理的借款金额。借款经营成本较低且具有财务杠杆效应，但每期会有固定的资金支出。创业者在决定借款前一定要对其风险和收益进行充分权衡，并根据企业实际的资金需要确定一个合适的借款金额。借款过多会加大企业的资金流出（利息支付）并使企业的资金成本上升，资金使用不当可能还会带来较大的财务风险。如果在能够借到款项时借款过少，就可能会使企业出现资金断流，加剧企业的失败。

（4）充分考虑借款可能的支出。对于创业者来说要获得借款，一般都需要提供抵押或担保。如果创业者缺乏债权人认可的抵押资产，就可以申请担保公司为其借款进行担保。担保公司作为盈利性的企业会收取部分担保费用。如果创业者拟通过担保公司担保的方式取得借款，就需要将担保公司的担保费用计入未来的经营成本，以有效地避免经营风险。

（5）选择合适的银行。如果创业者有机会从银行取得借款，就需要对不同的银行进行对比，选择适合的银行。一般来说，银行都对其贷款的风险作出政策性规定，有些银行倾向于保守政策，只愿承担较小的贷款风险；有些银行则富有开拓性，敢于承担较大的风险。另外，有些银行会主动帮助借款企业分析潜在的财务问题，提出解决问题的建议和办法，为企业提供咨询服务，同企业交流有关信息。创业者应事先通过各种渠道对银行的信息进行了解，以选择最适合创业企业借款的银行。

## 课后阅读

### 挑选适合自己的创业融资渠道

一、风险投资：创业者的“维生素C”

风险投资的英文简称是VC。广义的风险投资泛指一切具有高风险、高潜在收益的投资；狭义的风险投资是指以高新技术为基础，生产与经营技术密集型产品的投资。根据美国全美风险投资协会的定义，风险投资是由职业金融家投入到新兴的、迅速发展的、具有巨大竞争潜力的企业中的一种权益资本。

二、天使投资：创业者的“婴儿奶粉”

天使投资是自由投资者或非正式风险投资机构，对处于构思状态的原创项目或小型初创企业进行的一次前期投资。天使投资是一种非组织化的创业投资形式，其资金来源大多是民间资本，而非专业的风险投资商。

“天使”这个词指的是企业家的第一批投资人，这些投资人在公司产品和业务成型之前就把资金投进来。天使投资人通常是创业企业家的朋友、亲戚或商业伙伴，由于他们对该企业家的能力和创意深信不疑，因而愿意在业务远未开展之前就向该企业家投入大笔资金，一笔典型的天使投资往往只是区区几十万美元，是风险资本家随后可能投入资金的零头。

三、创新基金：创业者的“营养餐”

结合我国科技型中小企业发展的特点和资本市场的现状，科技部、财政部联合建立并启动了政府支持为主的科技型中小企业技术创新基金，以帮助中小企业解决融资困境。创新基金已经越来越多地成为科技型中小企业融资可口的“营养餐”。

四、中小企业担保贷款：创业者的“安神汤”

一方面中小企业融资难，大量企业嗷嗷待哺；另一方面银行资金缺乏出路，四处出击，却不愿意贷给中小企业。究其原因主要在于，银行认为中小企业发放贷款，风险难以防范。然而，随着国家政策和有关部门的大力扶植以及担保贷款数量的激增，中小企业担保贷款必将成为中小企业另一条有效的融资之路，为创业者“安神补脑”。

五、政府基金：创业者的“免费皇粮”

近年来，政府充分意识到中小企业在国民经济中的重要地位，尤其是各省市地方政府，为了增强自己的竞争力，不断采取各种方式扶持科技含量高的产业或者优势产业。为此，各级政府相继设立了一些政府基金予以支持。这对于拥有一技之长又有志于创业的诸多科技人员，特别是归国留学人员是一个很好的吃“免费皇粮”的机会。

六、典当融资：创业者的“速泡面”

风险投资虽是天上掉馅饼的美事，但只是一小部分精英型创业者的“特权”。而银行的大门虽然敞开着，但有一定的门槛。“急事告贷，典当最快”，典当的主要作用就是救急。与作为主流融资渠道相比，典当融资虽只起着拾遗补缺、调余济需的作用，但由于能在短时间内为融资者争取到资金，因而被形象地比喻为“速泡面”，正获得越来越多创业者的青睐。

# 主题三　创业基金

## 一、创业基金的类型与分析

创业基金又称风险资本，是指由专业投资人提供的快速成长并且具有很大升值潜力的新兴公司的一种资本。风险资本通过购买股权、提供贷款或既购买股权又提供贷款的方式进入这些企业。风险资本是准备用于进行风险投资的资金。

大学生创业基金的设立，有利于广泛整合目前有利于大学生创业的各种资源，加强创业大学生之间信息的交流和项目的合作，加强大学生创业团队和社会资源的碰触，方便他们找到好的资金支持。目前，根据基金设立的主体，可将大学生创业基金划分为五种类型。

### （一）以政府名义设立的大学生创业基金

中国大学生创业基金，遵照党中央“拓宽就业、择业、创业渠道，以创业带动就业”的指示精神、以“关心，扶持、资助大学生（含归国留学生）自主创业、成就梦想”为宗旨，通过承办由全国工商联、教育部、团中央发起的，统战部、人力资源和社会保障部、民政部共同主办的中国大学生“创业大讲堂” 公益行动等系列活动，以“中国大学生创业基金网站”为网络平台，在网上建立“大学生创业项目数据库”和优秀的创业人才、创业团队人才库，与企业需求直接对接，为大学生创业就业提供更多机会。

目前，我国除港、澳、台外的省、自治区、直辖市为支持大学生创业，基本上都设立了大学生创业基金，尤其是以政府名义设立的大学生创业基金制度已基本确立。以政府名义设立的大学生创业基金在运作过程中，不仅可以给大学生创业提供资金和技术上的支持和帮助，还可以保证基金在初创阶段充分发挥政策性示范作用。

### （二）以高校名义设立的大学生创业基金

以高校名义设立的大学生创业基金可谓是为学生量身定做的，其对高校的直接推动性更强，将更加有效地推动高等教育改革和在校大学生的创新创业。特别是创业风险意识教育帮助学生提高防范和规避风险的意识和能力，广泛收集创业项目和信息。依托大学科技园、各种科研平台等为学生提供创业场地，能积极促进学生和教师的科研成果、科技发明、专利等转化为创业项目，从而为更多的大学生提供就业岗位，造就一批真正的企业家。

### （三）以企业名义设立的大学生创业基金

以企业名义设立的大学生创业基金的主要特点是以市场为导向，按照直接投资、跟进投资、参股创投公司等运作方式提供融资服务。近年来，大学生创业计划大赛引起了社会各界的关注，也使更多怀揣梦想的校园学子积极参与其中。众多企业和社会经济组织抓住这样的赛事，模拟真实的商业环境，对优质参赛作品给予资金支持，这样不仅给了有创意、有技术、想创业的大学生实现创业梦想的机会，同时加快了创意转化为现实生产力的进程，对企业的可持续发展和社会进步起到了推动作用。

### （四）以个人名义设立的大学生创业基金

以个人名义设立的大学生创业基金，创办人不仅能够为大学生创业提供大量的资金支持，还能够根据自己在创业或经营上遇到的困难、积累的经验，现身说法，给予大学生不可多得的创业经验和人生智慧。让大学生在创业的同时得到了更多的感悟和启迪，为大学生成功创业上了“双保险”。同时基金创业人的成功案例，也为大学生树立奋斗的风向标和榜样，指引他们在创业的道路上走得更远，更成功。但是，以个人名义设立的大学生创业基金现在还很少。

### （五）以联合形式设立的大学生创业基金

相比以上四类基金，以联合形式设立的大学生创业基金更多，也更常见。根据联合主体的不同，可分为以下三种。

（1）由政府牵头，与高校、企业联合设立的大学生创业基金。

（2）由共青团牵头，与企业联合设立的大学生创业基金。

（3）由社会组织和企业共同设立的创业基金。

以联合形式设立的大学生创业基金，可以更加充分地发挥政府、金融、高校、企业以及社会组织等各方面的力量，增强资源共享和优势互补，有助于形成合力，更好地促进大学生创业融资工作的良性发展，为大学生提供实实在在的帮助。

## 二、创业基金的申请

大学生创业基金的设立，为立志于创业做老板的大学生开辟了一条快车道。那么，怎样有效申请创业基金，申请时又应注意哪些问题，是大学生创业者最关心的。

### （一）创业基金支持的对象

#### 1．创业基金支持的项目需符合的条件

通常，创业基金支持的项目需符合以下条件。

（1）符合国家产业政策，技术含量较高，创新性较强的科技项目。

（2）产品有较大的市场容量和较强的市场竞争力，有较好的潜在经济效益和社会效益。

（3）项目应具备一定的成熟性，以研发阶段项目为主。

项目处于研发阶段：指项目以生产为目的，研制新技术、新工艺、新产品、新方法、新装置或对现有工艺、产品、生产过程进行技术上的实质性改进而进行的系列技术工作，其成果应为一种具有新产品或新技术基本特点的原型（样品、样机）。

项目处于中试阶段：指项目以生产为目的，利用研发阶段得到的原型（样品、样机）、工艺、技术等成果进行产品的定型设计、获取生产所需的技术参数等一系列技术开发工作，这一阶段包括产品试制与设计、工业性试验以及小批量试生产。

项目处于批量（规模化）阶段：指项目利用中试阶段的技术开发成果进行较大规模的生产活动。

#### 2．申请创业基金的个人或法人应具备的条件

通常，申请创业基金的个人或法人应具备以下条件。

（1）申请人或企业法定代表人为在校大学生（含硕士、博士）。

（2）主要从事高新技术产品的研制、开发、生产和服务业务。

（3）申请人有较强的市场开拓能力和较高的经营管理水平，并有持续创新的意识。

（4）在校期间品学兼优，无不良在校记录。

### （二）创业基金支持的方式

根据大学生创业的实际情况，申请创业基金的大学生基本为首次创业，为了便于管理及增强大学生的创业责任感，投资公司拟采取资本金（股本金） 投入并对其财务进行监管的方式支持在校大学生的创业行动.

资本金投入：资本金投入以投资公司自有资金投入为主，数额一般不超过企业注册资本或申请人准备投入的50%，且投入一般不超过3万元。

同时投资公司还会从公司注册手续的办理、企业税务的代理、经营中的管理培训及相关政策的把握等各个方面给予申请人新设的企业以支持。

## （三）创业基金的申请

创业基金对同一个大学生只支持一个项目。申请人应根据申请支持的项目所处的阶段和个人的具体情况，明确选择一种相应的支持方式。

### 1．申请时间

创业基金不设开始及截止时间，有创业梦想的在校大学生随时可以提出申报。

### 2．创业基金中请程序

总体看，大学生创业基金的申请程序大致相似。我们以“中国大学生创业基金”的申请为例说明。

第一步，登录“中国大学生创业基金”官方网站，认真阅读“中国大学生创业基金介绍”和“中国大学生创业基金的管理办法”。重点了解创业基金的创立宗旨、特点、目的等相关内容。熟悉涉及“中国大学生创业基金”的政策信息。

第二步，填写个人信息，注册成为“中国大学生创业基金”网站会员。

第三步，注册成功后，登录“我要创业”板块，熟悉“网上组团”“创业项目发布”等板块流程。在“申请基金”板块填写“项目名称”“项目城市”“申请金额”等基本信息。

第四步，准备项目附件的相关材料。一般包括以下几个。

（1）申请人身份证及学生证或法人营业执照（复印件）。

（2）已经经营一定时间的企业，需提交会计事务所（或审计事务所）审计的企业上两年度的会计报表（复印件）和相应的审计报告（复印件），以及本年度最近一个月的企业会计报表（复印件）；当年注册的新办企业，须报送注册时的验资报告和本年度最近一个月的会计报表（复印件）；拟新设立企业的个人需提交在校期间学费已缴清的相关证明文件。

（3）可以说明项目的证明文件。如技术报告、鉴定证书、检测报告、用户使用报告等复印件。

（4）能说明项目知识产权归属及授权使用的证明文件，如专利证书、产权使用授权书、产权使用认可书和技术合同等复印件。

（5）与项目和企业有关的其他参考材料，如奖励证明、用户订单等复印件及产品照片等。

（6）个人的品行证明及所在院系的推荐意见书。

第五步，将准备好的申报材料采取网上申报的形式提出申请。提交申请后，及时登录“中国大学生创业基金”官方网站，查看审查和受理结果。

### 3．申请受理

投资公司负责受理创业基金项目的申请。投资公司对申请人提交的申请材料进行受理审查。对审查不合格的项目，投资公司一般自收到申请之日起两个月内，向申请人电话告之。

受理审查合格的项目，投资公司将组织有关专家和机构对其进行立项审查。立项审查未通过的项目，投资公司一般自对该项进行受理审查之日起四个月内，电话通知。

申请材料一律不退还。申请人可根据需要备份申请材料。

### 4．申请需注意事项

申请创业基金不是一件轻松的事情，除了明确申请程序、备齐所需材料外，申请中还要注意以下问题。

（1）申请人要认真阅读申报基金项目的管理规定、办法等文件，熟悉申请须知、申请材料、申请流程和限项申请规定。同时，应了解所选基金项目是否与大学生所在院校有合作协议等规定，如果有就要注意满足学校对申请的特定要求，避免因不了解规定而使申请被淘汰。

（2）申请人应根据申请支持项目所处的阶段和个人具体情况，明确选择一种相应的基金支持方式。如申请人可依据户籍所在地或学校所在地，申请相应地域的创业基金项目。申请人可按照自己创业项目的特点和涉及领域，选择对应的创新创业基金项目或科技创业基金项目等。

（3）申请人认真撰写创业项目申请书，并注意在申请书中不得出现任何违反法律、涉及侵权，特别是违反相关保密规定的内容。大学生申请人要特别注意对所提交申请材料的真实性、合法性负责，才能成功获取创业基金。

## 三、大学生如何申请自主创业小额贷款

大学生创业贷款是银行等资金发放机构对各高校学生（大专生、本科生、研究生、博士生等）发放的无抵押无担保的大学生信用贷款。为支持大学生创业，国家各级政府出台了许多优惠政策，涉及融资、开业、税收、创业培训、创业指导等诸多方面。

### （一）申请条件

（1）应届毕业大学生、以及毕业两年以内的大学生。

（2）大专以上学历。

（3）18 周岁以上。

## （二）申请流程

（1）受理。申请人向大学生创业园管理服务中心提出申请，并提交相关申报材料，由大学生创业园管理服务中心进行初审。

（2）审核。对初审通过的商业贷款贴息对象及金额，由人事局会同财政局等有关部门按产业导向、企业规模、就业人数、注册资本和利税等要素对申请商业贷款贴息对象的资料进行审核，并核定贴息金额。

（3）公示。经评审通过的商业贷款贴息对象和贴息金额由人事局和申请人所在单位或社区进行公示，公示期为 5 个工作日。

（4）核准。经公示后无异议的，由人事局下发核准通知书。

（5）拨付。根据相关部门核准通知书，财政局在贴息对象提供付息凭证后从扶持大学生自主创业专项资金中拨付资助资金。

## （三）申请资料

大学生创业贷款申请材料主要有以下几个。

（1）《大学生创业资助（商业贷款贴息）申请表》一式 3 份。

（2）《大学生创业企业人员情况表》1 份。

（3）《大学生企业申请创业资助资金情况表》1 份。

（4）法人身份证、户口本或户籍证明、毕业证和学位证、在校学生需提供学生证、在校成绩单。

（5）企业营业执照、税务登记证、组织机构代码证复印将各 1 份。

（6）常用存折或银行卡过去 6 个月对账清单。

（7）会计师事务所出具的验资报告复印件 1 份。

（8）贷款合同以及大学生创业贷款申请者担保材料复印件 1 份。

（9）公司章程 1 份。

（10）导师或风投、创投机构及相关企业推荐书等。

（11）技术合作协议、专利证书、专利申请受理通知书等复印件各 1 份。

（12）其他资信证明（若有）：奖学金证明、班干部证明、社团活动证明，各种荣誉证明/回报社会证书如献血、义务支教等。

以上材料，由于各地区大学生创业贷款相关政策的不同，因此申请条件也会有所差异，此仅为参考，申请人要根据所申请的贷款项目不同要求进行准备。

### （四）申请管理

#### 1. 程序更简化

凡高校毕业生毕业后两年内申请从事个体经营或申办私营企业的，可通过各级工商部门注册大厅“绿色通道”优先登记注册。其经营范围除国家明令禁止的行业和商品外，一律放开核准经营。对限制性、专项性经营项目，允许其边申请边补办专项审批手续。

对在科技园区、高新技术园区、经济技术开发区等经济特区申请设立个私企业的，特事特办，除了涉及必须前置审批的项目外，试行“承诺登记制”。申请人提交登记申请书、验资报告等主要登记材料，可先予颁发营业执照，让其在3个月内按规定补齐相关材料。凡申请设立有限责任公司，以高校毕业生的人力资本、智力成果、工业产权、非专利技术等无形资产作为投资的，允许抵充40%的注册资本。

#### 2. 减免各类费用

除国家限制的行业外，工商部门自批准其经营之日起1年内免收其个体工商户登记费（包括注册登记、变更登记、补照费）、个体工商户管理费和各种证书费。对参加个私协会的，免收其1年会员费。对高校毕业生申办高新技术企业（含有限责任公司）的，其注册资本最低限额为10万元，如资金确有困难，允许其分期到位，申请的名称可以“高新技术”“新技术”“高科技”作为行业予以核准。高校毕业生从事社区服务等活动的，经居委会报所在地工商行政管理机关备案后，1年内免予办理工商注册登记，免收各项工商管理费用。

#### 3. 享受减免费优惠

对大学毕业生自主创办的企业，自工商部门批准其经营之日起1年内，可在政府人事、劳动保障行政部门所属的人才中介服务机构和公共职业介绍机构的网站免费查询人才、劳动力供求信息，免费发布招聘广告等。参加政府人事、劳动保障行政部门所属的人才中介服务机构和公共职业介绍机构举办的人才集市或人才、劳务交流活动给予适当减免交费。政府人事部门所属的人才中介服务机构免费为创办企优惠为创办企业的员工提供一次培训业的毕业生测评服务。

对自主创业的高校毕业生，政府人事行政部门所属的人才中介服务机构免费为其保管人事档案（包括代办社保、职称、档案工资等有关手续）两年。社会保险参保有单独渠道。高校毕业生从事自主创业的，可在各级社会保险经办机构设立的个人缴费窗口办理社会保险参保手续。

（五）贷款方式与期限

大学毕业生自主创业的小额贷款方式为担保、抵（质）押贷款。国家为大学毕业生提供的小额创业贷款是政府贴息贷款，其期限为 1～2 年，2 年之后不再享受财政贴息。有关说明具体操作办法在线留言大学生创业网咨询。

大学生申请创业贷款的途径主要有：直接向银行申请贷款、申请科技型中小企业贴息贷款和利用新的技术成果或知识产权、专利权进行担保贷款。但是因为银行在对个人申请贷款方面的审核非常严格，特别是注重申请贷款人的偿还能力，而大学生刚刚开始创业，在银行的贷款审核部门看来几乎不具备偿还能力，所以很难得到所需的贷款，建议大学生最好不要用第一种方式申请贷款。

（六）税收缴纳

凡高校毕业生从事个体经营的，自工商部门批准其经营之日起 1 年内免交税务登记证工本费。新办的城镇劳动就业服务企业（国家限制的行业除外），当年安置待业人员（含已办理失业登记的高校毕业生，下同）超过企业从业人员总数60%的，经主管税务机关批准，可免纳所得税 3 年。劳动就业服务企业免税期满后，当年新安置待业人员占企业原从业人员总数 30%以上的，经主管税务机关批准，可减半缴纳所得税 2 年。

## 课后阅读

### 中国未来 20 年的 11 个必然趋势

跟 30 年后的我们相比，现在的我们就是一无所知。必须要相信那些不可能的事情，因为我们尚处于第一天的第一个小时，开始的开始。我想讲一讲未来 20 年的技术走向。

技术都会有一个前进的方向，我把它叫作必然，就是这个趋势像重力一样，一定会发生。比如有了芯片、电波等，必然会出现互联网，会出现手机。

我不想讲苹果会不会取胜，特斯拉会不会取胜，中国今后怎样，美国将来怎样，这不是我说的必然。我说的是一种总体趋势，我相信这些趋势是可以预测的，但是它的细节无法预测，比如电话一定会出现，但苹果不是；网络一定会出现，但 Twitter 不是。

我想讲一些长期的趋势，这种必然的趋势都是交织在一起的、互相依赖的，但最后朝同一个方向前进。

第一个趋势：形成（becoming）所有的东西都在不断升级

这是我的书《必然》中的第一章，就是所有的东西，都变成了另外的东西，所有的东西都是一种流动的状态，都在不断地改变。

下雨时每一滴水会如何进入到山谷，这个路线是肯定无从了解的。但是你一定知道方向，因为有重力，所以必然向下。

而类似于必然发生的“重力”，商业趋势也是必然的，总体趋势一定能够预知。

我们是有选择的。在未来，新的技术必然会出现，我们可以选择想要新技术以什么样的形式出现，也就是说“到底出现什么”是我们可以选择的。

而今天聊到的必然趋势，互相依赖互相支持。在未来，所有的东西都变成了另外的东西，都在流动和改变。这样一种流动是时常在发生的。

比如有型的产品变成了无形的订购服务，过去在商场才能买到商品，但是现在，你可以在网上购买相应的服务，服务的一部分包含了你需要的商品。

比如从硬件到软件，现在所有的东西都是软件，这也是流动的趋势。

比如现在，名词变成了动词，有形的东西变成了无形的。还有产品向服务的转型，之前卖成品，是有形的，现在采取订购，订购服务，是无形的。

我们处在一个液态的世界，所有的东西都在不断地流动，不断升级，变得越来越好。比如汽车，这好像是我们能够想象到的最有形的东西，但是你在睡觉时，特斯拉汽车也在不断升级，它的确变得越来越好了，这就是我们将要进入的一个新世界。

这些对我们有什么影响呢？首先，终身学习，不断学习。当你一直处于一个学习的状态时，你永远都是一个新的人。所有的东西都是不确定的，你永远都是无知的，不管你多大年纪，处在人生哪个阶段，总会有新的东西出现，所以我们要永远处于学习的状态。其次，所有的东西都是在形成的过程中，我们之前看到的是产品，现在看到的是过程。比如，我们以前拿到的是已出版的百科全书，现在的维基百科就不是一本百科全书，它是一个创造百科全书的过程。一直在被改变，一直处在创造的过程中。

第二个趋势：知化（Cognifying）与人工智能的合作表现决定你的薪酬

未来技术变革的影响是永久性的。技术将和人工智能相关，技术要做的事情是让所有的东西更加智能，这个智化的过程就是技术带来的改变。

未来技术跟人工智能相关，是会给我们社会带来根本性变革的技术趋势，可能就像之前的印刷术一样。

很多东西已经变得很聪明了。比如看 X 光方面的专家会被人工智能所取代的，法律方面的 AI 可以比人类律师助理更高效地阅读文件。

还有飞机驾驶员，比如一趟飞机的航程是 12 小时，人类飞行员只要工作七八分钟就行了，剩下的时间都是 AI 驾驶飞机，这些都是已经发生的。

我们为什么还需要人工智能去帮助我们开车呢？比如 Google 的无人驾驶汽车。因为他们的思考方式跟我们不一样，不会考虑杂七杂八的事情，只是专注去开车。

我们在 AI 方面做的事情，并不是让他们比人做得更聪明，因为它们很多方面已经比人更聪明了，我们要做的是各种各样的 AI，让他们有多种思维方式。

Google 训练人工智能玩电子游戏，十年前就开始做了，Google 从来没想过去教 AI

怎么玩，而是教AI怎么学习，AI与人类的不同只在于思考的方式不同。

未来将有数以万计创业公司，他们从事的是人工智能用于某一个领域的工作。使用者越来越多的话，机器会越来越聪明，这是一种滚雪球的方式。

过去我们对智商的认知就是一维的，这是一般的认知，我们不应该再这样看待智商。我们的智商像不同的乐器弹奏不同的乐曲，不同的人弹奏出的乐曲也不一样，所以大家的IQ不一样。动物、人类和机器的节奏也不一样，所以IQ也不同。很多人也非常担心，机器人会跟我们抢工作。有一些工作实际上是可以直接让机器人来做的，我们在AI上做的事情不是要让AI更聪明，而是让AI自己去学习，有更多思考和思维。有很多新工作，是机器人去帮助你完成的，工作职位是不断增加的。

AI帮助人类从电力电气、蒸汽时代到现在多彩纷呈的现代世界。现在的汽车，人类用手的肌肉力量即可开动250马力，我们假设将250马力的车转换成250种思想，那么你开的就不是车，而是自动化的电脑。人类未来的目标，是将智力作为一种服务，可以像电力一样传输。

所以，对效率要求不高的工作更适合人类，比如要求创造力的工作，因为创造本身就是不讲究效率的，不用考虑正确性，这是人类适合去做的工作。任何看上去特别重复性的、没有意思的、没有什么乐趣可为的事情，都可以让机器完成。所以阿尔法狗和人比赛，是不公平的比赛，因为它吸收了过去所有的套路。

未来不管是哪个领域，实际上它都是最聪明的人加上机器。与人工智能的合作表现决定了你的薪酬，你必须要和机器进行合作，而不是和他们对抗。

第三个趋势：屏读（Screening）任何一种平面都可以成为屏幕

这个趋势已经围绕在我们周围了，屏幕无处不在。任何一种平面都可以成为屏幕，看的书是一个屏幕，接触的所有平面都可以是一个屏幕。甚至有的人衣服都可以当成屏幕。不同的屏幕之间形成了生态系统，不仅我们看他们，他们也在看我们。屏幕可以跟踪你的眼神，知道我们注意力聚焦在那儿了，我们重视什么东西，然后改变屏幕上呈现出来的内容。

情绪跟踪就是很好的例子，屏幕可以做注意力跟踪、情绪跟踪。可以根据用户的注意力、情绪做调整。知道你什么时候高兴，什么时候困扰。我们即将进入屏幕时代，无处不在的屏幕，以前是读书，现在是读屏。

原来书本给人权威，现在是流动开放杂乱的世界，现在的真相是要不断地自己组装。

第四个趋势：流动（Flowing）你做的所有生意，都是数据

计算机中的三大阶段：原来是文件夹，之后是网络，现在我们处于一个数据流动的时代。现在的阶段就是流标签，云端组成各种各样的流，通过微信、微博、Facebook等等，我们可以听流媒体上的音乐，看媒体上的电影电视，所有东西都成为一种流。

什么东西在流动呢？数据，不管你是做房地产、医药、化工，还是教育，其实你做的生意都是数据。

商业乃数据之商业。归根结底，你在处理的都是数据。处理数据和处理客户一样重要。全世界都处于同一个经济脉搏，企业不可能永远增长。但是城市不一样，城市永远在增长。因特网像一个城市，而不是一个企业，正因为它拥有着无限增长的特质。比如Facebook现在有15亿的社交连接，15亿人相互连接可以做的事情太多太多了，可以产生的价值也不可估量。很多公司已经意识到了这一点。这么多的数据像是形成了超级生物体，远远超过人脑的容量了，这样一个巨大的机器星球，其实是全球化的一个运作，全世界的经济好像都以同样的脉搏在跳动，以同样的行为方式在运作。

第五个趋势：重混（Remixing）大多数创新都是现有事物的重组

经济学家发现，全新的东西很少，大多数创新都是现有事物的重新组合。这种重组就是我这里所说的重混。这是世界发展的方向，重要的趋势。

做重组或者重混时，首先是要做一个拆解，把它拆解成非常原始的状态，再以另外一种方式进行重组，之后不断进行这样的循环，就像你把乐高拆开后再组装。

其实报纸也是一样，报纸不是一个单一的物体，它是一个组合，就是把不同的东西组合在一起：体育赛事、天气情况、书评，包括菜谱等等。英特网上也是，不同的信息组合在一起，把之前所有的报纸拆解了，然后组合在一起。

同样，我们也可以拆解银行，把不同的银行功能分解之后重新组合起来，汽车也是这样，基本上所有的东西都可以这样做。

把化学概念运用到企业当中来，就像一张元素周期表，看一下企业当中的元素周期表，有哪些必要的元素，进行多次拆解重组，会形成新的东西。企业想要升级，需要拆解企业的构成，再进行重组，在重组的过程中产生新事物。

第六个趋势：过滤（Filtering）能吸引注意力，就能赚到钱

这是世界的另一面。现在有各种各样的选择，比如，每年会有600万首新歌，我们不可能听完，电影、书、杂志、文章，也是如此。

我们肯定需要一些人来帮忙，找到我们真正需要的东西，这就叫作过滤。

我们是缺乏注意力的，所有的东西都变得越来越丰富，唯一变得稀缺的是人类注意力，没有哪一种技术可以增加你的注意力时间。

金钱是会随注意力走的，你能够吸引注意力，就会赚到钱。只要人们在这个地方花了注意力，肯定需要这方面产生价值，你在这方面做文章，就会赚到钱。

既然我们的注意力是世界上最珍贵的资源，我付出了注意力，我就应该拿到报酬。比如，我如果看了广告，就应该拿到报酬。

第七个趋势：互动（Interacting）它的影响将和AI一样深远

在我看来，互动的影响力可能和AI一样深远，电脑就是依赖于互动的。

为什么现在电视那么有意思呢？过去电视就是一个开关或者直接换一个频道，现在可以和电视互动了，可以搜索了，可以做各种各样的事情。

2050年的时候，电脑会变成什么样子？基本上你可以用整个身体没有任何障碍地互动，电脑是全方位可互动的机器。就像交响乐团的指挥家一样。有一些纳米雷达技术，他可以知道你手指动作的意义。智能手机之后应该是什么呢？一个是虚拟现实 VR，把机器戴在脑袋上，你可以看到一些东西。一个是MR，也就是现实和虚拟混合。你如果把这样一个眼罩戴上的时候，每一件事情都是以 3D 的方式存在的，你可以用手控制这些现实，而且你真的是相信这些现实是存在的。

第八个趋势：使用（Accessing）所有权价值变成使用权价值

"使用"这个词其实很难去解释，也就是之前我们是拥有一个产品，之后我们去使用某一种服务。优步是世界上最大的租车公司，但是它并不拥有一辆车，Facebook是世界上最大的媒体公司，但是它却不拥有内容，阿里巴巴是世界上最大的零售商，但是它没有库存。

这种拥有的概念已经不是那么重要了，使用在很多方面比拥有更好，你马上用到一个东西，用完之后马上可以丢掉，肯定比拥有某些东西要更好。因为你的目的是使用，但是拥有的话，你要承担很多的责任。拥有的概念发生了改变，使用权优于所有权。很多东西，我们只需要使用，不需要维护、储存等其他工作。

现在很多的软件也是朝这个方向走了，不用购买，而是订阅，不仅是数字行业，在有形的行业也在发生这样的转变，包括汽车，滴滴、优步都是其中的例子。我们不需要拥有汽车，只需要使用这种服务，使用无需拥有，无需维护无需储存。

未来按需提供的服务比你拥有这件事物的比例要高。按需经济：各行业的优步。有形的企业也在发生改变。年轻人，我们把他们叫作游牧民族一样的人，他们在世界各地旅行，但是他们随身什么都不带，你需要什么东西的时候，在哪儿都能够拿到。

再过二三十年，新兴人类去哪儿都不用带任何东西了，去任何一个酒店，他们马上提供你想穿的衣服，你穿完后留在那里，酒店会帮你清理好。

甚至连手机都不用带，因为你看到任何一个平板，就可以认出你是谁，变成你的屏幕，任何一个手机可以认出你来，就变成你的手机，整个世界都是你的，非常了解你，你需要什么都可以给你提供，想送到哪儿都可以。不需要行李箱，不需要任何东西，都有相应的服务，就像是新型游牧民族，不需要携带，游走世界。

第九个趋势：共享（Sharing）核心不是分享，而是协作

经常会有人讲分享经济，我想拓展一下这个概念。

首先，现在的分享还属于非常初级的阶段，这个世界很大，有很多东西都是可以分享的。对于创业者来说有一个挑战：我们能够做什么，能让分享得越多，价值提升越多？

其实我们在讲分享时，不是一般意义的分享，而是在讲协作，即：分享 = 合作，以一种规模化的方式合作，可以让成千上万几十亿的人以合作的方式进行互动，这些人的共同协作可以带来社会的变革。这种规模是之前大家都无法想象的，这就是未来分享的趋势所在，不仅仅是分享设备，这会产生巨大的价值和财富，带来巨大的社会变革。这

里面有一个例子，就是区块链，区块链技术就是把一些交易以分布式的方式呈现，所以你可以以合作的方式来进行计算，不是一对一的，而是整个网络上交易都可以计算出来，之前的任何一项交易都会成为之后的网络构建的基础，在这样一个区块链的网络当中，你是无法作弊的。

第十个趋势：开始（Beginning）技术的用途，是用出来的

关于技术，在最开始的时候，没有人知道新的发明是最适合用于什么的，比如爱迪生的留声机，爱迪生根本不知道这能用来干什么。

留声机慢慢应用于两个场景：一是录下临终的遗言，二是录下教堂里的讲话，包括唱歌，后来留声机主要用于这个用途。所以，用途很多时候就是通过使用来发现的，不断尝试，在发明的时候，我们可能想不了那么多。新技术出来的时候，我们也不知道可以用来干嘛，只有通过使用。

我们要评估技术的时候，也必须要使用这个技术，而不仅仅是空想，因为这个趋势是必然的，我们要指引和控制技术发展的方向，必须要使用，然后去调试、优化，使这个技术变得更好。因为这些是很新的东西，虽然我们每天花五个多小时在社交媒体上，我们也不知道社交媒体能够给我们带来什么好处，这些问题都没有想通。它要求我们真正去学习它，使用它，这是需要时间的。

我们现在在做的工作可能和两年后完全不一样。150 年前，美国 70%是农民，现在只有 1%的农民，难道那 69%的农民就失业了？并不是，设想一下，在多年之后，工作可能就不存在了，我们在不断的时代的演变中，不断改变。

先去做，去尝试，去探索然后再思考，再规划，再去重复试验。要先做后想，再做再想。如果没有做就去思考，只是纸上谈兵。所以我们需要不断学习，不断接受新的技能心得知识。我们要迎合这个时代的变化，所有人都是新手。

学习是不断创新的，如何去创造新的东西，如何去做创造和引领，不仅仅是学习，要去思考，勇于试错（不能害怕这个错误），犯错和学习进步不能分开。持续性的小错误的容忍性，才能有大的创新的推动。最核心的一点，是需要有思考的原型，然后把它延长下去。

第十一个趋势：提问（Questionning）好问题比完美的答案更重要

今天要找到答案很容易，你可以问百度，可以问谷歌，还有各种 AI，他们都特别棒，回答变得越来越便宜。但是同时，提问变得越来越贵了，我们必须要培训人们去提问，让他们创造问题，一个好的问题，会比一个完美的回答更有价值。

你必须要有非常好的驾驭问题的思维方式，因为问题本身可以开发一个新领域，是一个最好的推送者，像引擎一样，推动人的思维去不断创造。

问题比回答更有意义，好的问题是新的领域，问一个好的问题，必须要有一个驾驭问题的能力。必须要有意识去挖掘问题，不管设想是怎样的，问题要提出来。

# 主题四　创业优惠政策

## 一、大学生创新创业有关的国家优惠政策

创业政策是政府出台支持大学生创业的规定，包括国家和地方政策，如简化办证流程、税收优惠、贷款支持等。

### （一）国务院支持大学生创新创业文件汇编

（1）《国务院办公厅关于同意建立推进大众创业万众创新部际联席会议制度的函》。

（2）《国务院办公厅关于支持农民工等人员返乡创业的意见》。

（3）《国务院办公厅关于发展众创空间推进大众创新创业指导意见》。

（4）《国务院关于大力推进大众创业万众创新若干政策措施的意见》。

（5）《国务院办公厅关于印发进步做好新形势下就业创业工作重点任务分工方案的通知》。

（6）《国务院办公厅关于深化高等学校创新创业教育改革实施意见》。

（7）《国务院关于加快构建大众创业万众创新支撑平台的指导意见》。

（8）《国务院关于进一步做好新形势下就业创业工作的意见》。

### （二）各部委支持大学生创新创业文件汇编

#### 1．发展改革委

（1）《国家发展改革委办公厅关于做好 2019 年全国大众创业万众创新活动周组织筹备工作的通知》。

（2）《关于促进东北老工业基地创新创业发展和打造竞争新优势的实施意见》。

#### 2．人社部支持大学生创新创业文件汇编

（1）《关于协助组织参加科技特派员农村科技创新创业大赛的通知》。

（2）《关于举办中国农业科技创新创业大赛的通知》。

#### 3．财政部支持大学生创新创业文件汇编

（1）《关于支持和促进重点群体创业就业有关税收政策具体实施问题的补充公告》

（2）《关于支持和促进重点群体创业就业税收政策有关问题的补充通知》。

（3）《关于进一步扩大小型微利企业所得税优惠政策范围的通知》。

## 二、大学生创新创业主要优惠政策

### （一）税收优惠

持人社部门核发的《就业创业证》（注明“毕业年度内自主创业税收政策”）的高校毕业生在毕业年度内（指毕业所在自然年，即1月1日至12月31日）创办个体工商户、个人独资企业的，3年内按每户每年8000元为限额依次扣减其当年实际应缴纳的营业税、城市维护建设税、教育费附加和个人所得税。对高校毕业生创办的小型微利企业，按国家规定享受相关税收支持政策。

### （二）创业担保贷款和贴息

对符合条件的大学生自主创业的，可在创业地按规定申请创业担保贷款，贷款额度为 10 万元。国家鼓励金融机构参照贷款基础利率，结合风险分担情况，合理确定贷款利率水平。对个人发放的创业担保贷款，在贷款利率基础上上浮3个百分点以内的，由财政给予贴息。

### （三）免收有关行政事业性收费

毕业两年以内的普通高校学生从事个体经营（除国家限制的行业外）的，自其在工商部门首次注册登记之日起 3 年内，免收管理类、登记类和证照类等有关行政事业性收费。

### （四）享受培训补贴

对大学生创办的小微企业招用应届高校毕业生，签订1年以上劳动合同并缴纳社会保险费的，给予1年社会保险补贴。对大学生在毕业学年（即从毕业前1年7月1日起的 12 个月）内参加创业培训的，根据其获得创业培训合格证书或就业、创业情况，按规定给予培训补贴。

### （五）免费创业服务

有创业意愿的大学生可免费获得公共就业和人才服务机构提供的创业指导服务，包括政策咨询信息服务、项目开发、风险评估开业指导和融资服务跟踪扶持等“一条龙”创业服务。

### （六）取消高校毕业生落户限制

高校毕业生可在创业地办理落户手续（直辖市按有关规定执行）。

（七）创新人才培养

创业大学生可享受各地各高校实施的系列“卓越计划”、科教结合协同育人行动计划等的支撑，同时享受跨学科专业开设的交叉课程和创新创业教育实验班等服务以及探索建立的跨院系、跨学科和跨专业交叉培养创新创业人才的新机制。

（八）开设创新创业教育课程

自主创业的大学生可享受各高校挖掘和充实的各类专业课程和创新创业教育资源以及面向全体学生开发开设的研究方法、学科前沿、创业基础和就业创业指导等方面的必修课和选修课。同时，自主创业的大学生还可享受各地区、各高校推出的资源共享的慕课、视频公开课等在线开放课程和在线开放课程学习认证及学分认定制度。

（九）强化创新创业实践

自主创业大学生可共享学校面向全体学生开放的大学科技园、创业园、创业孵化基地教育部工程研究中心、各类实验室和教学仪器设备等科技创新资源和实验教学平台。他们也可参加全国大学生创新创业大赛、全国高职院校技能大赛，各类科技创新、创意设计、创业计划等专题竞赛以及高校学生成立的创新创业协会和创业俱乐部等社团，提升创新创业实践能力。

（十）改革教学制度

自主创业大学生可享受各高校建立的自主创业大学生创新创业学分累计与转换制度的新政策，如把学生开展的创新实验、发表论文、获得专利和自主创业等折算为学分，将学生参与的课题研究、项目实验等活动认定为课堂学习。同时为有意愿、有潜质的学生制订创新创业能力培养计划，以及创新创业档案和成绩单等系列客观记录，并量化评价学生开展创新创业活动情况的教学实践活动。优先支持参与创业的学生转人相关专业学习。

（十一）完善学籍管理规定

有自主创业意愿的大学生，可享受高校实施的弹性学制，放宽学生修业年限，允许调整学业进程，保留学籍休学创新创业。

（十二）大学生创业指导服务

自主创业大学生可享受各地高校对自主创业学生实行的持续帮扶全程指导、站式服务和地方高校两级信息服务平台为学生实时提供的国家政策、市场动向等信息以及创业项目对接知识产权交易等服务，也可享受各地在充分发挥各类创业孵化基地作用的基础上，因地制宜的建设大学生创业孵化基地和相关培训、指导服务等扶持政策。

## 三、大学生创新创业政策简明阐释

现在，国家倡导“大众创业，万众创新”，国家和地方都相继出台了支持创业的相关政策及准备改革的政策，现简明阐释如下。

### （一）关于放宽注册资本登记条件

高校毕业生申办个人独资企业、合伙企业，不受资金数额限制。政策鼓励高校毕业生依法以知识产权、实物和科技成果等可评估的非货币资产作价出资，允许高校毕业生以股权出资自主创办企业。

### （二）关于放宽经营范围和经营场所限制

法律法规未禁止的行业和领域全部向高校毕业生开放。按照法律、法规规定的条件程序允许高校毕业生创业人员以家庭住所（经利害关系人同意）、租借房、临时商业用房和农村住宅等作为创业经营场所，凭有关证明材料进行注册登记。

### （三）关于减免有关行政管理费用

实行高校毕业生创业有关证照免费办理制度。从事个体经营的高校毕业生，符合中央和各省份有关收费减免政策的，均可享受管理类、登记类和证照类等有关行政事业性收费的优惠政策。

### （四）关于实行优质高效便捷的准入服务

各级工商部门要开通工商注册绿色通道，设立创业注册登记优先窗口，负责高校毕业生创业注册登记事项。

### （五）关于享受税收减免优惠

高校毕业生从事个体经营，销售额（营业额）未达到现行政策规定的增值税、营业税起征点的，不征增值税、营业税；开办其他生产经营服务项目，符合国家规定的，可享受相应税收优惠政策。

### （六）关于实行创业补贴

高校毕业生首次成功地从事非农产业创业并正常经营 3 个月以上的，经同级就业服务机构核实，劳动保障部门审核，财政部门复核后给予一次性创业补贴。其中，个人创业的给予一次性 200 元创业补贴，个人创业并带动 2 人以上就业的，给予一次性 3 000 元创业补贴。具体补贴办法按市财政局、市劳动和社会保障局就业专项资金使用有关规定办理。

### （七）关于实行成功创业奖励

对创业的高校毕业生，正常经营在6个月以上的，分别按以下办法奖励。

（1）对个人创办的企业，投资额度在10万元以内的一次性奖励30 000元；投资额度在10万元以上，每增加10万元（含不足10万元）另奖励3 000元，总奖励金额最高不超过9 000元。

（2）对合伙企业总投资额度不足10万元的，按合伙高校毕业生人数每人奖励3 000元，总奖励金额不超过1万元；总投资额度在10万元以上的，每增加10万元（含不足10万元）对所有合伙人另奖励3 000元，但对该企业的高校毕业生奖励金额不能超过人均9 000元。市、县（区）可结合实际开展高校毕业生创业竞赛，对在创业中取得显著成绩的高校毕业生进行表彰奖励，成功创业奖励由同级人事部门核实、财政部门复核后予以奖励。

### （八）关于实行创业吸纳就业岗位补助

高校毕业生创办的企业首次招用就业的高校毕业生，签订1年以上期限劳动合同并缴纳社会保险费的，根据招用高校毕业生人数和合同期限，按第1年1 200元每人、第2年1 800元每人、第3年2 400元每人的标准给予企业岗位补助。具体补助办法按市财政局、市劳动和社会保障局就业专项资金使用有关规定办理。

### （九）关于实行小额担保贷款扶持

高校毕业生自主创业自筹资金不足的，可申请不超过5万元的小额担保贷款；对合伙经营和组织起来就业的，可根据实际人数和经营项目，按每人5万元以内的额度核定；小额担保贷款期限不超过2年，到期确需延长的，可展期1年。对个人利用小额担保贷款从事规定微利项目的，由财政全额贴息，展期不贴息。对创办劳动密集型小企业且当年新招用城乡劳动者达到企业现有在职职工总数30%（超过100人的企业达15%）以上，并与其签订1年以上劳动合同的，可给予最高不超过200万元、贷款期限不超过2年的小额担保贷款，并按照人民银行公布的贷款基准利率的50%给予贴息。

### （十）实行创业培训援助

将有创业愿望和培训需求的高校毕业生纳入创业培训服务范围，按规定落实职业培训补贴，同时免费提供政策咨询、开业指导、融资服务和跟踪扶持等创业服务。国家鼓励大中专院校、技工学校设置创业课程，开展创业培训和创业实训。

### （十一）关于实行人事代理和社会保障服务

自主创业的高校毕业生，由公共人才服务机构提供人事代理和人才招聘服务，2年内免收人事代理服务费。享受城市居民最低生活保障的高校毕业生自主创业，前6个月实行渐退制享受城市居民最低生活保障待遇。同时，还增加了创业的机会。例如，徐州市出台《关于鼓励支持到村（社区）任职高校毕业生自主创业实施意见》，实施专项资金扶持。徐州市全民创业贷款担保基金提供 3 000 万元的贷款担保额度，专项用于鼓励扶持大学生村官自主创业。各县（市）区要设立不少于 200 万元的“大学生村官创业专项基金”，对大学生村官创业项目提供资金支持。金融机构要完善创业风险担保机制，为大学生村官创业提供小额低息或贴息贷款，大学生村官创业申请小额担保贷款的额度上限可提高到 20 万元，并逐步实现对大学生村官创业实行多渠道、多层次“输血”。

大学生村官全面享受就业创业扶持政策。对已出台的鼓励高校毕业生自主创业的税收优惠、小额担保贷款资金补贴和场地安排等扶持政策，按照职责和管理权限，进行目标任务分解，认真予以落实。对规定免收的登记类、管理类和证照类等有关行政事业性收费，一律不得再向自主创业的大学生村官收取。鼓励大学生村官以知识产权、实物和科技成果等可评估资产作价出资，允许大学生村官自主创办企业以股权出资融资。

## 课后阅读

### 十大创业新政

2015 年 4 月 27 日，国务院以国发[2015]23 号印发《关于进一步做好新形势下就业创业工作的意见》，部署进一步促进就业、鼓励创业，以稳就业惠民生助发展，这是指导当前和今后这个时期就业创业工作的纲领性文件。对《意见》进行梳理，总结为以下十大创业新政。

一、民办企业“三证合一”

深化商事制度改革，进一步落实注册资本登记制度改革，坚决推行工商营业执照、组织机构代码证和税务登记证“三证合”， 年内出台推进“三证合一”登记制度改革意见和统一社会信用代码方案，实现“照码”。

二、注册企业场所可“一址多照”

放宽新注册企业场所登记条件限制，推动“一址多照”和集群注册等住所登记改革。

三、推进创客空间等孵化模式

总结推广创客空间、创业咖啡和创新工场等新型孵化模式，加快发展市场化、专业化、集成化和网络化的众创空间，实现创新与创业、线上与线下、孵化与投资相结合，为创业者提供低成本、便利化、全要素和开放式的综合服务平台和发展空间。

四、众创空间税收优惠

落实科技企业孵化器、大学科技园的税收优惠政策，对符合条件的众创空间等新型孵化机构适用科技企业孵化器税收优惠政策。有条件的地方可对众创空间的房租、宽带网络和公共软件等给予适当补贴。

五、创业担保贷款提高额度

将小额担保贷款调整为创业担保贷款，针对有创业要求、具备一定创业条件但缺乏创业资金的就业重点群体和困难人员，提高其金融服务可获得性，明确支持对象、标准和条件，贷款最高额度由针对不同群体的 5 万元、8 万元、10 万元不等统一调整为 10 万元。鼓励金融机构参照贷款基础利率，结合风险分担情况，合理确定贷款利率水平，对个人发放的创业担保贷款，在贷款基础利率基础上上浮 3 个百分点以内的，由财政给予贴息。

六、整合发展就业创业基金

整合发展高校毕业生就业创业基金，完善管理体制和市场化运行机制，实现基金滚动使用，为高校毕业生就业创业提供支持。

七、税收减免

高校毕业生等重点群体创办个体工商户、个人独资企业的，可依法享受税收减免政策。毕业年度内高校毕业生从事个体经营，在 3 年内以每户每年 8 000 元为限额依次扣减当年应缴纳的营业税、城市维护建设税、教育费附加、地方教育附加和个人所得税，限额标准最高可上浮 20%。

八、优先转移科技成果

鼓励利用财政性资金设立的科研机构、普通高校、职业院校，通过合作实施、转让、许可和投资等方式，向高校毕业生创设的小微企业优先转移科技成果。

九、支持举办创新创业活动

支持举办创业训练营、创业创新大赛、创新成果和创业项目展示推介等活动，搭建创业者交流平台，培育创业文化，营造鼓励创业、宽容失败的良好社会氛围，让“大众创业、万众创新”蔚然成风。对劳动者创办社会组织、从事网络创业符合条件的，给予相应创业扶持政策。

十、大力加强创业教育

把创新创业课程纳入国民教育体系。《国务院办公厅关于深化高等学校创新创业教育改革的实施意见》（国办发[2015] 36 号）从健全创新创业教育课程体系、创新人才培养机制和改进创业指导服务等 9 个方面促进大学生创新创业。

# 第五讲　创业启动

## 主题一　选择合适的市场

### 一、市场细分

所谓市场细分，是指创业者通过市场调查，依据消费者的需求、购买力、购买行为购买习惯、地区文化等方面的明显差异，把某一产品的整体市场划分为若干个消费群的市场分类过程。简单来说即回答这样一个问题：哪里是我们的目标市场？

市场细分和市场定位是决定新创企业成功运作的真正核心。新创企业所有重要决定和策略都主要取决于市场调查、市场细分与市场定位。市场分析需要经过 3 个主要步骤，如图 5-1 所示。

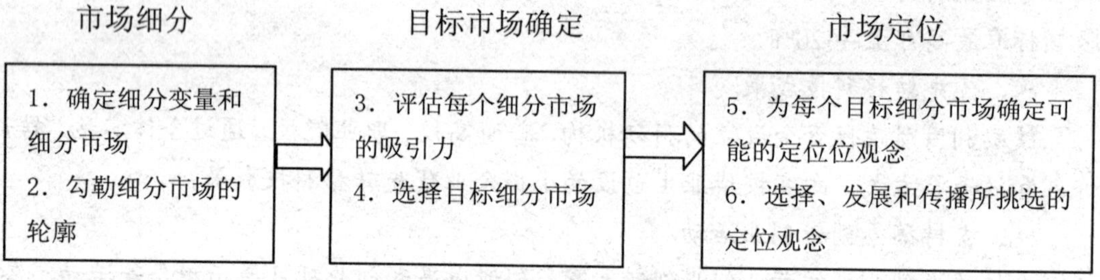


**图 5-1　市场细分、目标化和定位的步骤**

#### （一）市场细分的意义

企业对市场进行细分的意义在于：市场细分有助于企业深刻地认识市场。市场由消费者组成，而每一个消费者都是集多种特征于一体，每一种特征都可能与一部分消费者相一致，与另一部分消费者不致。市场细分提供了很好的分析工具，通过按不同标准细分，既清晰地认识了每部分，又了解了部分之间的联系。企业在市场细分的基础上，对市场整体有了既清晰又全面的把握。企业可以详细分析每-个细分市场的需求及其满足情况，寻找适当的市场机会。

（1）市场细分有助于企业发现最佳的市场机会。在市场供给看似已十分丰富，竞争者似乎占领了市场各个角落时，企业利用市场细分就能及时、准确地发现属于自己的市场机会。因为消费者的需求是没有穷尽的，总会存在尚未满足的需求。只要善于市场细分，总能找到市场需求的空隙。有时候，一次独到的市场细分能为企业创造-.个崭新的市场。

（2）市场细分有助于企业确定经营方向，开展针对性的营销活动。面对极其广阔的市场。任何企业都不可能囊括所有的需求，而只能满足其中的十分有限的部分。因此，慎重地选择自己所要满足的那部分市场，使企业的优势资源得以发挥是至关重要的。通过市场细分，企业把市场分解开来，仔细分析比较，及时发现竞争动态，避免将生产经营过度集中在某种畅销产品上，从而与竞争者一团混战；又可以将有潜力又符合企业资源范围的理想顾客群作为目标，有的放矢地进行营销活动，集中使用人力、物力和财力，将有限的资源用在刀刃上，从而以最少的经营费用取得最大的经营成果。

### （二）市场细分的准则

要做好市场细分，必须满足下列五点准则。

（1）异质性。细分变数必须反映出市场中所存在的异质性，也就是经由细分变数切割后的市场细分，必须具有不同的偏好与需要。如果细分变数不能使营销管理人员掌握到这种所存在的异质性，对于目标营销便没有帮助，也就是无法设计不同的营销战略来针对不同的市场细分。营销管理人员在选择细分变数时，必须选择最能反映市场异质性的细分变数。

（2）足量性。好的市场细分所划分出来的每个细分市场都必须足够大，以保证其能发展和支持某特定的营销组合。也就是说，营销管理人员尽管只是选择其中某一个单一细分，该细分市场也必须要有足量的潜在顾客，才有实质细分的意义。

（3）可衡量性。细分市场必须可以清楚界定并加以区分，且每个细分市场内的规模大小及其购买力也应该可以清楚衡量。

（4）可接近性。营销管理人员运用其营销组合，应该能有效地接触该细分市场和针对所形成的细分市场进行服务.

（5）可回应性。划分而成的细分市场，以公司的资源和能力来看，营销人员应该至少能找到其中一个细分市场进入，否则该细分市场的细分动作将失去意义。

### （三）影响市场细分的因素

市场细分对于企业背景具有重要意义，要使之付诸实践，就必须找到适当的，科学的细分依据。就消费市场而言，这些影响因素归纳起来主要包括地理变数，人口统计变数、心理变数及行为变数。

影响市场细分的因素如表 5-1 所示。

表 5-1　影响市场细分的因素

| 消费者市场 | | | |
|---|---|---|---|
| 地理变数 | 人口统计变数 | 心理变数 | 行为变数 |
| 气候、人口密度、城市大小、区域、国家 | 年龄段、性别、收人、民族、家庭生命周期、教育程度、职业 | 宗教、 人格、动机 | 生活形态、忠诚度、追求的利益、时机、使用率 |

### （四）市场细分的程序

市场细分是市场分析中的重要环节，市场细分是一个过程，通常需要经过下列程序来完成。

（1）选择细分目标。选择一种产品或市场范围以供研究。将要进行细分化的市场与企业相联系。

（2）确定细分变量。市场细分的变量可以是一个， 更多的是两个以上的结合，选择的依据通常是营销活动的结果与经验。

（3） 进行调查设计。目的是取得与已选细分变量有意义的数据和其他相关资料，当然，调查对象应是相关联的消费者或用户。

（4） 设计市场策略。分析与估计通过直面确定的各个细分市场的规模和性质，设计营销策略。

## 二、目标市场

所谓目标市场，是指企业营销活动所要满足的市场，是企业为实现预期目标而要进入的市场。

### （一）目标市场评价

一个企业可以从以下四个方面对目标市场作出评价：

#### 1．目标市场的潜量

首先目标市场应该有足够大的需求潜量，如果某一目标市场的潜量太小，则意味着该市场狭小，没有足够的发展潜力，企业进入后发展前景黯淡；其次，目标市场的规模应恰当，唯有对企业发展有利的潜量规模才是具有吸引力的目标市场。要正确估测和评价一个市场的需求潜量，不可忽视消费者数量和他们的购买力水平这两个因素中的任何一个。

2. 目标市场内的竞争状况

对于某一个目标市场，进入的企业可能会有很多，从而就可能导致市场内的竞争。这种竞争可能来自市场中已有的同类企业，也可能来自即将进人市场的其他企业，企业在市场中可能占据的竞争地位是评估各个目标市场的主要方面之一。很显然，竞争对手实力越雄厚，企业进入的成本和风险就越大。而那些竞争者数量较小、竞争者实力较弱或市场地位不稳固的目标市场则更有吸引力，可能加入新的竞争者，这是企业的潜在对手。它们会增加生产能力并争夺市场份额。问题的关键是新的竞争者能否轻易地进入这个目标市场。根据行业利润的观点，最有吸引力的目标市场是进入壁垒高、退出壁垒低的市场。此外，是否存在具有竞争力的替代品也是评价目标市场的方面之一。替代品的存在会限制目标市场内价格和利润的增长，所以已存在替代品或即将出现替代品的目标市场吸引力会降低。当然，最终企业自身的竞争实力也决定了其对目标市场的选择。竞争实力强，对目标市场选择的自由度就大一些；反之，受到的制约程度就高一些。

3. 目标市场所具有的特征与企业总目标和资源优势的吻合程度

企业的资源优势表现在其资金实力、技术开发能力、生产规模、经营管理能力、交通地理位置等方面。消费者需求的特点如能促进企业资源优势的发挥将是企业的良机，否则，会出现事倍功半的情况，对企业是资源的浪费，严重时甚至造成很大的损失。

4. 目标市场的投资回报水平

企业十分关心目标市场提供的盈利水平。高投资回报率是企业所追求的，必须对目标市场的投资回报能力作出正确的估测和评价。

### （二）企业涵盖市场的方式

企业确定目标市场的方式有两种：一种，先进行市场细分，然后选择一至若干个细分市场即子市场作为自己的目标市场；另一种，不搞市场细分，而是以产品的整体市场作为目标市场。如果一种产品的市场是同质市场，无需细分，创业者就以该产品的整体市场作为自己的目标市场，进行市场细分，可采用涵盖市场的方式，即产品—市场矩阵方法进行市场细分，此方法归纳起来主要有 5 种，如图 5-2 所示。

（1）产品市场集中化。即企业的日标市场无论从市场还是从产品角度，都是集中于一个细分市场。这种策略意味着企业只生产一种标准化产品，只供应某一顾客群体。

（2）产品专业化。即企业向各类顾客同时供应某种产品。当然，根据不同的顾客群。产品在档次、质量或款式等方面会有所不同。

（3）市场专业化。这是指企业向同一顾客群供应性能有所区别的同类产品。

（4）选择性专业化。这是指企业决定有选择地进人几个不同的细分市场，为不同的顾客群体提供不同性能的同类产品。采用这种策略应当十分谨慎，必须以这几个细分市场均有相当的吸引力并能实现一定的利润为前提。

（5）全面覆盖，即企业决定全方位进人各个细分市场，为所有顾客群提供他们各自需要的有差异的产品。这是大企业为在市场上占据领导地位或力图垄断全部市场时采取的目标市场范围策略。大学生新创企业基本不能采用此方式。

市场（顾客群）：甲 、乙、丙　　　　　　产品：A、B、C

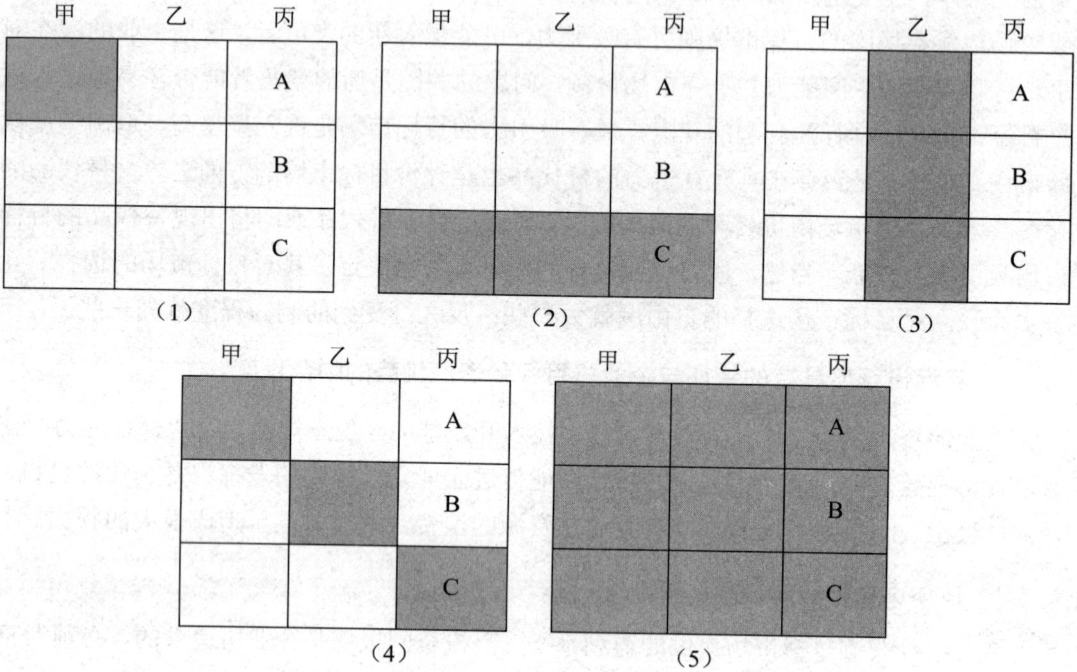


图 5-2　产品—市场矩阵图

## （三）目标市场选择策略

目标市场选择策略通常有无差异营销、差异性营销和集中性营销三种。

### 1．无差异营销

如果企业面对的市场是同质市场，即使消费者是有差别的，他们的需求也有足够的相似之处可以作为一个同质的目标市场加以对待。在这两种情况下，企业采用的就是无差异营销。该策略的具体内容是：企业把产品的整体市场看作个大的目标市场，营销活动只考虑消费者或者用户在需求方面的共同点，而不管他们之间是否存在差异。因此企业只推出单一的标准化产品，设计一种营销组合，通过无差异的大力推销，吸引尽可能多的购买者。

2. 差异性营销

采用这种策略的企业把产品的整体市场划分为若干细分市场，从中选择两个以上乃至全部细分市场作为自己的目标市场，并为每个选定的细分市场制定不同的市场营销组合方案，同时多方位或全方位地分别开展针对性的营销活动。

3. 集中性营销

企业不是面向整体市场，也不是把力量分散使用于若干细分市场，而是集中力量进人一个细分市场（或是对该细分市场进-步细分后的几个更小的市场部分），为该市场开发一种理想的产品，实行高度专业化的生产和销售。采用这种策略通常是为了在一个较小或很小的细分市场上取得较高的，甚至是支配地位的市场占有率，而不追求在整体市场或较大的细分市场上占有较小的份额。

上述几种策略各有优点和缺点，企业选择哪种策略，必须从企业的特点和条件出发，并充分考虑以下因素。

（1）产品条件。在选择目标市场策略时，首先要看企业生产经营的是同质产品还是异质产品。对某些产品，所有消费者具有大体相同的需求特征，这些产品尽管有质量上的差别，但消费者并不过分挑选，竞争焦点一般集中在价格上，对这种产品适合采取无差异性目标市场策略，如大米、小麦等。而对服装、化妆品、家用电器等消费者需求差异较大的产品，则适合采取差异性目标市场策略。

（2）产品的生命周期。一般来说，企业的新产品在初次投入市场或处于成长时期时，宜采取无差异性目标市场策略，以探测市场需求和潜在顾客情况，也有利于节约市场的开发费用；当产品进入成熟期时宜采取差异性目标市场策略，以开拓新的市场；当产品进入衰退期时宜考虑采取集中性目标市场策略，以集中力量于少数尚有利可图的目标市场。

（3）市场竞争状况。包括竞争对手是多还是少，是强还是弱，是集中还是分散，如果竞争对手较弱，企业可以考虑采用无差异性目标市场策略。此外，还应尽量避免同竞争对手采取相同的策略，以防止加剧竞争，两败俱伤。

（4）企业资源情况。如果企业资源充足，可以采取差异性目标市场策略或无差异性目标市场策略。如果企业资源有限，就应当考虑采取集中性目标市场策略，以取得在小市场上的优势地位。

## 三、市场定位

所谓市场定位，是指根据竞争者现有产品在市场上所处的位置，针对消费者或用户对该产品的某种特征或属性的重视程度，强有力地塑造出本企业产品与众不同的、给人印象鲜明的个性或形象，并通过一套特定的营销组合，把这种形象生动地传递给顾客，影响顾客对该产品的总体感觉。简单来说即回答这样一个问题：人们在目标市场中为什么要买我的产品或服务而不是其他竞争者的？换句话说就是：与其他竞争者的产品相比，人们认为我所提供的产品有什么价值？

### （一）市场定位的任务

为获得竞争优势而进行的市场定位主要包括以下几个任务：首先要明确企业可以从哪些方面差异化，次是找到企业产品独特的卖点，开发总体定位战略，即明确产品的价值方案。

#### 1. 寻求差异化

（1）产品差异化。实体产品的差异化可以体现在产品的诸多方面：形式差异，即产品在外观设计、尺寸、形状、结构等方面的新颖别致；特色，即对产品基本功能的某些增补；质量，即产品的主要特点在运用中可分为低、平均、高和超级等不同的水平。

（2）渠道差异化。通过设计分销渠道的覆盖面、建立分销专长和提高效率，企业可以取得渠道差异化优势。

（3）人员差异化。培养训练有素的人员，是一些企业尤其是服务性行业中的企业取得强大竞争优势的关键。

（4）形象差异化。有效的形象差异化需要做到：建立产品的特点和价值方案，并通过一种与众不同的途径传递这特点，借助可以利用的一切手段和品牌接触，传达触动顾客内心感受的信息。

#### 2. 寻求独特的“卖点”

有效的差异化应该能够为产品创造：一个独特的“卖点”，即给消费者一个鲜明的购买理由。有效差异化必须遵循以下几个基本原则。

（1）重要性。该差异化能使目标顾客感受到价值带来的利益。

（2）独特性。该差异化竞争者无法提供，或者企业以一种与众不同的方式提供。

（3）优越性。该差异化明显优于消费者通过其他途径而获得的相似利益。

（4）可传播性。该差异化能被消费者看到、理解并传播。

（5）排他性。竞争者难以模仿该差异化。

（6）可承担性。消费者有能力为该差异化付款。

（7）盈利性。企业将通过该差异化获得利润。

#### 3. 确定价值方案，开发总体定位战略

消费者根据自身的价值判断进行购买决策，因而确定价值方案就成为企业总体定位战略的核心内容。所谓价值方案是指企业定位所依赖的所有利益组合与价格的比较。消费者往往以此作为价值判断的依据。其公式如为

$$V=B/P$$

式中，$V$=价值，$B$=总利益，$P$=价格。

### （二）定位方式

市场定位是一种竞争策略，显示了一种产品或一家企业同类似的产品或企业之间的竞争关系。定位方式不同，竞争态势也不同，下面分析三种主要定位方式。

（1）避强定位。这是指企业力图避免与实力最强或较强的其他企业直接发生竞争，面将自己的产品定位于另一市场区域内，使自己的产品在某些特征或属性方面与最强或较强的对手有比较显著的区别。

（2）迎头定位。这是指企业根据自身的实力，为占据较佳的市场位置.不惜与市场上占支配地位、实力最强或较强的竞争对手发生正面竞争，而使自己的产品进人与对手相同的市场位置。

（3）重新定位。这是指对销路少、市场反映差的产品进行二次定位。重新定位旨在摆脱困境，重新获得增长与活力。

企业使用上述基本策略制定某种具体的定位方案时，也可考虑企业自身资源、竞争对的可能反应、市场需求特征等因素。

## 课后阅读

### 做出最理性的创业决策

在创业开始之前，大学生需要评估自己的优势和劣势，看看自己是否具备创业的素质和能力。大学生可在认真思考后回答以下问题，来初步判断自己是否应该做出开始创业的决策。

一、你适合创业吗？

作为创业者或者小企业的领导者，在如何拓展业务、如何定位市场、如何管理财务和员工等各种细节中，经常需要做出决定，而这些决定是在压力环境下要求你迅速独立完成的。创业需要热情、需要理念，更重要的还需要你的能力。你的策划和组织能力如何？你的团队组建和管理能力如何？你的决策和综合管理能力如何？你的创业风险（资金风险、竞争风险、团队分歧风险、核心竞争力缺乏的风险等）规避能力如何？

二、你能长时间保持创业激情吗？

运营一个企业，有时能把你的意志耗尽。认真检查你个人拥有的技能、经验和意志。因为有可能在相当长的一段时间内，企业的业务没有进展，有可能会出现与员工发生思想激烈碰撞的现象，不理解你、不支持你的现象也可能会经常发生，这将会使你感到郁闷、孤独，你准备如何承受？你承受得了吗？创业者强烈的创业激情和坚强的意志，能够使其企业成功，并且在遇到经济衰退等困难的时候帮助他顽强地生存下来。因此，检查你选择自主创业道路的原因，确认这些原因在今后创业的道路上无论碰到什么困难，都将激励你勇敢地坚持下去。至少你的创业冲动能够强到使你长时间保持创业的激情。

三、你的身体和精神状态适合创业吗？

创业过程充满挑战，意味着长期而艰苦的工作。同时，创业也意味着创业者需要更加努力、自觉地工作，将失去很多休息时间。身体健康是承受创业高强度体力和精神压力的前提，你的身体健康状况是否允许你从事这样的工作？因为在创业过程中，有时会令人非常兴奋和愉快，有时会给人带来烦恼和颓丧，你有没有这样的心理准备？

四、你的家庭支持你创业吗？

和谐稳定的家庭是事业成功的基础。创业之初对你的家庭生活影响很大，能否成功，你的家庭支持也很重要，你确信你的家庭会支持你吗？

五、你准备承受创业初期的风险了吗？

创业始终伴随着风险。在确定了创业目标后，创业者接下来要问的问题是：创业的风险有哪些？我创业最坏的结果是什么？我能否接受？我能否从坏结果中走出来？

## 主题二　新创企业的法律形式

大学生创业的法律形式，除了个体工商户，主要是企业。个体工商户不是企业的组织形式，申请个体工商户的程序比较简单，包括到工商管理部门办理营业执照、到税务机关办理税务登记证和到卫生部门办理健康证。企业是依法设立的经济组织，按照组织形式不同，可以分为个人独资企业、合伙企业、公司企业。对于初步创业者来说，了解企业的法律形式并选择适合自己的企业形式是创业能否成功的关键。

### 一、个人独资企业

个人独资企业，是指依法设立，由一个自然人投资，财产为投资者个人所有，企业名称不能使用“有限”“有限责任”或“公司”字样，并以其个人全部财产（包括家庭财产）对企业债务承担无限责任的经营实体。

个人独资企业往往规模较小，可从事的行业有工业、交通运输业、建筑业、小型加工业、商业、饮食服务业、修理业、科技咨询以及文化娱乐业等。

#### （一）个人独资企业的法律特征

（1）个人独资企业的出资人是一个自然人，并且具备权利能力和行为能力，我国法律、行政法规禁止从事营利性活动的人不能作为独资企业的出资人，如国家公务员等。

（2）个人独资企业在法律上是非法人企业，不具备法人资格，因而又可称为自然人企业。

（3）企业主对企业享有全部权利，企业主个人就代表企业，对企业的财产拥有所有权并可直接控制支配，企业主负责企业的全部生产经营活动，其他人不能干涉企业经营，体现了所有权、控制权、管理权的完全合一。

（4）企业主对企业债务承担无限责任，不仅要以投入企业的财产为企业清偿债务，而且还要以个人的其他财产为企业清偿债务，企业主个人的信用就是企业的信用，风险较大。

## （二）个人独资企业的优点

（1）企业设立、转让和解散等行为手续非常简便，仅需向登记机关登记即可。

（2）独资经营的制约因素较少，经营方式灵活，能迅速对市场变化作出反应。

（3）利润归企业主所有，不需要与其他人分享。

（4）在技术和经营方面易于保密，利于保护其在市场中的竞争地位。

（5）若企业主因其个人努力而使企业获得成功，则可以满足个人的成就感。

## （三）个人独资企业的缺点

（1）当个人独资企业财产不足以清偿债务时，企业主将依法承担无限责任，必须以其个人的其他财产予以清偿，因此经营风险较大。

（2）个人独资企业受信用限制，不易从外部获得资本，如果企业主资本有限或者经营能力不强，则企业经营规模难以扩大。

（3）如果企业主发生意外事故或者犯罪、转业、破产，则个人独资企业也随之不复存在。

## （四）成立个人独资企业应提交的材料

个人独资企业的设立、变更、注销，应当依照《个人独资企业法》和《个人独资企业登记管理办法》的规定，在所在地的工商行政管理部门办理企业登记。个人独资企业经登记机关核准登记，领取营业执照后，方可从事经营活动。大学生登记应提交的材料有以下几个。

（1）大学生本人签署的个人独资企业设立申请书。

（2）大学生身份证明，即大学生本人身份证和学生证。

（3）企业住所证明。大学生创业多以租房为主，如果租房，注册登记时要向工商部门出示租房合同、房主身份证、房主的房产证。

如果新创企业从事（如烟酒经营、书报刊经营等）的业务是我国法律、行政法规规定须报经有关部门审批的，应提交有关部门的批准文件，即“前置审批”。

如果委托代理人申请设立登记，应提交大学生投资人的委托书和代理人的身份证明或者资格证明。大学生在选择新创企业的法律形式时，须熟知相关的法律规定，这是取得创业成功的前提。

大学生创业因受资金限制，大多数成立个人独资企业，对于这种企业法律形式，大学生在准备创业时应了解个人独资企业投资人对企业债务的无限责任。同时，在清楚无限责任的基础上，选择创业形式时还要理解个人财产与家庭财产关系，是否为共同财产、是否存在转移或隐匿财产、是否存在担保、债权是否已过除斥期间等。大学生创业本来就存在很多不可预知的风险，熟知《个人独资企业法》和《个人独资企业登记管理办法》对避免创业后期的法律纠纷是非常有帮助的。

#### （五）个人独资企业的利润分配、风险承担和纳税管理

个人独资企业可以采取两种形式管理企业事务：投资人自行管理企业事务；委托或者聘用其他具有民事行为能力的人管理企业事务。这两种形式获取的利润都由投资人自己拥有。

投资人委托或者聘用其他人管理企业事务的，应当与委托人或者被聘用人签订书面合同，明确委托的具体内容和授予的权利范围及薪酬。受托人或被聘用人应当按照所签订的合同负责管理企业事务。

我国税务机关对个人独资企业会计核算要求不高，税款一般是按照定期定额的方式征收，实际税负也不高。所谓“定期定额”税收方式，就是无论企业营业额多少，都按规定的一个额度征收，此种形式非常适用于个人独资企业。

### 二、合伙企业

合伙企业是指依法设立的，由两个或两个以上合伙人订立合伙协议，共同出资、合伙经营、共享收益、共担风险，并且对合伙企业债务承担无限连带责任的营利性组织。

合伙企业必须有两个以上具有完全民事行为能力的合伙人，并且都是依法承担无限责任者。我国法律、行政法规禁止从事营利性活动的人（如国家公务员等），不能作为合伙企业的合伙人。

#### （一）合伙企业法律特征和事务执行

**1. 合伙企业法律特征**

（1）合伙协议是合伙企业成立的基础。合伙人可以通过协商，在合伙协议中约定各自的权利与义务关系。合伙企业利润分配、亏损承担的比例、货币以外出资的评估作价、合伙决议的表决方法:退伙人的财产退还办法等都可以由合伙人在合伙协议中自行约定，只有在合伙协议没有约定或约定不明的情况下，才使用《合伙企业法》中的规定。

（2）合伙企业不具有法人资格，具有典型的人合性特点。其人合性表现为：合伙人都有平等参与生产经营的权利，合伙企业在进行重大决策时，合伙人意见必须一致；

当合伙人需要退出投资时，易受到资金的限制，不能很快退出，不像公司的股票，销售或转让即可；合伙人想增加投资时也需要得到全体合伙人的同意。

（3）合伙人的投资方式多样。合伙企业因不具有法人资格，合伙人要负连带责任，故法律对它并无注册资本的要求。依照《合伙企业法》的规定，合伙人可以用货币、实物、土地使用权、知识产权或者其他财产权出资，经全体合伙人协商一致，合伙人也可以用劳务出资。在现实中，有的合伙人还出现以时间、技术或个人信用作为对企业出资的情况，但在利润、风险承担、经营管理决策上，享受的权利与义务有差别。

（4）合伙企业的合伙人对企业债务承担无限连带责任，合伙企业结束或清理时，合伙企业财产不足以抵偿企业债务，合伙人应以其在合伙企业出资以外的财产清偿企业债务。每一个合伙人对企业的债务都有清偿的义务，企业债权人可以合伙企业财产不足的理由向任何一个合伙人要求偿还债务。

《合伙企业法》对第三人的入伙作出了较为严格的规定。首先，新合伙人入伙时，应当经全体合伙人同意；其次，依法订立书面入伙协议；最后，合伙企业应当在作出接纳新合伙人的决议之前 15 日内，向企业登记机关办理有关登记手续。

在合伙企业成立之后，合伙企业的财产相对于合伙人的个人财产而言在形式上是独立约，但是该合伙企业对合伙财产不享有独立的权利。合伙人对合伙财产依然享有所有权（共同所有），因此合伙企业财产和其个人财产无法截然区分。在合伙人财产不足以清偿其个人债务的时候，债权人可以请求人民法院执行该合伙人在合伙企业中的财产。

**2．合伙企业的事务执行**

小规模的合伙企业共同执行企业事务，规模较大的合伙企业则因合伙人较多难以共同执行企业事务，因此法律许可其经全体合伙人同意可委托少数合伙人执行企业事务，受委托执行合伙事务的合伙人称为执行事务合伙人。执行事务合伙人产生后，其他合伙人不再执行合伙企业事务，但有权监督检查执行合伙事务的情况。执行事务合伙人不得自营或者同他人合作经营与本企业相竞争的业务。执行事务合伙人如有损害合伙企业或全体合伙人利益的行为，其他合伙人有权撤销其委托。

合伙人依法或者按照合伙协议对合伙企业有关事项作出决议时，除法律另有规定或合伙协议另有约定外，一般实行一人一票的表决方法。合伙企业的下列事务须经全体合伙人同意：处分合伙企业的财产、改变合伙企业名称、转让或者处分合伙企业的知识产权和其他财产权利、以合伙企业名义为他人提供担保、向企业登记机关申请办理变更登记手续、聘任合伙人。

《合伙企业法》规定，在下述情况下，经其他合伙人的一致同意，可以将合伙人除名：①未履行出资义务；②因故意或者重大过失给合伙企业造成损失；③执行合伙企业事务时有不正当行为；④合伙协议约定的其他事由。

合伙业务执行人是合伙人共同推举出来的业务执行人，其应当依照法律的规定和合伙协议的约定，诚实履行业务。合伙业务执行人不得利用执行业务的便利，为自己或者亲朋谋求不正当利益。如果其行为达到了严重损害其他合伙人利益的程度，则其合伙人有权将其除名。

### （二）合伙企业的优点

（1）由于出资人较多，扩大了资本来源和企业信用能力。

（2）由于合伙人具有不同的专长和经验，能够发挥团队作用，增强了企业的决策能力和管理水平。

### （三）合伙企业的缺点

（1）合伙人承担无限连带责任，使其家庭财产具有经营风险。

（2）产权不易流动。合伙人不能自由转让自己所拥有的财产份额，必须经全体合伙人同意，接受转让的人也必须经过所有合伙人的一致同意。

### （四）成立合伙企业应提交的材料

依照《合伙企业法》规定，合伙企业的设立、变更、注销，都需要到所在地工商局（所）办理手续。大学生成立合伙企业需要向工商局（所）提交以下材料。

（1）合伙企业设立登记申请表，去工商局（所）领取或在工商局（所）网站下载。

（2）合伙人登记表。

（3）住所、经营场所证明。

（4）全体合伙人和执行合伙企业事务的合伙人名单。

（5）合伙企业设立登记审核意见表。

（6）合伙企业合伙协议。

（7）合伙人身份证复印件。

（8）产权证明复印件。

### （五）合伙企业的利润分配、风险承担和纳税管理

#### 1. 利润分配

按照《合伙企业法》规定，合伙人可以用货币、实物、土地使用权、知识产权或者其他财产权利出资；上述出资应当是合伙人的合法财产及财产权利。

对货币以外的出资需要评估作价的，可以由全体合伙人协商确定，也可以由全体合伙人委托法定评估机构进行评估。经全体合伙人协商，合伙人也可以用劳务出资，其评估办法由全体合伙人协商确定。

合伙企业的利润和亏损，由合伙人依照合伙协议约定的比例分配和分担，合伙协议并未约定利润分配和亏损分担比例的，由各合伙人平均分配和分担。

2．风险承担

按《合伙企业法》规定，合伙企业解散后应当进行清算，并通知和公告债权人，清算人由全体合伙人担任；不能由全体合伙人担任清算人的，经全体合伙人过半数同意，可以自合伙企业解散后 15 日内指定一名或者数名合伙人，或者委托第三人，担任清算人。15 日内未确定清算人的，合伙人或者其他利害关系人可以申请人民法院指定清算人。

请算人在清算期间执行下列事务：①清理合伙企业财产，分别编制资产负债表和财产清单；②处理与清算有关的合伙企业未了结的事务；③清缴所欠税款；④清理债权债务；⑤处理合伙企业清偿债务后的剩余财产；⑥代表合伙企业参与民事诉讼活动。

合伙企业财产在支付清算费用后，按下列顺序清偿：①合伙企业所欠招用的职工流和劳动保险费用；②合伙企业所欠税款；③合伙企业的债务；④返还合伙人的出资。

合伙企业财产按上述顺序清偿后仍有剩余，由合伙人依照合伙协议约定的比例分配；合伙协议未约定利益分配的，由各合伙人平均分配和分担。

合伙企业清算时，其全部财产不足清算其债务的，由合伙人按照合伙协议的比例承担清算责任，合伙协议未完成约定亏损分担比例的，由各合伙人平均分担办法，用其在合伙企业出资以外的财产承担清算责任。合伙人由于承担连带责任，所清偿数额超过其应承担的数额时，有权向其他合伙人追偿。

合伙企业解散后，原合伙人对合伙企业存续期间的债务仍应承担连带责任，但债权人在五年内未向债务人提出偿债要求的，该责任消失。

3．纳税管理

合伙企业不征收企业所得税，不存在所得税的重复征税的问题。合伙企业所得税的征收方式为先分后税，如果投资人多，势必降低个人所得税适用税率。合伙企业的合伙税收负担的高低取决于分得红利的金额大小，金额大，适用的税率就高。

## 三、公司制企业

公司制企业是按照《中华人民共和国公司法》在中国境内设立的有限责任公司和股份有限公司。有限责任公司的股东以其认缴的出资额为限对公司承担责任，股份有限公司以其认购的股份为限对公司承担责任。股份公司的最低注册资本为 500 万元，且需经省级政府的批准，对于创业大学生来说成立股份有限公司不大可能。因此，主要介绍有限责任公司。

### （一）有限责任公司的法律特征

有限责任公司是由股东共同出资设立的法人组织，股东以其全部出资额作为公司全部资产，对公司承担全部责任，股东人数在50人之下，一般适合于中小企业。

有限责任公司不能清偿到期债务，就要依法宣布破产。这就从制度上保护了投资者、经营者和债权人的合法权益，在分担风险的同时，加速了资本集中。

有限责任公司实行“资本三原则”，即资本确定原则、资本维持原则和资本不变原则。资本确定原则是指公司在设立时，必须在章程中对公司资本额作出明确规定，并由全部股东认可，否则公司不能登记成立。《公司法》规定：有限责任公司的注册资本为在工商局登记的全体股东实缴的出资额。资本维持原则是指公司在存续过程中，应经常保持与其资本额相当的财产，以防止资本的实质减少，保护债权人的利益，同时防止股东对盈利分配的过高要求，确保公司业务活动的正常开展。资本不变原则是指公司的资本一经确定，就不得随意改变，如需增减，必须严格按照法规程序进行；资金投入也不能像企业贷款那样到期还本付息，只能通过利润分配形式取得回报。

### （二）有限责任公司优点

（1）有限责任公司最低注册资金为3万元，注册资金还可以分期付款；两年内分期支付，首付只需20%。

（2）新公司法规定一个股东可以注册为有限公司，一人有限公司的最低注册资本抬高为人民币10万元。

（3）由于有限责任公司是以出资人的出资额为限承担公司的经营风险，这就促使投资人敢于分散投资，通过优化投资组合取得最佳的投资回报。

（4）从公司的角度而言，可以吸引多个投资人，促使资本的有效集中，而且产权主体多元化，必然促使公司形成有效的公司治理结构，促使决策科学化、民主化。

（5）有限责任公司由股东选举和更换董事，由董事会聘任或解聘公司经理。公司财产所有权和经营权分离，有利于公司经营稳定，有利于企业扩张。

### （三）有限责任公司缺点

（1）双重纳税，即公司盈利要上交企业所得税，当利润作为股息派发给股东后，股东还要上交企业或投资的所得税或个人所得税。

（2）由于不能公开发行股票，筹集资金的范围和规模一般不会很大，难以适应大规模的生产经营需要。

（3）由于产权不能充分流动，企业的资产运作也受到限制。

## （四）有限责任公司的设立条件和登记程序

### 1．设立条件

根据《公司法》的规定，设立有限责任公司，应当具备下列条件：股东符合法定人数（150 人）、股东出资达到法定资本最低限额、股东共同指定公司章程、有公司名称、建立符合有限责任公司要求的组织机构、有公司住所。上述条件具体如下。

（1）股东条件。《公司法》规定，有限责任公司由 50 个以下股东出资设立，取消了原有限责任公司股东最少 2 人的下限，允许设立一人公司。

（2）财产条件

①最低注册资本限额。《公司法》规定，有限责任公司注册资本的最低限额为人民币 3 万元。如果一人成立有限责任公司，需要一次性缴足出资额，2 人以上成立有限责任公司的注册资本可以分期缴纳。

②注册资本的首次出资额和期限。《公司法》规定，有限责任公司的注册资本为在工商局登记的全体股东认缴的出资额。公司全体股东的首次出资额不得低于注册资本的 20%，也不得低于法定的注册资本最低限额，其余部分由股东自公司成立之日起两年内缴足。其中，投资公司可以在 5 年内缴足。

③缴纳注册资本的出资形式。《公司法》对股东出资的形式作了规定。股东可以用货币出资，也可以用货币估价形式出资，如用实物、知识产权、土地使用权等估价出资，还可以用依法转让的非货币财产作价，作价不得高估或低估。《公司法》还规定，全体股东的货币出资额不得低于有限责任公司注册资本的 30%。

④注册资本的缴纳方式。股东应当按期足额缴纳公司章程中规定的各自所认缴的出资额。股东出资缴纳方式随出资形式而定，以货币出资的，应当将货币出资足额存入有限责任公司在银行开设的账户；以非货币财产出资的，应当依法办理其财产权的转移手续。该转移手续一般应当在 6 个月内办理完毕。

（3）组织条件。组织条件包括公司名称、住所、章程以及依法建立的组织机构等。

公司章程是由设立公司的股东共同制定，对公司、股东、董事、监事、高级管理人员具有约束力的调整公司内部关系和经营行为的公司规范性文件。公司章程是一个法定性的文件，是公司设立的必备条件之一，同时是一个体现公司自治规则和自治手段的文件；公司章程是一个公开性的文件。

### 2．登记程序

（1）公告。登记主管机关核准登记后，应当发布公司登记公告。公告内容一般包括公司名称、住所、法人代表、公司类型、注册资本、经营范围和经营方式、注册号等。公告后，公司设立程序即为完成。公司登记的事项可以对抗第三人。公司登记的事项，不得对抗第三人。

（2）公司成立后，股东不得抽逃出资。有限责任公司成立后，应当向股东签发出资证明书。出资证明书是确认股东出资的凭证，应当载明下列事项：公司名称、公司成立日期、公司注册资本、股东的姓名或者名称、缴纳的出资额和出资日期、出资证明书的编号和核发日期。出资证明书由公司盖章。

（3）股东名册。有限责任公司应当置备股东名册。股东名册是公司为记载股东情况及其出资事项而设置的簿册，应记载下列事项：股东的姓名或者名称及住所、股东的出资额、出资证明书编号。记载于股东名册的股东，可以依股东名册主张行使股东权利。

### （五）有限责任公司的组织机构

公司组织机构是代表公司活动，行使相应职权的权利机关、决策机关、监督机关和执行机关所组成的公司机关。公司组织机构是公司规定的，具有强制性，也是公司得以设立的必要条件。有限责任公司的组织机构包括股东会、董事会、监事会及高级管理人员。

#### 1．股东会

有限责任公司股东会由全体股东组成，股东会是公司的权利机构。

首次股东会由出资最多的股东召集和主持，依法行使职权。以后的股东会，公司设立董事会的，由董事会召集，董事长主持；董事长不能或者不履行职务的，由副董事长主持；副董事长不能或者不履行职务的，由半数以上董事共同推举一名董事主持。公司不设董事会的，股东会由执行董事召集和主持。董事会或者执行董事不能或者不履行召集股东会职责的，由监事会或者不设监事会的公司的监事召集和主持；监事会或者监事不召集和主持的，代表 1/10 以上表决权的股东可以自行召集和主持。

根据《公司法》的规定，股东会作出修改公司章程、增加或者减少注册资本的决议，以及公司合并、分立、解散或者变更公司形式的决议。必须经代表 2/3 以上表决权的股东通过，这也称之为特别决议。股东会作出的其他决议，要经出席会议代表 1/2 以上表决权的股东通过，这称为普通决议。

#### 2．董事会

董事会依法由股东选举产生的董事组成，是代表公司并行使经营决策的常设机关。董事会是公司的决策机关。董事任期由公司章程规定，但每届任期不得超过 3 年。董事任期届满，连选可以连任。董事会对股东会负责。

3．监事会

监事会是由依法产生的监事组织而成，对董事和经理的经营管理行为和公司财务进行监督的常设机构。它代表全体股东对公司经营管理进行监督，行使监督职能，是公司的监督机构。

监事任期每届为 3 年，监事任期届满，连选可以连任。

监事会，或不设监事会的监事的职能主要是监督企业经营管理活动。

4．经营管理机关

经营管理机关是指由董事会聘任的，负责公司日常经营管理活动的公司常设业务执行机关。这是指公司的经理。与董事会、监事会不同的是，经理不是以会议形式形成决议的机关，而是以自己最终意志为准的执行机关。

根据《公司法》规定，有限责任公司可以设经理，由董事会决定聘任或者解聘。据此规定，在有限责任公司中，经理不再是必设机构而称为选设机构。公司章程可以规定不设经理，而设总裁、首席执行官等职务，行使公司管理职权。

## 四、选择适合自己的企业形式

根据我国相关法律的规定，创业者可以选择个人独资企业、合伙企业和公司企业等企业形式。在实际操作过程中，各个创业团队可能由于创业环境、政策扶持、项目选择和资金筹措的不同而出现不同的结果，无论选择什么样的企业法律形式，都要结合自身实际。在选择企业形式时，要了解每种法律形式的法律特征、设立条件、利润分配、风险承担和纳税管理等，考虑筹集资本费用、责任承担、经营连续性、所有权转让、资本吸引力和税收等各种因素，从而减少心理困惑，作出正确选择。

创业企业最常见的法律形式有个人独资企业、合伙企业以及公司企业，组建企业时，应综合比较各种企业法律形式的优缺点，权衡利弊，选择适合自己的法律形式。大学生创业因受资金限制，大多成立个人独资企业或合伙企业，这两种法律形式要求创业者承担无限责任。目前，国家对大学生创业提供优惠政策，准许零资本创立有限责任公司，所以有限责任公司越来越受大学生创业者的欢迎。

## 课后阅读

### 徐小平：合伙人比商业模式更重要

丘吉尔说，世界上没有永远的朋友，只有永恒的利益。于是很多创业者相信独行侠主义，信奉自己的人生哲学。但回头看那些短命的企业，却往往正是因为在创业初期没有合适的团队结伴而行，才导致了最终的失败。

很多人感叹新东方的成功，羡慕阿里巴巴的地位，惊讶小米的爆发力，但鲜有人意识到这点——如果背后没有联合创始人无论高峰还是低谷的不离不弃，很难说企业会有现在的辉煌。对于初创团队而言，合伙人比商业模式重要得多。

我认为初创企业的合伙人非常非常重要，重要的程度超过你想做的市场方向。

我最喜爱的演员罗宾威廉姆斯说过："这个人不知道是谁，这个人显然是一个奋斗者"。你能否找到马云做合伙人是非常重要的。

创业第一件事是要找合伙人，联合创始人比你的商业方向更加重要。这一点，一般人理解不了。我在多年的工作、创业、投资的过程中遇到过无穷无尽的经验智慧，让我明白了这点。

一、为什么要找合伙人？

创业为了什么？当然为了成功。

但在创业路上还应该收获合作伙伴、知己朋友、兄弟情谊。这是跟金钱与成功同等重要的东西。你的生命会因此感到更加充实，更加骄傲。

我在新东方的时候经常出差，一到外地我就感到空虚。当时我的太太孩子在加拿大，父母姐妹都在江苏，北京就是俞敏洪、王强这些共同创业、合作打拼的兄弟们。北京有新东方，也有新东方的学生，有需要我、也有我需要的那些人。

多年以后，我和王强创办真格基金，跟王强一起再次创业。我跟王强也经常会有观点的冲撞。我会收到王强的信，对我提出批评，犹如我当年进场给老俞写信批评他那样。这些信都是关于真格基金的价值观、原则、战略的讨论和争论。

有这样的合作者以及互相批评的文化，创业者和他的团队才能保持坚定正确的战略方向，保持旗帜鲜明的价值观，保持激流勇进的战斗力，去打天下。

合伙人的重要性我讲过很多，但是我希望讲得再深一点。曾经有一位海外顶级公司的顶级科学家来到我这里融资。他已经得到国内同样行业顶级公司的战略投资，他说徐老师你的品牌好，给我一笔钱，我就启动了。这家公司是一个 2B 的公司，没有合伙人，创始人拿着 100%的股份。他是一位纯科学家，不是那种市场营销管理的角色。

我说你得找一个 CEO。他说徐老师，我正在找。这时候我说，我说我告诉你，你绝对找不到。他说我给他 30%的股份，我说你找不到，他说我给他 70%，我说你也找不到。

为什么？因为找合伙人，其实比找对象还难。你们都是创业者，想一想，你是跟自己合伙人在一起的时间长，还是跟配偶在一起的时间长？

你与合伙人可能醒过来就通话，到了公司一直干到晚上筋疲力尽才回家，回家可能就睡着了。一天 24 个小时，16 个小时是和创业者合伙人在一起的，而梦中你事实上都是跟合伙人在一起，而不是和配偶在一起。

你和合伙人的关系，在某种程度上实际上超过了你和配偶的关系。我告诉这个创始人，说你这么高的地位，100%的股份，你再找一个人，一定找不到。

因为他要找的这个人是你的CEO，跟你在一起的时间会超过你的配偶，这么重要的人，你只能在工作生活中“碰到”，而不可能“找到”，即使能够“找到”，你们在一起磨合兼容的过程，也足以让一家初创公司大伤元气。

二、什么样的人才是好的合伙人？

这是《Good Will Hunting》里的一句话：什么是你的心灵伴侣？那些可以跟你较劲的，那些能够毫无保留与你沟通的人，触动你心灵的人。

只有合伙人，才有这种意愿，才有这个资格，才有这种能力。只有这种人才能在最后，你失败的时候，他跟你一起反败为胜。否则，你百分之百的股份，我干嘛要跟你一起承担风险。

方法很简单，我要做一件事，已经有了两到三个人，不能太多。股份制，新东方的股份，我也可以讲一讲，老俞50，我和王强是10和10，我们在漫长的新东方的创业的长征当中，我经常说一句话，我为了我的10%而战。

当然，我是爱俞敏洪的。如果我们不是合伙人，如果新东方的利益不跟我们捆绑在一起，假如仅仅是为了新东方培养人才的理想，我早就去团中央了，或者是去红杉了。正是因为我们的利益捆绑，我们才能在每一个艰难时刻一起挺过来。

情怀是什么？情怀是理想。人不能说我这个值多少钱，明年又值多少钱，这个不够。新东方是为了人才的培养，基金是为了让每一个在座朋友创业的梦多了一个可以找的人。做任何一件事都要有情怀，当遇到利益纷争的时候，我们就会用更高的情怀，更高的利益、价值观、责任感，这能够化解许多矛盾。合伙人制度仅仅是利益捆绑还不够，还要有梦想的捆绑，还要有价值观。

我经常说两句话。不要用兄弟情谊来追求共同利益，这个不长久，一定要用共同利益追求兄弟情意。不能纯粹为了理想去追求事业，但你的事业一定要有伟大的理想。这样的合伙人制度才能长久。

一般来说70、30或者是80、20，或者是6、2、2，在中国应该有控制的，你一定要给你的合伙人1、2个或者是3个。

三、如何解决没有合伙人的问题？

如果你没有合伙人，没有一两个核心团队成员的话，最好不要成立公司。因为一开始就会注定这家创业公司的基因有问题。那怎么解决这个问题？

第一，先找人、再找钱。先有人，再有公司。

当你已经找到钱，再去找一个人的话，你已经是被市场定价的人。这时候对于随后加入的合伙人来说，你给他多少都是一种给予、施舍，而不是说两个人一起定价，一起寻找市场的承认。

第二，股权的分配要让合伙人觉得他是你的利益共同体。如果在一个公司里，老大拿着90%的股份，剩下三四个人，每个人一两个点，这家公司基本做不大。

因为这时候那三四个人的心态不是老二、老三，而只是“小二”“小三”。他只跟着老大在一起往前走，而不是作为公司的主人。

有一句话，士为知己者死。你有这样的合作伙伴当然很棒，但这不是一个团队的最高境界，因为士为知己者死，依然是被雇佣的心态，依然是我在为你干活，就跟黑社会一样。团队的最高境界是什么？团队的最高境界是士为自己者死，不是知己，也不是他人，而是自己。

很简单，当你的二把手、三把手，你的团队，把你的事业当成他的事业，把你的身家性命当作他的身家性命，这时候这个团队就会成为战无不胜的铁军，任何利益、任何诱惑都打不垮、任何威胁都无法撼动的团队。

早期在新东方创业时，我基本是每两个月飞一次加拿大看太太孩子，呆两周再回来。有一次因为什么危机，我的飞机刚刚落地温哥华，接到俞敏洪电话，我在家住了一个晚上第二天就飞了回来。但那时候，我从没有觉得过累、不觉得烦，为什么？

因为新东方是我自己的事业，我不是在为俞敏洪干活，我在为自己干活。新东方一路过来这种时刻很多，我和俞敏洪固然有士为知己者死的情结，但最重要的心态，还是“士为知己者死”。三驾马车成为生命共同体。

对于一个创业企业来说，即使已经有一定的规模，几十人、几百人甚至更多，但真的要走得更远，走得更深，就一定要有这样的合伙人：不是创始人给了你活路，给了你机会，而是说，这就是你的事业，这就是你的未来、梦想。

四、创业者怎么面对失败？

创业本身是个滔滔不绝、生生不息的追逐之旅，和生命的本质一样。

失败之于创业的意义，如同死亡之于生命的意义——你们想想，有多少哲学家是以生命的终结为出发点来寻求生命的价值？又有多少宗教是以“往生”为终极目的来阐述生存之道？

乔布斯就曾说，“记住你即将死去”是他一生中最重要的箴言，在死亡面前，他才消除了一切喧嚣浮华，看清了对自己真正重要的东西。

1. 反思失败是为了找到成功的意义

对于创业者来说，也只有定义失败、认识失败、反思失败，才能真正去谈论和把握成功。现在最常见的对于失败的讨论，就是“已经成功”的创业者、企业家嬉笑怒骂中调侃失败的过往，谈笑间失败灰飞烟灭，一笑泯恩仇。

这是人性对于失败的恐惧感和羞耻感使然。但失败的价值不需要成功来背书。

什么时候我们可以在创业成功之前、也就是失败之时就讨论失败，坦然地面对失败的结果，自信、自在地分析失败的原因，才算是真正获得了创业的勇气和智慧，我们才能真正拜失败为我们的“成功之母”。

刚才说到，反思失败是为了找到创业的意义。那么，在风起云涌的创投浪潮里，我们为什么要创业？创业对于你们每个人，对于社会、国家，究竟意味着什么？我们又应该怎么样征服对于创业风险的恐惧，跨越对于创业失败的沮丧？

我先来讲一个故事：在直播崛起的时候，真格也投资了一家 20 多人的直播公司。有个朋友是一个传媒界大公司的高管，我鼓励他加入这家创业公司。

朋友听了我的提议，脸上显示出不可思议的表情，他说小平，有没有搞错！我现在工作稳定，家庭幸福安逸，你让我放下“金饭碗”去这么小的一家创业公司，万一倒闭了怎么办？这不是存心坑我吗？

我对他说：这家公司可能会成为下一个花椒、映客，成为 10 亿美元的独角兽。但它确实也有可能会垮掉，让你流离失所。但记住：从根本意义上，我让你去的不是这家公司，而是一个新兴的行业。

直播行业、流媒体、新媒体、自媒体……新技术革命带来的媒体的变革，将产生远远超过传统媒体的就业机会和财富机会。把我推荐的这家公司，当作进入一个新时代的山门，你会为你的选择庆幸而骄傲。后来，这个朋友还真的加入了这家创业公司。不久之后，这家公司果真没有如愿做成。但这位朋友告诉我，在他有意离开这家公司之时，直播行业的头部公司纷纷向他发出邀约，请他去做高管。这个朋友在一家“失败”的创业公司，实现了人生的飞跃。他不是去企业捞金，而是把自己变成了纯金。他不是放弃了传统媒体的过去，而是拥有了新媒体的未来。

个案不足以说明一切。但我这个朋友的故事，代表了这个时代职场人才蜕变和升华的经典模式。优步中国虽然在共享出行大战中败给了滴滴，但它却成了为共享行业培养顶尖人才的黄埔军校。一家创业公司倒下，无数行业精英崛起。这样的故事，在电商、团购、共享出行、共享单车、直播等等新兴行业都在上演。

2. 创业者是不会失败的

我过去曾经说过，“创业者是不会失败的，只要他不放弃”。这不完全准确，更为准确的是，公司可能会倒闭，但行业却基业长青。

之所以说创业者是不会失败的，是因为你创业，创的不止是自己的事业，而是一个行业，你自己的事业可能会失败，但你却获得了在全行业获得成功的优秀竞争力。

只要你做人不失败，即使你的公司倒闭了，同行也必定会来邀请你加入。对于创业者和创业公司的员工来说，阶段性的风险换来的是终身武艺，在创业公司之间的流动和“移民”之中，在行业的水涨船高之中，人的价值也在成倍地增长。

所以，创业到底有没有风险？

创业失败，确实会带来刻骨铭心的痛，但你的失败，意味着你获得了在新经济洪流里搏击风浪的资本。创业经历，即使是失败的，也依然是一笔宝贵财富。

我们希望这个时代不再认为创业失败是一种沉重的代价，一种难以启齿的丑闻，而把它看作一种潜伏，一种养精蓄锐、蓄势待发。在创业的蓝海里，失败只不过相当于呛了第一口水而已，而远方海岸线的壮丽风景依然在向你发出召唤。

创业有风险，行业永留存。创业有风险，创业得永生！我们应该把创业失败，理解为是离创业成功更进一步的喜讯。对于风险和失败的恐惧，是弥漫着整个中国创投领域最后一道乌云。

通过失败研究，我们希望驱除这最后一丝阴影——假如我们都能把失败看成是成功的一个过渡，把自己特定公司的塌方看成是通往普遍行业的桥桩，那整个社会对于创业风险的观念和认知，也会发生革命性的变革。

创业成功固然可喜可贺，创业失败，同样是人生点石成金的瞬间。

# 第六讲　创业管理

## 主题一　创业风险管理

创业风险是指给公司财产与潜在获利机会带来损失的可能性。这里所说的公司财产，不仅是指那些具有实际物理形态的物资，如库存或设备等，同时包括公司人力资源、技术和声誉等其他“软”物资。

任何一家运营中的企业每天都会面临着一定的风险，新创企业自然也不例外。风险是可以被感知和认识的客观存在，无论从微观角度还是宏观角度，都可以进行判断和估计，从而对创业风险进行有效的管理。因此，新创企业在开办之初，就要查找并确认企业可能存在的各种风险，制定并执行各种有效的应付风险的对策，把风险损失限制在企业所能承受的最小范围内。

### 一、创业风险的识别与防范

#### （一）创业风险的识别

既然创业风险是创业过程中不可避免的现象，那么直面风险并化解之，是创业过程中的重要任务，风险识别是应对一切风险的基础，只有识别了风险才可能有化解的机会。同时风险也是一种机会，应该开拓、提高它积极的作用。

创业风险识别是创业者依据企业活动，对创业企业面临的现实以及潜在风险运用各种方法加以判断、归类并鉴定风险性质的过程。创业者都必须掌握风险识别的能力，并不断提高这种能力。

**1．树立风险识别的基本理念**

作为创业者，应该正确树立识别企业风险的基本理念，主要具备以下意识。

（1）有备无患的意识。创业风险的出现是正常的，带来一些损失也是正常的，既不能怨天尤人，也不能骄兵轻敌。关键的问题是要密切监视风险，减少损失，化解不利，甚至转化为盈利的机会。

（2）识别风险的能力。发现和识别风险，是为了防范和控制风险。如果创业者在企业未发生损失之前就能够识别风险发生的可能性，那么这个风险是可能被管理的，因此，风险识别是进行风险管理基点。

（3）未雨绸缪的观念。创业风险需要创业者通过创业活动的迹象、信息归类，认知风险产生的原因和条件，不仅要识别风险所面临的性质及可能的后果，更重要的是（也是最困难的）是识别创业过程中各种潜在的风险，为采取有效措施提供依据。

（4）持之以恒的思想。由于创业风险伴随着整个创业过程，同时风险具有可变性和相关性的特点，所以创业者必须要有“持久战”的准备。风险的识别工作应该是连续地、系统地进行，并成为企业的持续性、制度化的工作。

（5）实事求是的精神。虽然风险识别是一个主观过程，但是必须遵循客观规律。风险识别是项复杂而细致的工作，要按特定的程序、步骤、选用适当的方法逐层次地进行分析各种现象，并成为企业项实事求是地做出评估。

**2．掌握风险识别的基本途径**

创业风险的识别途径，重点从风险的来源上人手，即自然因素和人为因素两大方面。

（1）自然因素。比如，地震多发区、台风多发区和炎热地区。这与企业的选址、项目有着密切关系。又如对于许多行业来说，必须注意会影响到原材料供应的矿产、能源、农产品以及交通问题。

（2）人为因素。主要应了解一个国家或者地区的政经制度、法律政策、民情民俗以及企业周边的营运环境等。

**3．了解识别风险的方法和步骤**

在风险识别之后，就必须进行风险评估，这需要一定的专业知识，必须根据不同性质与条件，按照定的途径，运用一定的方法，或者借助定的工具来实施。

一般而言，风险识别的方法包括：信息源调查法、数据对照法、资产损失分析法、环境扫描法、风险树分析法、情景分析法、风险清单法。

有能力的企业也可以自行设计识别的方法，比如专家调查法、流程图分析法、财务报表分析法、SWOT 分析法等。识别风险的步骤如下。

（1）信息收集。首先要通过调查、问讯、现场考察等途径获得。其次，需要敏锐地观察和科学地分析，对各类数据及现象作出处理。

（2）风险识别。根据对于信息的分析结果，确定风险或潜在风险的范围。

（3）重点评估。根据量化结果，运用定量分析、定性分析、假设、模拟等方法，进行风险影响评估，预计可能发生的后果，提出方案选择。

（4）拟定计划。提出处理风险的方法和行动方案。

风险识别过程中要注意以下问题。

（1）信息收集要全面。收集信息可以通过两个途径，一是内部积累或者专人负责；二是借助外部专业机构的力量。后者可获得足够多的信息资料，有助于较全面、较好地识别面临的潜在风险。

（2）因素罗列要全面。根据企业在运营过程中可能遇到的风险，逐步找出一级风险因素，然后再进行细化，延伸到二级风险因素，再延伸到三级风险因素。例如管理风险属于一级风险因素，管理者素质属于二级风险因素。

（3）最终分析要进行综合。既要进行定性分析，也要进行定量分析。

4．创业风险的防范

创业风险可分为共同风险和特有风险。共同风险是指所有创业类型都会有的风险，主要是指宏观环境的风险，包括产业政策、 法律法规的约束限制、企业股权结构和团队风险等。特有风险是指每种创业类型由其特点所特别具备的风险，包括市场风险、资金风险、潜在竞争者的风险等。据此，除了共同风险之外，不同的创业类型有各自独特的风险防范办法。

（1）共同风险。共同风险主要是来自宏观环境的风险，包括产业政策、法律法规的约束限制、企业团队和股权结构的风险。

（2）资金型的特有风险。项目的资金预算是否准确，资金的补给能否胜任项目后续投资需求。对于项目资金预算，要对项目的资金需求做准确的测量，因为如果预算过低，则会投资不足，预算过高，会使筹资压力增大和增加财务成本。规避这一风险的方法是制定详细的财务预算，包括营运资本和现金流的预算。

不同来源的资金的回报要求与项目是否匹配。相应的风险规避的方法是：对于自有资金，所投项目要高于市场平均收益率，一般可参照同期银行贷款利率。对于负债资金，资金成本不能高于该项目预期收益率，偿还期限不能短于项目投资回收期限。对于权益资本，一方面要控制其股权比例，另一方面要对权益资本的退出机制做出合理约定，因为一旦其撤资很可能会使整个项目陷于瘫痪。

来自具有资金优势的同行的威胁。潜在进入者的威胁是永恒存在的现象，所以，在今天具有资金优势的创业者，明天就有可能遭到资本大鳄的挑战和威胁。为规避这样的风险，在进入这样的行业后，必须从技术、产品开发、服务延伸等方面拓展、延伸，逐步弱化资金优势，拓展市场竞争的着力点，实行多点竞争。

（3）技术型的特有风险。技术的生命周期。对于拥有技术的创业者来说，技术的生命周期，从某种程度上而言就决定了产品的生命周期，也就进而影响到企业的生命周期，因此，技术的生命周期长短就自然成为创业者要着重考虑的因素之一。

技术的可复制和替代性。对于依靠技术优势创业的企业而言，技术能否成为市场的竞争优势，很大程度上决定了企业产品的市场占有率。

技术的壁垒是否建立。目前，由于民众法制观念的淡薄，很多拥有专有技术的创业者缺乏对知识产权保护的意识，以至技术被仿冒盗用的现象时有发生。

（4）社会资源型的特有风险。对于以人脉关系、代理特许等方式创业的情况，其风险主要来自对该资本掌控程度的高低、人脉关系能否持久和特许期限的长短。一般而言，代理特许和人脉关系都会有一定时限。所以其风险规避也就着重在延长时限和寻找替代项目上。对于依靠掌控一定社会资源创业者来说，所掌控的社会资源是否合法、能否获得法律上的保障是创业能否持续、创业成功后能否长期守业的关键。其规避方法主要是创业项目要合法，另一方面是对所有代理特许要从法律层面明确各方责权利关系。

## 二、企业创业阶段风险规避策略

### （一）应对技术风险

为应对技术风险，创业企业除了要加大研发投入，缩短研发周期外，还要加强市场研究，迅速获得现有与潜在市场的产品信息，引领所在领城产品的潮流，并继续开展与所在高校的研究合作，快速完成技术更新。另外，应注意申请技术专利保护，防止技术的扩散给创业企业带来的损失。

（1）采用模仿创新战略。模仿创新就是在创新者已经成功的技术创新基础上，投入不多的资金，模仿该项技术，并对其进行补充、提高、改良、完善的过程。模仿创新固然有跟风之嫌，但却可以节省大量的开发费用，提高成功率，缩短从技术到市场的时间，从而大大降低技术风险。

（2）组建技术研发联合体。企业进行技术创新，特别是自主技术创新，风险大，时间长，复杂性高，单个企业往往难以承受。这时如能组建技术开发联合体，可以在一定程度上化解技术开发风险。技术联合体是指两个以上的国内外法人组织联合致力于某一种技术或产品的研究开发，实现优势互补、风险共担、利益共享的一体化组织。技术联合创体通常是企业和科研机构以及大学之间的联合。建立技术联合体，可以获得符合本企业特点的新技术，并能迅速将技术转化为新产品，有效避免企业与科研院所的体系脱节，或缺乏必要的中介组织所致的企业不易获得具有开发价值的新技术问题。从而在较低风险的条件下，获得自主创新的技术，形成企业的核心竞争力。

### （二）应对市场风险

创业企业要结合发展战略，针对目标市场要求，根据外部环境因素，最有效地利用本身的人力、物力和财力资源，制定企业最佳的市场营销组合策略，最大程度地起到缓解市场风险的作用。可以在以下几个方面采取有效措施。

（1）树立以市场为导向的整合营销理念。要在瞬息万变，竞争激烈的市场中生存，创业企业必须树立正确的市场营销理念，重视市场营销的作用，这是企业开展一切营销活动的前提。创业企业要规避市场营销风险首先应该增强现代营销观念，把市场营销工作放在重要的地位。此外，在进行产品规划、价格制定、渠道选择，促销策略制定时都要以市场为导向，从顾客角度出发，同时生产研发部门应注意与营销部门配合，响应市场需求，实现技术与市场的完美结合。

（2）生产适销对路的产品。面对消费需求的不断变化和竞争对手产品更新步伐的加快，加快新产品研发的速度是预防产品风险的重要途径。面对业已发生的产品风险，尽快开发出符合市场需要的新产品是企业走出困境、摆脱困境的有效措施。企业应根据市场需求和企业目标，对产品组合的宽度、深度和关联度进行决策。在一般的情况下，扩大产品组合的宽度、增加产品线的深度和加强产品组合的关联程度，可以使企业降低投资风险，增加产品的差异性，适应不同顾客的需求，从而提高企业在某地区或某一行业的声誉。

### （三）应对财务风险

（1）根据企业的经营战略确定合理的债务结构。企业应当根据企业的经营战略安排企业的资产结构和负债结构，最优的资本结构是指企业综合资金成本率最低，股东投资利润率最高的资本结构，同时也是财务风险最小的资本结构。企业要根据自身生产经营发展状况来合理设计资本结构中各种比例关系，如负债和总资产的比例关系，负债中短期负债和长期负债的比例关系，通过对不同来源、不同时期、不同层次的各种资本要素的有机协调，达到降低财务风险，有利于企业发展的目的。

（2）做好现金预算，加强财务预算控制。创业企业在借款时就应注意安排未来还本付息的资金，否则需要借新债还旧债。民营创业企业容易发生不能支付到期债务的现金流量风险。企业可以通过编制现金预算，合理调度资金，加快资金周转，加强收支管理，加强财务预算控制，控制未来的发展规模，在现金预算和其他财务预算的监督下，避免发生由于盲目发展而陷入资金不足的困境。

（3）保持资产流动性。企业资金流转总是周而复始地进行的，因此流动性是企业的生命。企业必须加速存货周转、缩短应收账款周转期，以保持良好的资产流动性。创业企业应降低整体资产中固定资产的比重，这样就可以大大降低产品中固定成本的比重，降低了企业的经营风险。

### （四）应对管理风险

创业企业需要建立套完整的管理制度和科学的决策程序。

（1）建立健全的现代企业制度。建立科学的决策和监督机制是高技术企业控制管理风险的前提，而这些又离不开合理的产权制度与健全的创业企业内部治理结构。所以，为减少企业管理风险，企业必须要按照现代企业制度的要求，建立起真正的、完善的法人治理结构。经营者激励机制也是法人治理结构中不容忽视的重要问题，解决好经营者特别是中高层管理人员的利益分配问题，不仅可以引导他们致力于企业利益最大化，尽可能把决策风险和操作风险降到最低程度，减少经营者的短期行为，而且可以对企业“内部人控制”现象起到遏制作用。

（2）完善企业的内部控制制度。完善企业的内部控制制度的一个重要手段就是建立健全严密的内部控制系统。企业内部控制系统必须覆盖到企业的各项业务、各个部门和各级人员，并渗透到投资决策、执行、监督、反馈等各个环节。同时企业还必须建立科学的授权制度和岗位分离制度，对掌握企业内幕信息的人员实行严格的批准程序和监督处罚措施。

（3）提高决策者、管理者的自身素质。对企业中高层管理人员的使用必须坚持德才兼备的用人标准，在人员甄选过程中两方面的素质都应该列入考核内容，同时还应加强员工的职业道德教育和业务培训工作。

企业在创业的过程中，机遇与风险并存。风险控制应采取分类重点控制和阶段性控制相结合，同时要进行风险的整体监控，建立风险监控体系，使风险的控制措施更趋系统化。

## 三、创业者风险承担能力的评估

当我们必须对两个或更多潜在结果不明确的备选方案进行主观评估、决定取舍的时候，就产生了风险情景。风险就意味着既可能成功也可能失败。潜在的损失或收益越大，存在的风险就越大。风险承担者要对不确定的情况做出决定，需要平衡潜在的成功与损失。在对某个可能的选择进行决策的过程中需要考虑以下因素。

（1）这一选择有多么地吸引人。

（2）风险承担者可以接受的损失底线。

（3）成功和失败的相对概率。

（4）个人努力对增加成功可能性、减少失败可能性的影响程度。

每个人对于风险的承受能力是不一样的，有的人有足够的能力和资源去驾驭风险，那么风险因素对他来说影响并不是最重要的考量指标：而有的人可能自身无法承受创业失败带来的损失（包括物质 和心理上），那么就应该分析一下现在选择创业时机是否正确，又或者是自己根本不适合创业。对于风险的承受能力其实更多的是对创业者心理素质的考量，因为创业者一旦选择创业， 那么他面对的将不再是自己个人的事情：家庭、员工、社会责任/个人前途每一个环节都需要认真仔细的考虑、衡量。

创业者风险承担能力的评估，主要通过以下几个方面进行综合评估。

### （一）与个人目标契合程度

创业过程中遭遇的困难与风险极大，因此有必要了解创业者的创业动机，以利于判断他愿意为创业活动付出的代价程度。一般认为， 新创业机会与个人目标的契合程度越高，则创业者投入意愿与风险承受意愿自然也会越大，新创业目标最后获得实现的机率也相对较高。

（二）机会成本

参与创业需要仔细思考创业所要付出的机会成本，经由机会成本的客观判断，可以得知新创业机会是否真的对于个人生涯发展具有吸引力。

（三）对于失败的底线

创业必然需要面对可能失败的风险，但创业者也不宜将个人声誉与全部资源都压在一次的创业活动 上。理性的创业者必须要自己设定承认失败的底线，以便保留下次可以东山再起的机会。失败的底线，可以有效判断创业者的风险承受能力。

（四）个人风险偏好

创业者个人的风险偏好不同。一般来说，喜欢冒险，具有风险意识的创业者要比安全保守的创业者风险承受能力强。

（五）风险承受度

每个人的风险承受度都不一样。一般而言，风险承受度太高或太低均不利于新创业的发展。风险承受度太低的创业者，由于决策过于保守，相对拥有的创新机会也会比较少。但风险承受度太高的创业者，也会因为孤注一掷的举动，而常将企业陷入险境。个人能以理性分析面对风险的人，才是比较理想的创业者。

（六）负荷承受度

创业者的耐压性与负荷承受度，也是评量创业者风险承担能力的一项重要指针。负荷承受度与创业者愿意为新创业投入工作量多寡，以及愿意忍受的辛苦程度密切相关。

## 课后阅读

### 规避创业风险有 9 招

一、及时做出调整。以变制胜。所谓“适者生存”，强调的就是“变”，经营者要适应外都环境的变化，随出其不意，攻其不备。核心是一个“奇”字，用出奇的产品、出奇的经营理念、出奇的经营方式和服务方式去战胜竞争对手。

二、以快制胜。机不可失，时不再来，比对手快一分就能多一分机会。对什么都慢慢来、四平八稳左顾右盼的人必然被市场淘汰，胜者属于那些争分夺秒、当机立断者。

三、后发制人。从制胜策略看，后发制人比先发制人更好，可以更多地吸收别人的经验，时机抓得更准，制胜把握更大。

四、集中优势重点突破。这一策略特别适用于小企业，因为小企业人力、物力、财力比较弱，如果不把有限的力量集中起来很难取胜。

五、趋利避害，扬长避短。经营什么产品，选择什么样的市场，都要仔细掂量，发挥自己的优势。干应该干的，干可以干的，有所为，有所不为。

六、迂回取胜。小企业与人竞争不能搞正面战，搞阵地战，而应当搞迂回战，干别人不敢干的，干别人不愿干的。

七、积少成多，积微制胜。“积少成多”是一种谋略，一个有作为的经营者要用“滴水穿石”“聚石成山”的精神去争取每个胜利，轻微利、追暴利的经营者未必定成功。

八、以廉制胜。“薄利多销”是不少经营者善于采用的一种经营策略。“薄利多销”前提是能多销，“薄利少销”则是不可取的。

# 主题二　创业财务会计管理

财务管理是根据资金的运动规律，遵守国家法令制度，对企业生产经营过程中资金的形成、使用和分配，进行预测、决策、计划、控制、核算和分析，提高资金运用效果，实现资本保值增值的管理工作。

资金形成即资金的筹集活动是财务管理的本源，企业只有从各种渠道筹集到生产经营所需资金，才能够顺利开展生产经营活动；投资管理是财务管理的本质，将筹集的资金运用到能够产生最大效益的项目或资产上，才能够使投入的资金产生更大的增值，才能够实现投资者的投资目标；利润分配及其管理是财务管理的终点和起点，任何投融资活动的最终目的都是为了取得盈利，增加企业价值，而利润分配的合理性与否则会影响企业可用于再投资的内部财务资源，影响企业未来的增长潜力；企业8常的财务活动及其现金流管理是财务管理的核心内容，企业的财务管理根植于日常经营活动之中，需要为企业的采购、生产、营销与销售以及服务活动等经营活动提供全方位的财务支持。

## 一、财务管理的观念

创业者应该树立以下财务管理的观念。

### （一）货币的时间价值观念

创业者必须明白货币是有时间价值的，一定量的货币在不同时点上具有不同的经济价值，这种由于货币运动的时间差异而形成的价值差异就是利息。创业者必须注重利息在财务决策中的作用，一个看似有利可图的项目，如果考虑货币的时间价值，很可能会变成一个得不偿失的项目，尤其是在通货膨胀时期。

### （二）效益观念

有人认为公司经营在本质上就是资金的经营。取得并不断提高经济效益是市场经济对现代企业的最基本要求，创业者在财务管理方面必须牢固树立效益观念。筹资时，要考虑资金成本；投资时，要考虑收益率；在资产管理上，要用活、用足资金；自资本管理上，要保值增值，既要“开源”，也要“节流”。

### （三）竞争观念

竞争是市场经济的一般规律。在市场经济条件下，价值规律和市场机制对现代企业经营活动的导向作用在不断强化，无情地执行着优胜劣汰的原则。市场供求关系的变化、价格的波动，时时会给企业带来冲击。针对来自外界的冲击，创业者必须有充分的准备，要强化财务管理在资金筹集、资金投放、资金运营及收入分配中的决策作用，并在竞争中增强承受和消化冲击的应变能力，不断增强自身的竞争实力。

### （四）风险观念

风险是市场经济的必然产物，风险形成的原因可归结为现代企业财务互动本身的复杂性、客观环境的复杂性和人们认识的局限性等方面。在财务经营过程中，由于不确定因素的作用，使企业的实际财务收益与预期收益发生差异，而使企业可能蒙受经济损失。因此，创业者必须树立风险观念，时刻准备防范与控制风险。

## 二、财务管理的关键

### （一）加强现金流预算与控制

企业财务管理首先应关注现金流量，而不是会计利润。现金流是创业企业的命脉，其预算与控制是财务控制的一个关键点，新企业应该通过现金流预算管理来做好现金流量控制。要根据“以收定支，与成本费用相匹配”的原则，采用零基预算的编制方法，按收付实现制来反映现金流入流出；经过企业上下反复汇总、平衡，最终形成年度现金流量预算，进而制定分时段的动态现金流量预算，对日常现金流量进行动态控制。新企业要努力保障企业的账上有不少于 6 个月（完成一轮融资通常需要 6 个月时间）的现金储备，以避免资金断流。

无论为了权益融资或债务融资准备商业计划，还是做年度或季度预测或预算，都应该分析现金流；并以现金流量表为依据，将每月实际的现金流与预测或预算的相比较，注意各种变化；研究数字背后的隐含信息，分析现金流出现波动的原因，及时采取相应的控制措施。

### （二）资金控制

在市场竞争异常激烈的今天，新企业往往不得以信用形式进行业务交易，经营中应收账款比率难以降低。应收账款是一个重要的财务控制点。应收账款是指尚未收回的货款或者所提供服务应得的款项，许多大企业认为可以延迟支付小企业或新企业的欠款，因为小企业或新企业几乎没有讨价议价的能力。另外，许多新企业或者处于发展早期的企业经常通过给那些风险更大、在别处贷不到款的客户更大的个人信誉（以个人信誉来担保的应收账款）来获得业务，但这样做的隐患很大，许多初创期企业都由于未能收回欠款而导致破产。

新企业控制好应收账款应处理好三方面的问题：一是客观评价客户资信程度；二是建立合理的信用标准；三是对所发生的应收账款和客户要强化管理，制定催款计划，定期向赊销客户寄送对账单和催缴欠款通知书，或者拨打催款电话，同时要对经常性业务往来的赊销客户进行单独管理。

### （三）财务风险控制

对于初创期或成长期的企业来说，需要大量的运营资本来应付快速增长的应付账款和存货，举债经营成为企业发展的途径之一。有效利用债务可以提高企业的收益，但企业举债经营会对企业自有资金的盈利能力造成影响，由于负债要支付利息，债务人对企业的资产有优先权利，万一企业经营不善，或有其他不利因素，则企业资不抵债、破产倒闭的风险就会加大。因此，新企业必须正确客观地评估财务风险，采取稳步发展的财务策略。

### （四）增收节支，开源节流

开源节流是企业经营中最朴实、最实用的手段和策略。节流不是简单地减少支出，而是通过费用支出结构分析、支出的必要性和经济性分析，采取措施来改善费用支出的使用效果。对于新企业来讲，研发费用和销售费用是加强管理和控制的主要对象。在研发投入上，技术偏好的创业团队容易考虑技术本身的追求而忽略成果的市场需求，新企业在研发投入决策上需要重点关注研发方向的商品化前景。在营销投入上，除了规范内部制度，防止“跑冒滴漏”外，还需要注意以下两个倾向：（1）要避免因为短期的成功而简单复制到未来的营销策略上；（2）要避免病急乱投医，在企业遇到困难时自乱阵脚。新企业往往对市场导入期估计不足，实施几次营销策略不见明显成效时就乱了方寸，导致胡乱投入，寄希望于地毯式、轰炸式广告宣传，浪费资金，从而陷入更深的危机。

### （五）仔细权衡投资的回报与付出

即使在产品销售情况良好、短期现金流充裕的情况下，新企业仍然需要全面考虑新增投资的回报率、回收期，以及由于新增投资所带来的对企业现有能力的挑战和管理等连带问题；更需要客观评价新增投资的发展前景及对现有业务发展的价值。在新企业的快速成长阶段，组织的“肌体”还不够结实，市场竞争地位才刚刚确立，经营的过于分散化会削弱企业原有核心业务能力。尤其是当两项业务毫无协同效益时，这样的多元扩张战略会给原本脆弱的新企业埋下经营危机的种子。新企业必须明确战略边界，树立“有所为，有所不为”的投资理念，谨慎投资。

### （六）充分利用产业平台

对于高科技的新企业，应该充分利用所在地区的园区、孵化器等产业平台，争取政府基金及相关政策的支持，这是一种成本相对较低的缓解现金流短缺的方法。孵化器通常是大量政府政策资源的聚集地，孵化器内的新企业在政策资源上有着得天独厚的优势，通过关注、利用政府机构制定的相关法律条例，创业者有可能争取到政策性低息贷款或无偿扶持基金（如创新基金），以及写字楼或者孵化器提供的廉价房租等。

## 三、财务管理的目标

### （一）财务管理目标的重要性

财务管理目标是企业目标在财务管理活动中的体现。一般认为，财务管理目标是企业在市场环境下，通过组织财务活动、处理财务关系所期望达到的根本目的。

企业的财务活动包括资金筹集活动、投资活动、利润管理和分配活动以及日常资金管理活动等方面；企业的财务关系包括企业与股东之间的关系、企业与债权人之间的关系、企业与政府之间的关系、企业与供应商和销售商之间的关系等。企业财务管理目标在企业管理中有着非常重要的地位，具体表现在以下几点。

（1）财务管理目标是实施财务决策的判断依据。企业生存、发展的最终目标是为了取得盈利，实现价值增值。这是企业作为盈利性组织与其他非盈利性组织的根本区别，也是企业实施财务决策的价值取向。无论是企业的资金筹集决策，还是项目的投资决策，乃至企业的利润分配决策均应以企业的财务管理目标为出发点。

（2）财务管理目标是指导日常财务管理的行为准则。财务目标的定位不仅有利于指导重大财务决策，而且对日常财务管理活动也具有重大的指导作用，是指导日常财务管理工作和判断工作成效的重要标准。

### （二）财务管理的具体目标

（1）利润最大化。一般认为，利润额的高低反映企业资产利用程度的高低和经济效益的好坏，以利润最大化为财务管理目标，意味着企业生产经营所涉及的各项财务决策都必须以能否带来利润、能带来多少利润为判断依据。

（2）股东财富最大化。股东财富最大化是指通过财务上的合理运营，为股东带来更多财富。该目标强调财务管理的终极服务对象是股东，强调公司决策层与管理层对股东的财产信托责任。表明在正常经营状态下，股东以外的利益相关者无权参与公司剩余收益的分配；另外，该目标指出股东目标的根本属性是获取价值或财富，只有企业不断把利润的“蛋糕”做大，其股东及其他利益相关者的收益才会最大。

为实现企业利润最大化或股东财富最大化的整体目标，需要将其分解为财务管理活动的具体目标。如企业筹资管理的目标为在满足生产经营需要的情况下，不断降低资金成本和财务风险；投资管理的目标可表述为认真进行投资项目的可行性研究，力求提高投资报酬，降低投资风险；企业运营资金的管理目标为合理使用资金，加速资金周转，不断提高资金的利用效果；利润管理的目标为通过采取各项措施，努力提高企业利润水平，合理分配企业利润。

企业经营者应当以财务管理目标为依据，进行各项生产经营决策，不断提高企业利润，增加股东财富。

## 四、现金流管理

### （一）现金预算编制

“现金为王”一直以来都被视为企业资金管理的中心理念。企业现金流量管理水平往往是决定企业存亡的关键所在，现金不仅促使企业持续经营，还可以壮大企业。加强对企业现金流的管理，确保企业随时有足够的现金来支持经营以及支付债务，是企业财务管理的最基本原则之一。

创业者可以借助现金预算的手段，结合企业以往经验，通过精确地预测未来的现金流状况，确定合理的现金预算额度和最佳现金持有量，保证充足的流动性。

编制现金预算通常采用的方法是现金收支全额法。这一方法是把计划期内涉及到资金流动的财务活动全部加以反映。其基本结构可分为四大组成部分：预期资金流入、预期资金流出、期末资金净流量和资金融通与调剂。

#### 1．预期资金流入

预期资金流入的主要来源是产品销售收入，其次是其他业务收入、营业外收入以及投资收益等。投资者追加投入、吸收风险投资等也是企业预期资金流人的重要渠道，在预计现金流量时需予以考虑。

创业者首先需要运用科学的方法预测产品的销售量，以从预计销售的收账方面着手预测现金流动情况，区分各种产品销售中现销与赊销各自所占的比例，并分析以赊销方式实现的销售与收账之间的间隔时间，据以计算预期的现金收入。其他收入也是企业现金流入的重要内容，创业者应尽量想办法对其做出合理预计。

**2．预期资金流出量**

预期资金流出量包括采购直接材料的现金支出、直接人工支出、制造费用、销售费用和管理费用、还本付息、分红以及购买固定资产等项目中的现金支出。这些支出的数据分别来源于直接材料采购预算、直接人工预算、制造和营业费用预算、其他现金支出预算等。

（1）直接材料采购预算。直接材料采购预算是在生产预算的基础上编制的。因为产品销售会受经济发展状况、个人喜好等的影响发生变化，企业的生产计划往往不会刚刚和预算的销量相等，而是或多或少留出一部分富余，保持定量的存货，保证能在发生意外需求时按时供货，并均衡生产，节省赶工的额外支出。

创业者可以根据预计的产品销售量结合期末、期初的产品存货量，确定预算期产品生产量。其计算公式是

预计生产量＝（预计销售量＋预计期末存货）－预计期初存货

与生产预算相似，直接材料采购预算是以预计生产需要耗用的材料数量为基础，同时考虑期初、期末原材料存量来编制的。直接材料采购量的计算公式为

本期需要采购的原材料数量＝生产需用量＋预计期末存货量－预计期初存货量

企业确定了直接材料采购量后，就可以预测当期的现金支出。财务人员根据当期支付货款的金额和应付账款的详细资料和清单，考虑赊购的时间、采购过程中可能发生材料的返回和折让或享受的现金折扣等因素，编制现金预算。

（2）直接人工预算。直接人工预算也是以生产预算为基础编制的。其编制方法可以是先确定单位产品的需用工时，再乘以各期预计产品产量，得到各期需用人工小时数，最后再以各期需用直接人工小时数乘以每小时的直接人工成本，得到各期预计的直接人工成本；或根据预计生产的产品数量乘以单位计件工资得到预计的人工成本。直接人工预算与其他预算不同的是，人工工资全部以现金支付，企业直接人工预算编制完毕后，支付工资的现金流出量就可以相应确定。

（3）制造和营业费用预算。制造和营业费用是指制造费用、销售费用、财务费用和管理费用。这些费用的发生按其与产品生产量和销售量的关系，可划分为变动费用和固定费用两部分。变动费用预算可根据单位产品各明细项目的标准费用乘以预计的生产

量或销售量计算；固定费用因在相关范围内与产销量无关，无须连项预计，只根据上期数额考虑本期的变化对其进行调整即可。

（4）其他现金支出。企业除了由营业支出支付现金外，其他方面也需要支付现金。如上交所得税、购买设备、分配利润、支付固定资产租金、短期投资和长期投资的现金支出等等，这些项目均应进行分析，预计可能发生的时间和数额，列入现金收支预算。

**3．期末现金净流量、融通与调剂**

预期现金收入合计减去支出合计，就是期末的现金净流量。若期末现金净流量为正数，说明现金査余，企业可根据需要与可能，用于偿还过去的借款，或进行短期投资，但还款或投资后，仍需保持最低现金余额，以保证企业的资金供应：若期末现金净流量为负数，说明现金不足，企业需从外部筹集资金，如向银行取得新借款或发行债券或股票等方式筹资，以满足企业经营业务的需要。

现金预算的编制，以各项营业预算和资本预算为基础，它反映各预算期的收入款项和支出款项，并作对比说明。

现金预算可以是年度现金预算，也可以是月度现金预算，如果采用计算机进行编制。还可以按日进行，以更好地监控企业每日的现金流入流出数量。现金预算的格式如表 6-1 所示。

**表 6-1　现金预算**　　　　单位：元

| 时间 | | | | | | | | 全年 |
|---|---|---|---|---|---|---|---|---|
| 期初现金余额<br>加：销货现金收入<br>其他现金流入<br>可供使用现金 | | | | | | | | |
| 减各项支出：<br>直接材料<br>直接人工<br>制造费用<br>营业费用<br>所得税<br>购买设备、厂房<br>支出合计 | | | | | | | | |
| 现金多余或不足 | | | | | | | | |
| 借款融资<br>归还借款<br>借款利息<br>期末现金余额 | | | | | | | | |

### （二）应收账款管理

现金流管理的主要内容除编制现金预算、合理估计未来的现金需求外，还包括对日常现金收支的控制，以加速收款、延缓付款，减少资金占用，加快资金周转，为企业带来更好的经济效益。

应收账款是赊销过程中形成的客户对企业的欠款。应收账款占用了企业可投资于其他项目的资金，形成一定的机会成本，对应收账款的管理会带来管理成本，如果应收账款因故不能收回发生损失又会形成坏账成本。所以，加强应收账款管理，尽快收回货款，可以减少客户对企业资金的免费占用，降低应收账散的使用成本。

加强应收账款管理，需要创业者建立有效的应收账款管理体系，主要包括以下内容。

（1）创业者应进行行业付款习惯分析，了解所在行业的销售及收款习惯。

（2）在提供任何产品或服务之前让所有客户填写信用报告，对客户的信用进行调查和评估。

（3）对于没有信用记录的客户可在接受其订单时要求支付等同销货成本的款项。

（4）在商品装运或服务提供的同天寄出发票，并将付款条件用黑体字突出出来。

（5）日常加强应收账款的收款工作，每周对逾期 30 天以上的客户账户过目并进行管理等。

应付账款是企业在采购过程中形成的对供应商的欠款。尽管创业者希望在尽可能不损害供应商关系的前提下延迟付款，增加可供企业使用的现金流量，但延迟付款不一定总是好事。在企业拥有足够的现金或者能够取得更低利率的借款时，享受由供应商提供的付款折扣也许会大大降低企业的资金成本。

如假定供应商提供的付款条件是“2/10，*N*/30”，则意味着如果企业在 10 天内付款可以享受 2%的现金折扣，全部款项在 30 天到期支付。这时企业放弃现金折扣的成本计算为

$$\begin{matrix}\text{放弃现弃}\\\text{折扣成本}\end{matrix}=\frac{2\%}{1-2\%}\times\frac{360}{30-10}=36.73\%$$

如果企业能够借到年利率低于 36.73%的款项，则应该享受该笔现金折扣，而不是推迟付款。

### （三）创业投资和利润管理

#### 1. 创业企业的投资管理

企业在初创期一般市场份额较低，财务环境生疏，财务风险较高，资金筹集困难，加上产品和市场大量开发，财务管理制度和内部控制机制缺乏等因素，使得创业初期的现金需求量大且不稳定，资金非常紧张。因此，如何使用有限资金合理进行投资，是保证实现投资收益，增加投资者价值的关键。

理论上说，创业企业适宜采取集中化投资战略，通过内部获得发展，以开辟自己的根据地市场，争取获得一种优势地位。通过实施集中战略，主攻某个特定的顾客群，某产品系列的一个细分市场或某一地区市场，重点投资于特定目标。以更高的效率为某一狭窄的战略对象服务，有利于最大限度发挥企业的能力，发挥学习效益，使企业获得稳定的发展。创业企业最好能选择合适的投资项目，以独特的产品独领风骚，并应加大技术投入，不断改进产品工艺，提高产品质量。同时加大销售投入，开发销售市场，开拓销售渠道，扩大产品影响，树立产品形象。另外，还应确定合理的投资规模，适量扩大设备投入，争取取得规模效益。待企业发展到高速成长期则可以采取一体化投资战略，在现有业务的基础上进行扩张，实现规模增长。成熟期可以进行多元化投资，获得协同效应，分散投资风险。对于创业者来说，初创期的投资管理更为关键。因此，创业者定要做好初创期的投资管理。

**2．创业企业的利润分配管理**

创业企业各方面开支较大，为满足企业不断发展的资金需求，宜采用少分配利润的政策，将生产经营过程中产生的利润和现金流留存，实现企业的长远发展。

个人独资企业和合伙企业不需要交纳企业所得税，实现利润的分配也没有法律的明确界定，可由投资者独立决定，但是投资者需就其从企业分得的生产经营所得按照《中华人民共和国个人所得税法》的规定交纳个人所得税。

公司制企业必须按照《中华人民共和国企业所得税法》和《中华人民共和国公司法》的规定进行利润分配。按照《企业所得税法》的规定，企业发生年度亏损的，可以用下一年度的所得弥补；下一纳税年度所得不足弥补的，可以逐年弥补，但是延续弥补期限最长不得超过 5 年。5 年内不论是盈利或亏损，都作为实际弥补期限计算。

按照《公司法》规定，企业实现的税后利润应首先弥补在税前利润弥补之后仍存在的亏损（此亏损指超过用所得税前的利润抵补亏损的法定期限后未补足的亏损），然后才可以进行利润分配。在公司分配当年税后利润时，应当提取利润的 10%列入公司法定公积金。公司法定公积金累计额为公司注册资本的 50%以上的，可以不再提取。公司的法定公积金不足以弥补以前年度亏损的，在提取法定盈余公积金之前，应当先用当年利润弥补亏损。公司从税后利润中提取法定公积金后，经股东会或股东大会决议，还可以从税后利润中提取任意公积金。公司弥补亏损和提取公积金后所余税后利润，可以按照规定向投资者分配。对于从公司分得的利润，公司的投资者还需要按照《个人所得税法》的规定缴纳相应的所得税。

### （四）财务报表分析

财务报表分析是依据企业生产经营活动和财务管理活动的内在关系，以企业的财务报表和其他资料为依据和起点，采用专门的技术和方法，系统分析和评价企业过去和现在的财务状况、经营成果及其变动情况的过程。其目的是了解过去、评价现在、预测未来，为利益相关者提供决策支持信息。在进行报表分析时，除关注企业的财务报表外，在条件允许的情况下还需关注专业财务数据库中相关行业、相关竞争企业的财务数据，并参考开放性网络资源中相关企业的经营状况和财务状况研究报告、行业景气指数分析报告等，以将财务相关数据转换成有助于决策的有用信息。在进行财务报表分析时，需要创业者或专业分析人员不断地收集、筛选、归纳、分析企业内外部的各种相关信息，而不仅仅局限于财务报表。

**1．财务报表分析的方法**

财务报表分析的方法包括比较分析法、比率分析法等。

（1）比较分析法。比较分析法是将同一企业不同时期的经营状况、财务状况进行比较，或将不同企业之间的经营状况、财务状况进行比较，揭示其中差异的方法。按照比较对象的不同，比较分析法可分为横向比较和纵向比较。

横向比较是将企业数据与行业整体水平或者主要竞争对手进行比较，发现企业在市场占有率、品牌影响力、经营战略等方面与其他企业的差异，或者发现企业在盈利水平、资产质量、现金流量管理等方面与其他企业的差异，从而发现有助于企业增强其核心竞争力的优势和可能会降低其核心竞争力的劣势。

纵向比较法是企业自身不同时期数据的比较。可以运用趋势分析的方法，与本企业历史业绩指标进行比较，如不同时期（2～10 年）的指标进行比较，也可以运用差异分析的方法，与本企业计划或预算比较。通过纵向比较法可以发现本企业在市场占有率、品牌影响力、经营成果等方面与历史时期或计划预算之间的差异，从而发现企业从战略制定、战略执行、战略控制以及战略调整等过程中存在的问题，或者发现企业在盈利水平、资产质量、现金流量管理等方面与历史时期和计划预算之间的差异，以判断企业财务状况的发展趋势，发现财务管理过程中存在的问题。

（2）比率分析法。比率分析法是将企业同时期财务报表中的相关项目进行对比，得出一系列财务比率，以此来揭示企业财务状况的分析方法。通常财务比率主要包括三大类：构成比率、效率比率和相关比率。构成比率是反映某项经济指标的各个组成部分与总体之间关系的财务比率，如流动资产占总资产的比率；效率比率是反映某项经济活动投入与产出之间关系的财务比率，如资产报酬率等；相关比率是反映经济活动中某两个或两个以上项目比值的财务比率，如流动比率、速动比率等，以考察各项经济活动之间的相互关系，揭示企业的财务状况。

**2．财务报表的基本信息**

（1）资产负债表是一张静态报表，反映了报表截止时间时企业的资金来源及其分布状况。资产负债表中的资产项目按照各项资产的流动或变现能力的强弱进行排列，流动性越大、变现能力越强的资产项目排列得越靠前，反之则排列得越靠后，而且不同类别资产内部的各个项目也按照流动性的大小进行排列；负债项目按照每个项目偿债的紧迫性依次排列，由近及远，偿还期越近的项目排列得越靠前；所有者权益内部各个项目按照稳定程度依次排列，稳定程度越强的项目越往前排列。利用资产负债表的资料可以分析企业资产的分布状况、负债和股东权益的构成状况，为报表使用者提供以下信息：企业资产的规模和结构、企业资产的质量、企业负债的规模和结构、企业股东权益的规模和结构、企业的融资结构和资本结构等。

①企业资产的规模和结构。资产规模一方面是指某一时点企业资产的存量总额，另一方面也可以是部分或单项资产的存量、如流动资产与非流动资产的金额，或者应收账款、存货的金额。资产结构是指部分资产与单项资产占全部资产的比例，如流动资产占全部资产的比例。流动资产是指买卖收付过程中会带来现金增加的资产。因为资金在转换过程中不断流出又收回，在运转中产生了一些中间性资产，所以叫作流动资产，它占据了企业资金的绝大部分。可供运转的资金多且运转速度快。企业就会产生很高的利润。所以，企业应把对流动资产的管理置于首位，让流动资产越大越好，周转得越快越好。

各行业及企业之间在资产规模与结构上存在明显差异，资产结构既与行业特征有关，也与企业自身对资产的配置决策有关。

②企业资产的质量。企业资产质量是企业财务状况运转的质量，是对不同资产产生主营业务现金流量能力的反映。一般而言，一个主营业务持续增长且财务状况较为稳定的企业，其主营业务的现金流量也会表现为持续稳定增长的特征。能够产生较多主营业务现金流量的资产运营效率较高，质量也较高，反之，则质量较低。

③企业负债的规模和结构。企业负债规模说明企业全部资金来源中负债所占的比重，负债的结构则反映了企业全部借入资金中不同负债的构成情况。在企业资金来源总额相同的情况下，负债的规模越大企业的债务负担越重，不能偿还债务的可能性也越大：在全部负债的构成中，流动负债的比重越大，企业的偿债压力越大，偿债的紧迫性越强。

④企业股东权益的规模和结构。股东权益是投资者对企业净资产所享有的剩余权益，净资产指企业资产扣除负债后由所有者享有的权益。股东权益由投资者投入的资金和留存收益两部分构成。投资者投入的资金包括企业的实收资本以及在资本投入过程中或其他环节形成的资本公积两项，而且资本公积可以用来转增资本。留存收益是企业在经营过程中形成的收益的留存，包括盈余公积和未分配利润两部分，其中盈余公积可以用来转增资本、弥补亏损或者护大再生产，未分配利润是以前年度的盈利中没有被指定用途的部分，企业可随时对其进行处理，如用于利润分配等。实收资本和资本公积的稳定性最强，是企业可以长期使用的资金，是对企业最低资金需求的保障。在企业资金来源总额相同的情况下，股东权益的规模越大，对债权人权益的保障性越强。

⑤融资结构和资本结构。融资结构反映了企业主要的融资来源及全部的权益融资数量和债权融资数量之间的比例关系。资本结构指企业各种长期资金筹集的来源构成和比

例关系。企业融资结构和资本结构的变化既反映其不同资金筹集渠道的变化。又对其未来的融资能力和偿还债务的能力有直接影响。所以，创业者应努力在企业内部建立一个合理的融资结构和资本结构，使企业在健康发展的同时为其创造更多的经济效益。

（2）利润表的基本信息。利润表披露了企业在某一特定时期内所实现的收入、利润及发生的成本费用。利润表向报表使用者提供了企业一定会计期间收入的来源及结构、费用的消耗情况以及企业生产经营活动的成果，有助于报表使用者根据利润的来源和构成判断净利润的质量及风险，并可以预测净利润的持续性，从而做出正确的决策。

利润表将企业的成本拆分成四个类别：营业成本、营业费用、营业外支出和所得税费用。营业成本的负责人是车间主任或采购部经理，营业费用的负责人是运营总监，营业外支出的负责人主要是企业的管理部门，所得税费用的负责人是财务部门（企业的财务人员可以通过熟悉税收法规做到合理避税）。四大类成本影响着企业的四大利润水平——毛利（营业收入减去营业成本的差额）、营业利润、利润总额和净利润。所以，企业的利润管理实质上是成本的管理。

一般来说，营业利润代表了企业的盈利能力和核心业务能力，是利润总额最主要的构成部分。

### 3．偿债能力分析

在对企业的资产负债表和利润表信息进行了基本了解之后，创业者还应该能够将不同报表之间的信息联系起来，通过计算各种财务比率来分析企业盈利的能力、偿债的能力以及资产的运营效率等。

偿债能力是企业用资产和经营过程中创造的收益清偿长、短期债务的能力。分析企业偿债能力的指标只要有流动比率，速动比率、现金比率以及资产负债率、产权比率、已获利息倍数等。

流动比率、速动比率和现金比率，这三个比率是反映企业用流动资产和营业利润偿还各种 1 年内到期的或超过 1 年的一个营业周期内到期的流动负债的能力。

流动比率是流动资产除以流动负债的比值，反映企业以流动资产数量偿还流动负债的能力。如果企业当前的流动资产数量规模大于流动负债，且保持经营状况稳定的持续性，则一般有理由认为企业具备产生足够现金流量用于偿还即将到期的负债的能力。流动比率的计算为

$$流动比率=\frac{流动资产}{流动负债}$$

速动比率是速动资产与流动负债的比值，速动资产是指流动资产中扣除存货后剩余的部分。由于在流动资产中存货的变现速度最慢，部分存货可能 e 损失或报废还没有进行处理，部分存货可能已抵押给某债权人，存货估价成本与合理市价相差悬殊等原因，

把存货从流动资产总额中减去而计算出的速动比率反映的企业的短期偿债能力更加令人信服。速动比率的计算公式为

$$速动比率=\frac{速动资产}{流动负债}$$

现金比率是现金资产与流动负债的比值，它假设现金资产是可偿债资产，表明单位流动负债有多少现金资产作为偿还保障。速动资产中，流动性最强、可直接用于偿债的资产称为现金资产，所以现金比率更直接地反映了企业的短期偿债能力。现金比率的计算为

$$现金比率=\frac{货币资金+交易性金融融资}{流动负债}$$

长期偿债能力是指企业在长期借款使用期内的付息能力和长期借款到期后归还借款本金的能力。反映企业长期偿债能力的指标有资产负债率、产权比率、已获利息倍数等。资产负债率是平均负债总额与平均资产总额的比值，反映债权人提供的资金占企业全部资产的比重。从债权人的角度看，比值越小，企业投资者对债权人债务的保障程度越高；从投资者角度看，借款利率越小于加权平均资金成本时，该比率越大，投资者得到的利润会越高；从经营者的角度看，需要根据预期的利润和增加的风险，权衡利弊，找到一个合适的资产负债率。其计算公式为

$$资产负债率=\frac{平均负债总额}{平均资产总额}\times 100\%$$

其中，平均负债（资产）总额为负债（资产）期初与期末数的简单平均数。

产权比率是平均负债总额与平均股东权益的比值，反映由债权人提供的资本与股东提供的资本的相对关系和企业财务结构的稳定性，以及企业清算时对债权人的保障程度。产权比率高，显示企业是一种高风险高报酬的财务结构。其计算公式为

$$产权比率=\frac{平均负债总额}{平均股东权益}\times 100\%$$

已获利息倍数是企业息税前利润与利息费用的比率，反映企业息税前利润为所需支付的债务利息的倍数，用于衡量企业偿付借款利息的能力。其计算公式为

$$已获利息倍数=\frac{息税前利润}{利息费用}\times 100\%$$

创业者应时刻关注企业的偿债能力，确保在债务到期时能够有足额的现金偿还，避免由于无法偿债导致的企业被迫清算的风险。

**4．盈利能力分析**

盈利能力是企业在一定时期内产生利润的能力。企业经营的直接目的是赚取利润，在保持企业经营持续稳定的基础上追求良好的成长性。盈利能力较强的企业具有较强的

主营业务竞争力和通过持续投入研发和投资新项目拓展新业务的能力，同时，盈利能力对投资者的收益回报和再投资产生重要影响。因此，盈利能力通常被认为是企业最重要的经营业绩衡量标准。常用的衡量盈利能力的指标有净资产收益率、总资产收益率，营业收入净利率等，分别从净资产、总资产和营业收入的角度测度企业产生净利润的能力。

净资产收益率是净利润与平均净资产的百分比，也叫股东权益净利率或股东权益报酬率，反映单位股东资本获取的净收益，可用于不同行业、不同业务类型的企业之间的比较。净资产收益率衡量的是股东投入资本的保值、增值能力，可以概括反映企业的全部经营业绩和财务业绩。其计算公式为

$$\text{净利润资产收益率}=\frac{\text{净利润}}{\text{平均净资产}}\times 100\%$$

式中，平均净资产=（期初净资产+期末净资产）÷2

总资产净利率是指净利润与平均资产总额的比值，反映企业单位总资产产生的净利润。总资产净利率是企业盈利能力的关键测度指标，受企业总资产和净利润的双重影响。其计算公式为

$$\text{总资产净利率}=\frac{\text{净利润}}{\text{平均资产总额}}\times 100\%$$

营业收入净利率是指利润额与营业收入的比值，反映了企业单位营业收入创造利润的能力。其计算公式为

$$\text{营业收入净利率}=\frac{\text{利润额}}{\text{营业收入}}\times 100\%$$

企业盈利能力的分析指标均是正指标，在其他条件相同的情况下，越高越好，说明企业单位总资产、净资产和营业收入赚取利润的能力越强。创业者出于对投资资产保值增值的需要，会密切关注企业的盈利能力。

**5．营运能力分析**

营运能力是企业在一定时期管理资产运营效率的能力。通常用各种资产的周转率表示，反映企业资产使用的效率情况，代表企业投入和运用单位资产产生营业收入的能力。资产周转得越快，企业创造营业收入的能力越强。测度资产运营效率的指标主要有总资产周转率、非流动资产周转率、流动资产周转率和存货周转率、应收账款周转率等。

总资产周转率是营业收入与平均资产总额的比值，表明企业全部资产在 1 年中的周转次数，反映企业单位资产投资所产生的营业收入。在营业收入净利率不变的情况下，资产周转的次数越多，资产的运营效率越高，产生的利润就越多。其计算公式为

$$\text{总资产周转率（周转次数）}=\frac{\text{营业收入}}{\text{平均资产总额}}$$

一年按 365 天计算，则 365 与总资产周转率的比值便是资产周转天效，表示总资产周转一次所需要的时间。时间越短，总资产的运营效率越高，盈利性越好。

$$总资产周转天数=365\div总资产周转率$$

总资产周转次数的倒数是总资产与营业收入之比，表示单位收入需要的总资产投资。收入相同时需要的投资越少，说明总资产的盈利性越好，或者说总资产的运营效率越高。

非流动资产周转率是营业收入与平均非流动资产的比值，表明非流动资产 1 年中周转的次数，反映单位非流动资产所产生的营业收入和非流动资产的管理效率。其计算公式如下

$$非流动资产周转率=\frac{营业收入}{平均非流动资产}$$

非流动资产周转率的影响因素是在建工程、工程物资等当期不能投入企业生产中的资产项目. 以及固定资产、无形资产、其他长期资产等项目。过多的在建工程、工程物资等会导致整个企业的资产周转率下降。

流动资产周转率是营业收入与平均流动资产之比，表明流动资产 1 年中周转的次数。反映单位流动资产所产生的营业收入。流动资产周转速度快。会相对节约流动资产，等于相对扩大资产投入。增强企业盈利能力。其计算公式如下

$$流动资产周转率=\frac{营业收入}{平均流动资产}$$

同理，与流动资产周转率的比值便是流动资产周转天数，表明流动资产周转一次所需要的时间。流动资产周转次数的倒数表明单位收入所需要投入的流动资产投资。

制造企业的流动资产中，应收账款和存货占很大比重，其周转率的高低会对流动资产周转率有较大影响。

存货周转率是指营业收入与平均存货的比值，表明存货在 1 年中的周转次数，是衡量和评价企业购入存货、投入生产、销售收回等各环节管理状况的综合性指标。存货周转速度越快，存货的占用水平越低，流动性越强，存货转换为现金、应收账款的周转速度越快。其计算公式为

$$存货周转率=\frac{营业收入}{平均存货}$$

用 365 天除以存货周转率同样可以计算存货的周转天数，反映存货周转一次所需要的时间。

企业的运营模式、组织结构、生产流程、其他财务政策以及行业特征等都可能会影响到企业的存货周转次数。企业可以通过采用订单式生产、减少分支机构、优化生产工艺流程、采用较为紧缩的信用政策等方式加速存货周转，提高存货的管理效率。

另外，企业可以采用存货的 ABC 管理法，将企业全部存货分成不同的种类，给予不同的管理重视程度。A 类货物价格较高，数量较小，企业应从战略上对其高度重视；

B 类货物价格较低，数量较大，应予以一般重视；C 类货物金额和重要性都很小，但数量较大，只进行一般管理即可。通过存货的 ABC 管理法，可以在减少管理工作的同时提高其管理效率，加快存货的周转速度。

应收账款周转率是营业收入与平均应收账款的比值，表明应收账款在 1 年中的周转次数，是反映企业应收账款变现速度和管理效率的指标。应收账款周转率越高，周转次数越多，表明企业应收账款的回收速度越快，企业经营管理的效率越高，资产的流动性越强，短期偿债能力也越强。应收账款周转率的计算公式如下

$$应收账款周转率（周转次数）=\frac{营业收入}{平均应收账款}$$

企业通过赊销可以扩大产品的销量、增强竞争力、提升市场份额、巩固客户关系等，但应收账款作为企业扩大销售和盈利进行的投资，会带来管理成本、机会成本、收账成本、坏账损失成本等成本。企业应在赊销带来的收入和应收账款增加带来的成本之间进行比较分析。以寻求总成本最小的应收账款管理政策。

创业者应充分关注企业的背运能力，通过提高各种资产的周转速度，使其发挥更大的作用，用有限的资金创造无限的财富。

**6．财务状况的综合分析**

财务状况的综合分析就是以财务报表等核算资料为基础，将各项财务分析指标作为一个整体，系统、全面、综合地对企业财务状况、经营成果进行剂析、解释和评价，说明企业整体财务状况和效益的优劣。

上面提到的资产负债表和利润表分析，以及偿债能力、盈利能力和营运能力的分析分别从不同侧面对企业的财务状况和经营成果进行了具体分析。但无法揭示企业不同报表之可以及各种财务比半之间的相互关系。实际上，企业的财务状况是一个完整的系统，内部各种因素都是相互依存、相互作用的，任何一个因素的变动都会引起企业整体财务状况的变动。因此，创业者在进行财务状况分析时，必须深入了解企业财务状况内部的各项因素其相互之间的关系。

## 五、创业会计管理

### （一）账簿的设置与登记

按照《中华人民共和国会计法》的规定：“各单位必须依法设置会计账簿，并保证其真实、完整。会计账簿、财务会计报告和其他会计资料，必须符合国家统的会计制度的规定。”对于不依法设置会计账簿，私设会计账簿，登记会计账簿不符合规定以及伪造、变造会计账簿的行为，根据情节轻重分别给予行政处分和经济处罚，严重的要追究刑事责任。很多创业者可能在自己的专业领域拥有一技之长，但对企业的会计问题一窍

不通，因此，为避免因会计问题而对企业的正常运营造成的影响，创业者应该对会计的相关知识有一个了解，对会计账簿的设置、登记等有一个基本的认识。

会计账簿是由具有一定格式、相互联系的若干账页组成的，以会计凭证为依据用以全面、系统、序时、分类地记录各项经济业务的会计簿籍。设置和登记账簿可以为企业提供全面、系统的会计信息，为财务报表的编制提供依据。并且可以在一定程度上保证财产物资的安全完整，也便于创业者、经营者及其他利益相关者对企业的经济活动进行监管。

**1. 会计账簿的种类**

会计账簿按用途不同可分为序时账簿、分类账簿和备查账簿。

（1）序时账簿。也称日记账，是按照经济业务发生的时间顺序，逐日逐笔登记经济业务的账簿。序时账簿按照记录的内容不同，可分为普通日记账和特种日记账。

普通日记账是用来登记企业全部经济业务的日记账。通常把每天发生的经济业务，按照业务发生的先后顺序，编成会计分录记入账簿中，所以又称“分录日记账”。如果企业采用会计电算化方式进行会计核算，则可以采用普通日记账的格式。

特种日记账是用来登记某一类经济业务发生情况的日记账。只把重要的项目按发生时间的先后顺序记入日记账中，反映某特定项目的详细情况。实务中，除库存现金和银行存款收付要记入库存现金日记账和银行存款目记账之外，其他项目一般不再设置特种日记账进行登记。

（2）分类账簿。分类账簿是对全部经济业务按总分类账户和明细分类账户进行分类登记的账簿。

总分类账簿简称“总账”，是根据总分类科目开设账户，用来登记全部经济业务，进行总分类核算，提供总括核算资料的分类账簿，总分类账能够全面反映单位经济活动的概况，是编制会计报表的主要依据。

明细分类账饰简称“明细账”，是根据总账科目设置的，按其所属明细分类科目开设账户，用来登记某一类经济业务，进行明细分类核算，提供明细核算资料的分类账簿。明细分类账可以反映经济活动的详细情况，为企业经营管理提供较全面的核算资料。

（3）备查账簿。备查账簿是对某些在日记账簿和分类账簿中未能记载或记载不全的经济业务进行补充登记的账簿，如以经营租赁方式租人固定资产的登记簿、受托加工材料登记簿、代管商品物资登记簿。备查账簿只是对其他账簿记录的一种补充，起到备忘参考和补充信息的作用。

**2. 会计账簿的设置原则**

为保证账簿的设置与登记能为企业提供全面、系统的会计信息，账簿的设置须遵循一定的原则，主要有以下三个。

（1）适应企业规模和特点，满足管理要求。设置的账簿要能保证全面、系统地反映各会计主体的经济活动情况，为经营管理提供系统分类的会计核算资料。

（2）适当简化。设置账簿要贯彻“单不重填、账不重设”的原则，在满足实际业务需要的前提下，注意人力、财力和物力的节约，避免重复设账。账簿的格式要按照所记录的经济业务的内容进行选择，力求简便、实用、易行。（账簿的基本格式见后面的补充资料“会计小知识”）

（3）科学严谨。设置账簿时，应保证其体系的完整，以利用不同账簿间的数据关系，在账簿间形成种严谨的逻辑关系，并通过记账人员的合理分工来审核，避免经济业务的重记或漏记等，保证账簿资料的真实和可靠。

**3．账簿内容**

小企业的会计账簿中至少应当对现金余额、应收款项、存货、机器设备等固定资产情况，应发工资、应付款项、应交税费、银行借款的情况以及企业的收入、费用和利润等情况进行记录。

（1）现金余额记录。创业者必须清楚地知道企业的现金余额，以决定能否付清账单，这就要求对现金的流入和流出进行及时记录，随时了解其支付能力。

（2）应收款项记录。在某种情况下，创业者也会向客户赊账，客户赊欠的账款就叫应收款。创业者通过应收款项的记录可以知道应收款的到期日、应收金额以及债务人等信息，以便及时收回货款。

（3）存货记录。创业者通过存货记录可以了解原材料的库存情况、产品的销售情况等信息，以根据存货记录更新库存商品，保证生产和销售所需。

（4）应发工资额记录。创业者必须清楚企业应支付的工资额。这笔账需要单独列出，记录要准确无误，而且要按一定顺序记录下来，以便核查。

（5）应付款记录。企业欠别人的账款（比如欠供货商的钱）就叫作应付款。应付款需要及时结清原因有两个：第一，及时结账有时候可以得到现金折扣，而逾期付款则要支付违约金：第二，及时结账有利于维护自己的信誉，有利于与贸易伙伴保持良好的业务关系。如果没有账簿记录，就可能会出现差错。

（6）应交税费记录。税费是根据企业的营业额或盈利额来计征的，企业需要按照税法规定的税率和企业的营业状况，及时足额交纳税费，履行其社会责任。

（7）收入费用和利润等记录。创业者最关心投入资金能否获得足够的盈利。这三方面的记录向创业者提供了其最想了解的企业的经营状况。

不同账簿的具体格式随记录内容的不同而不同，但一般都包含着如下基本内容：账户名称、登记账簿的日期、凭证种类和号数、摘要、金额及方向和页次。

**4．会计账簿的作用**

企业的会计账簿可以起到以下四个方面的作用。

（1）提供全面、系统的会计信息。设置和登记账簿，可以使企业大量分散的会计核算资料，按会计账户中进行分类、整理、汇总，从而系统、连续、全面地对企业的经济业务予以反映。

（2）为财务报表的编制提供依据。会计账簿通过对会计凭证所反映的大量经济业务进行序时、分类地记录和加工，再将这些资料进行整理后，就可以作为定期编制财务报表的主要的、直接的依据。

（3）保证财产物资的安全完整。设置和登记账簿，能够对各项财产物资的增减变动及结存情况进行连续的反映和监督，并可通过财产清查的方法，确定财产物资的实际结存数，进行账簿记录和实际结存数量的比较，保证财产物资的安全完整。

（4）便于监管企业的经济活动。通过账簿记录，可以提供各项资产、负债、所有者权益和收入、成本、利润指标，用以考核成本、利润计划的完成情况，评价企业的财务状况和经营成果的好坏。同时，通过账簿记录可以实施会计分析和检查，借以发现管理中存在的问题，找出差距，挖掘潜力，促使单位加强经营管理，提高经济效益。

**5．会计账簿的登记**

企业创立之初，规模小，业务量较少，为节约资金可以由创业者自己记账，但随着企业业务量的增加，企业的记账工作须交由专门的会计人员，或成立专门的会计机构来管里，以保证账簿记录的完整、有效。

（1）创业者自己亲手做。如果企业规模比较小，而创业者自己又具备会计方面的经验和技能，那么，创业者可以自己记账。当然，创业者也可以委托其他人来负责账簿登记工作，而腾出时间干其他工作。无论谁负责记账，创业者都应该始终关注会计事务。

（2）指派一名会计助理。如果创业者聘用其他人来记账，那么首要任务之一就是把全部或部分记账工作交给企业的一名员工。当然，企业的所有员工都会或多或少地要承担一些记账的责任，因为他们要开列售货单，或者填写现金登记簿。创业者有责任对承担记账工作的员工进行个别指导和培训，同时要对员工所采用的记账方式进行定期评估，以改进记账工作。

（3）聘请一名全职会计。当企业发展到定规模之后，就应该聘请具有会计执业资格的人员来担任专职会计，他们通常要比创业者更加在行，有的创业者不太愿意把会计事务委托给别人去做、他们觉得还是自己亲自经手账目比较放心。这种事必躬亲的做法容易使自己的创业者角色和会计人员的角色混淆起来，有时候还会削弱创业者在企业的地位。

（4）委托会计公司办理。有许多会计公司向企业提供会计服务项目并收取一定的服务费。其服务内容包括为企业准备利润表和资产负债表，以应付年度审计，为企业制作月度工资单，为企业进行每日销售情况分析，为企业提供存货控制分析报告等。

（5）设立财务会计部门。如果企业规模进一步扩大，那么从业务发展需要出发，企业应该设立独立的财务会计部门，并委任一名财务总监来领导这个部门。财务会计部门应该保存全套会计账簿，包括现金和银行存款等日记账，应收账和应付款账等明细账，以及总分类账。同时，根据财务会计部门要处理的信息量的大小，还可以购置一批机械化或电算比会计处理设备。

## （二）成本和费用

企业不可能无本经营，创办和经营企业需要各种各样的支出，这些支出有的可以记入产品或服务的成本，随产品、服务的销售或提供得到弥补。有些则形成可支配的财产，在企业经营期内慢慢磨损或被耗用。另外的部分构成经营管理的费用，直接从当期收入中扣减。为正确计算产品或服务的成本，为计算利润提供详细的信息，企业应根据各种支出的特点将其进行不同的分类。

成本是产品生产或劳务提供过程中发生的物化劳动和活劳动等各种耗费的货币表现，同产品产量或服务数量有密切的联系，是产品或服务价值的基础或构成内容。成本随产品的销售或服务的提供得到补偿。

费用是同企业经营管理活动有着密切联系的耗费，其与产品生产或服务提供无直接关系，而与发生的会计期间相联系，如企业用于经营管理活动的各种支出、用于产品销售环节的各项耗费以及理财业务中发生的支出，他们分别被称为“管理费用”“销售费用”和“财务费用”，并被统称为“期间费用”，期间费用直接计入当期损益，从当期收入中得到补偿。企业支出分类如表 6-2 所示。

将企业的收益性支出区分为成本和费用两类，为进一步计算产品或服务的成本，以及合理归集企业某一会计期间的费用，更好地贯彻收入费用配比原则，准确计量企业的收益状况提供了条件。但是，要真正实现这一目标，还有赖于对成本和费用的精确计算。

### 1. 成本计算

成本计算可以正确地对会计对象进行计价，考核经济活动中的耗费，为正确计算盈亏提供数据资料。由于制造业的成本计算最为复杂，所以此处以制造业的产品生产成本的计算为例进行介绍。

（1）直接成本和间接成本。成本按其计入产品成本的方式不同，分为直接成本和间接成本。生产成本发生时，有的当时就能确认其受益对象，如构成产品实体的各种材料，直接参与产品生产的工人薪酬，会计上称为“直接成本”。有的生产成本发生时与几种产品生产同时相关，如车间管理人员的薪酬，机器设备价值的磨损，车间发生的水电费、电话费、办公费，则须按照一定程序进行归集、汇总，然后按一定标准分配，方能确认受益产品的具体金额，这样的叫作间接成本。

表 6-2　企业支出分类

| 企业支出项目 | 资本/收益性支出 | 成本/费用 |
|---|---|---|
| 工人的工资 | 收益性支出 | 成本 |
| 用于产品生产的原材料 | 收益性支出 | 成本 |
| 管理部门领用的原材料 | 收益性支出 | 费用 |
| 裁缝店的纽扣 | 收益性支出 | 成本 |
| 办公用房的租金 | 收益性支出 | 费用 |
| 商店的广告费 | 收益性支出 | 费用 |
| 机器的购置费 | 资本性支出 | —— |
| 机器的安装费 | 资本性支出 | —— |
| 机器的修理费 | 收益性支出 | 成本 |
| 零售店购买商品的费用 | 收益性支出 | 成本 |
| 老板的工资 | 收益性支出 | 费用 |
| 办公用品 | 收益性支出 | 费用 |
| 厂房的维修费 | 收益性支出 | 成本 |
| 购买商标权的支出 | 资本性支出 | —— |
| 市场调研的咨询费 | 收益性支出 | 费用 |
| 借款利息 | 收益性支出 | 费用 |
| 建筑公司建筑用的砖和水泥 | 收益性支出 | 成本 |
| 出租车公司的汽油 | 收益性支出 | 成本 |
| 金属加工厂的铝材 | 收益性支出 | 成本 |
| 焊接车间的电焊条和气焊材料销售人员的提成 | 收益性支出 | 成本 |
| 皮鞋厂的皮革 | 收益性支出 | 成本 |
| 为销售产品支付的运杂费 | 收益性支出 | 费用 |

（2）产品成本构成项目。产品成本也称产品的制造成本。为了正确计算产品成本，通常将构成产品制造成本的各种耗费按其用途划分为三个成本项目：直接材料、直接人工和制造费用。

直接材料是企业生产过程中，直接用于产品生产，构成产品实体的原材料、辅助材料、外购半成品及有助于产品形成的其他材料等。

直接人工是指企业在制造产品的过程中，为获得直接参加产品生产人员提供的服务面给予各种形式的报酬以及其他相关支出。直接材料和直接人工统称为“直接成本”。

制造费用是指企业为生产品和提供劳务而发生的各项间接成本，包括车间管理人员的薪酬、机器设备和厂房的价值磨损以及修理费、车间的水电费、物料消耗、办公费、劳动保护费及其他制造费用。企业应当根据制造费用的性质，选择合理的制造费用分配方法，将其分配计入产品生产成本。制造费用的分配标准可以是生产工人职工薪酬的比例、工时比例、耗用原材料的数量或成本等。

**2．费用计算**

费用按其发生的地点和用途，分为销售费用、财务费用和管理费用。

销售费用是指企业在销售商品产品和材料、提供劳务过程中发生的各种费用，包括保险费、包装费、展览费和广告费、商品维修费、预计产品质量保证损失、运输费、装卸费以及为销售本企业商品而专设的销售机构（含销售网点、售后服务网点等）的职工薪酬、业务费、折旧费等经营费用。

财务费用是企业为筹集生产经营所需资金等面发生的筹资费用，包括利息支出（减利息收入）、汇兑损益以及相关的手续费、企业发生的现金折扣或收到的现金折扣等。

管理费用是行政管理部门为组织和管理企业生产经营而发生的各种费用，包括企业在筹建期间内发生的开办费、董事会和行政管理部门在企业的经营管理中发生的或者应由企业统一负担的公司经费（包括行政管理部门职工工资及福利费、物料消耗、低值易耗品摊销、办公费和差旅费等）、工会经费、董事会费（包括董事会成员津贴、会议费和差旅费等）、聘请中介机构费、咨询费、诉讼费、业务招待费、房产税、车船使用税、土地使用税、印花税、技术转让费、矿产资源补偿费、研究费用、排污费等。

**3．成本、费用预算**

每个创业者都应该时刻关注企业未来的发展趋势，并根据账簿记录资料对未来的经营状况做出正确的预测。通过市场调查，创业者应能够清楚他将要销售的产品或服务数量，并据此制定基本的销售计划（见营销管理部分），然后根据销售计划和产品库存计划，制定相应的生产计划。当企业的生产数量发生变化时，相应的成本费用水平也会发生变化。所以，企业的创办者必须能够对未来的成本费用情况进行预测，编制成本费用预算，以了解企业一年之中（至少一年）所发生的总成本费用情况，进而弄清楚企业计划中的销售收入是否足以收回成本费用。

成本费用预算作为商业计划书的主要内容，也是企业进行利润预测的基础。企业可以根据账簿记录和前面计算的成本费用资料，按照预测的销售量和决定的生产信息，预测以后期间可能发生的成本费用情况，以及可能实现的利润情况，以进行相应的生产决策和资金筹集决策等。成本费用的预算可以按照其开支项目，并结合现金预算的编制按是否需要支付现金分项进行。

①产品成本预算。编制产品成本预算可以分以下几步进行。

第一，根据市场调查和预测，编制销售预算。创业者应能够根据市场调查的资料，对其产品未来的销售情况进行预测，并进而编制销售预算。

第二，根据销售预算编制生产预算。按照以销定产的定律，企业生产什么，生产多少需要依靠市场的需求而定，因此，生产计划的编制应该以销售预算为基础，并结合企业的存货计划进行调整。如假定企业预测下月的销售数量为西服 300 套，同时企业计划存货保持在 100 套以内，如果期初不存在库存产品的情况下，则当期要生产的产品数量为 400 套。

第三，按成本项目编制产品成本预算。将产品成本按材料支出、人工支出和制造费用三项分别列示，同时将制造费用按照是否需要支付现金分成付现支出和非付现支出两类。付现支出指企业在经营期间需要以现金支付的成本，如产品生产过程中发生的车间水电费、车间管理人员的工资等。非付现支出指企业在经营期间不需要以现金支付的成本，非付现成本一般包括固定资产的折旧、无形资产的摊销等项。

②费用预算。相对于产品成本而言，企业在每个会计期间的费用变化不大，尤其是管理费用相对来说缺乏弹性。财务费用取决于以后期间的筹资决策及借款的使用数量和利率；销售费用主要来源于广告的支出，销售人员提成则可以根据预测销售量和规定的提成比例预测。

③成本费用预算编制。成本费用预算的编制可参照表 6-3 开展。

**表 6-3　成本费用预算表**

| 项目 | | 1 | 2 | 3 | 4 | 5 | 6 | 7 | 8 | 9 | 10 | 11 | 12 | 合计 |
|---|---|---|---|---|---|---|---|---|---|---|---|---|---|---|
| 销售量 | | | | | | | | | | | | | | |
| 生产量 | | | | | | | | | | | | | | |
| 成本预算 | 材料 | | | | | | | | | | | | | |
| | 人工 | | | | | | | | | | | | | |
| | 其他付现支出 | | | | | | | | | | | | | |
| | 非付现支出 | | | | | | | | | | | | | |
| 成本合计 | | | | | | | | | | | | | | |
| 费用预算 | 财务费用 | | | | | | | | | | | | | |
| | 销售费用 | | | | | | | | | | | | | |
| | 管理费用 | | | | | | | | | | | | | |
| 费用合计 | | | | | | | | | | | | | | |
| 成本费用合计 | | | | | | | | | | | | | | |

4．成本、费用管理

企业的全部支出按照经济用途分为生产成本和费用两类，有利于产品成本的计算和企业利润的计算，符合我国会计制度的相关规定。但即便是生产成本的构成内容，直接材料和直接人工的支出与产品产量直接相关，制造费用和产品产量的关系也并不直接；在费用的各项目中也存在着类似的情况，销售提成与销售量直接相关，广告费却与销售量的关系不大。因此，为加强成本费用的管理和控制，可以对其按照其他的标准再分类。

（1）企业支出按照成本管理目的的分类。按照成本管理的目的，可以将企业的全部收益性支出区分为变动成本、固定成本和混合成本。

变动成本是指其总额随着业务量变化而成正比例变化的成本；固定成本是指其总额在一定范围内不随业务量变化而变化的成本；混合成本则介于变动成本和固定成本之间，其总额既随业务量变化而变化，又不成正比例变化。在会计管理上可以通过一定的方法将混合成本区分为变动部分和固定部分，并将其分别并入变动成本和固定成本。因此，按照成本管理的目的最终将企业的支出区分为变动成本和固定成本两部分。

财务费用和管理费用一般和企业的业务量（产量或销量，下同）没有关系，属于固定成本；销售费用中的销售提成属于变动成本，广告费属于固定成本。

（2）不同类别成本的管理和控制。变动成本总额随业务量的变动呈正比例变动，但其单位额在一定范围内固定不变。所以，在保持特定业务量的情况下很难降低其发生的数额，不属于成本管理的重点。当然，企业也可以通过对工人进行培训或改进生产设计等方式来降低单位变动成本的数额，但其成本降低的幅度较为有限。

固定成本总额在一定范围内不随业务量的变动而变动，但其单位成本随着业务量的增长而降低。固定成本又可分为两种：一种是约束性的固定成本，其为企业提供了基本的生产经营能力，如固定支出的折旧；另一种为酌量性的固定成本，其发生额会在每次会议期间随着管理者的决策而发生改变，如广告费、培训费、业务招待费的支出。两种成本的管理方式也不相同，对于约束性的固定成本，要充分利用其提供的生产能力，降低单位业务量分摊的固定成本数额；尤其是资本密集型企业，其资产的折旧数额一般较大，只有充分利用生产能力，才能够降低单位业务量所负担的折旧支出，降低产品成本，提高企业盈利水平。对于酌量性的固定成本，则应该在不影响业务正常开展和发展的情况下，力求节约，采用零基预算的方法使酌量性固定成本的支出尽可能降低。

## （三）财务报表的编制

为了向企业的利益相关者提供相关信息，企业必须编制财务报表。创业者作为企业的所有者应能够编制简单的财务报表，并能够根据报表提供的信息，做出正确决策。

财务报表是指企业对外提供的反映企业某一特定日期的财务状况和某一会计期间的经营成果，现金流量等会计信息的文件。小企业编制的财务报表，应当包括利润表和资产负债表。

1．财务报表的作用

财务报表对于改善企业外部有关方面的经济决策环境和加强企业内部经营管理具有重要作用，具体包括以下几个方面。

（1）向企业利益相关者提供相关的会计信息。企业提供的财务报告中含有丰富的会计信息，如资产、负债、所有者权益、收入、费用、利润等各种会计指标，这些指标对于企业利益关系集团，特别是投资者、债权人从整体上了解企业的财务状况和经营成果发挥着其他书面文件不可替代的作用，是利益相关者进行科学决策的主要依据。

（2）为实施内部控制和会计监督提供依据。财务报表提供的经济指标，为企业所有者、经营者、债权人和国家职能部门对企业进行控制和监督提供依据。所有者可利用财务报告的有关信息对企业实施控制及监督，经营者可利用财务报告检查经营成果的实现情况，债权人可利用财务报告监督企业借入资金的使用情况，掌握企业偿债能力，国家可利用企业财务报告提供的信息进行宏观经济管理，制定合理的经济政策。

（3）有利于评价企业业绩。财务报告有利于企业所有者和管理者评价经营业绩，改善经营管理，寻找提高经济效益的途径和方法。通过财务报告所提供的指标，不仅有利于各方进行科学、合理的决策，还有利于评价企业经营的业绩，并在此基础上找问题，分析原因，促进企业生产经营管理的改善，找出提高企业经济效益的途径和方法。

2．利润表的编制

利润表是用来反映企业在某一会计期间的经营成果的财务报表。该表是根据“收入——费用——利润”的会计等式，按营业利润、利润总额、净利润的顺序编制而成的，是一个时期的动态的报表。

（1）利润表的作用。编制利润表的目的是反映企业的生产经营和收益情况，表明企业的经营成果，主要体现在以下方面。

①利润表可以反映企业定会计期间营业收入的实现情况，以及不同收入的构成情况。企业营业收入、投资收益以及营业外收入的多少等信息均可以在利润表上得到反映和体现。

②反映企业一定会计期间的费用耗费情况。利润表可提供营业成本及营业税金及附加的多少，期间费用的构成及其金额，资产减值损失，营业外支出以及所得税费用的耗费等信息。

③反映企业经营活动的成果。在利润表中，既可反映经营环节利润的实现情况，还可反映利润总额及净利润的实现情况，有助于投资者分析判断资本的保值、增值状况。

④提供财务分析的基本资料。将利润表中的信息与资产负债表中的信息相结合，可提供企业偿债能力和盈利能力的基本信息，便于报表使用者判断企业的未来发展趋势，做出经济决策。

（2）利润表的编制方法。按照我国会计准则的规定，企业应当编制多步式利润表。简单的多步式利润表的格式如表 6-4 所示。

**表 6-4　利润表**

会企 02 表
编制单位：　　　　　　　　　　年　　　月　　　　　　　　　　　　　　　　单位：元

| 项目 | 本期金额 | 上期金额 |
|---|---|---|
| 一、营业收入 | | |
| 减：营业成本 | | |
| 营业税金及附加 | | |
| 销售费用 | | |
| 管理费用 | | |
| 财务费用 | | |
| 二、营业利润（损失以“-”号填列） | | |
| 加：营业外收入 | | |
| 减：营业外支出 | | |
| 三、利润总额（损失以“-”号填列） | | |
| 减：所得税费用 | | |
| 四、净利润（损失以“-”号填列） | | |

其中：“营业收入”项目，反映企业经营主要业务和其他业务所确认的收入总额。“营业成本”项目，反映企业经营主要业务和其他业务所发生的成本总额。

“营业税金及附加”项目，反映企业经营业务应负担的消费税、营业税、城市建设维护税、资源税、土地增值税和教育费附加等。

“营业利润”项目，反映企业实现的营业利润。如为亏损，则以“-”号列示。

“营业外收入”项目，反映企业发生的与经营业务无直接关系的各项收入和利得。如非流动资产处置利得、非货币性资产交换利得、债务重组利得、政府补助、盘盈利得、捐赠利得等。

“营业外支出”项目，反映企业发生的与经营业务无直接关系的各项支出和损失。如非流动资产处置损失、非货币性资产交换损失、债务重组损失、公益性捐赠支出、非常损失、盘亏损失等。

“净利润”项目，反映企业实现的净利润。如为亏损，则以“-”号列示。“利润总额”项目，反映企业实现的利润。如为亏损，则以“-”号列示。“所得税费用”项目，反映企业应从当期利润总额中扣除的所得税费用。

3．资产负债表的编制

资产负债表是总括反映企业在某一特定日期全部资产、负债和所有者权益状况的报表。资产负债表是根据“资产=负债+所有者权益”这一会计基本等式，依照流动资产和非流动资产、流动负债和非流动负债大类列示，并按照一定要求编制的，是一张时点的静态的会计报表。

（1）资产负债表的作用。资产负债表较全面地提供了企业一定时期的财务状况，包括企业拥有的各种经济资源（资产），企业负担的债务（负债）以及企业所有者在企业里享有的权益（所有者权益）。资产负债表的重要作用主要体现在以下几个方面。

①有助于了解企业掌握的经济资源及其分布情况。资产负债表资产方反映了企业拥有或控制的经济资源总额。企业占用的经济资源反映了企业的未来经济利益。据此，信息使用者可以了解，判断企业的规模、实力及未来的发展能力。由于不同的经济资源给企业带来的未来经济利益的大小是不一样的，资产负债表通常将企业拥有的资产按经济性质、用途等进行分类。信息使用者可据此了解企业拥有或控制的经济资源的具体构成情况，判断其经济资源的结构是否合理。

②有助于分析、评价、预测企业的偿债能力。偿债能力是指企业以其资产偿还短期偿债能力和长期偿债能力。在资产负债表中，资产、负债等项目通常按其流动性大小排列，这种排列方式有助于信息使用者评估不同类别资产的变现能力，预测未来现金流人的金额、时间及其不确定性，有助于评估不同类别负债的偿还顺序，预测未来现金流出的金额、时间顺序及其不确定性，有助于根据有关资产项目和负债项目的对比来评价企业的短期偿债能力。

③有助于预测企业未来的财务趋势。信息使用者通过企业债务规模、债务结构以及与所有者权益的对比，可以分析企业向投资者及其债权人筹措资金的能力。通过对企业利润及营业收入和资产总额等的分析，可预测企业未来的发展趋势。

（2）资产负债表的编制方法。根据财务报表列报准则的规定，资产负债表采用账户式的格式。资产负债表的格式如表 6-5 所示。

表 6-5　资产负债表

会企 01 表

编制单位：　　　　　　　　　　年　　　月　　　日　　　　　　　　　　单位：元

| 资产 | 期末余额 | 年初余额 | 负债和所有者权益 | 期末余额 | 年初余额 |
|---|---|---|---|---|---|
| 流动资产： | | | 流动负债： | | |
| 货币资金 | | | 短期借款 | | |
| 交易性金融资产 | | | 交易性金融负债 | | |
| 应收票据 | | | 应付票据 | | |
| 应收账款 | | | 应付账款 | | |
| 预付款项 | | | 预收款项 | | |
| 应收利息 | | | 应付职工薪酬 | | |
| 应收股利 | | | 应交税费 | | |
| 其他应收款 | | | 应付利息 | | |
| 存货 | | | 应付股利 | | |
| 一年内到期的非流动资产 | | | 其他应付款 | | |
| 其他流动资产 | | | 一年内到期的非流动负债 | | |
| 流动资产合计 | | | 其他流动负债 | | |
| 非流动资产： | | | 流动负债合计 | | |
| 可供出售金融资产 | | | 非流动负债： | | |
| 持有至到期投资 | | | 长期借款 | | |
| 长期应收款 | | | 应付债券 | | |
| 长期股权投资 | | | 长期应付款 | | |
| 投资性房地产 | | | 专项应付款 | | |
| 固定资产 | | | 预计负债 | | |
| 在建工程 | | | 递延所得税负债 | | |
| 工程物资 | | | 其他非流动负债 | | |
| 固定资产清理 | | | 非流动负债合计 | | |
| 生产性生物资产 | | | 负债合计 | | |
| 油气资产 | | | 所有者权益： | | |
| 无形资产 | | | 实收资本（或股本） | | |
| 开发支出 | | | 资本公积 | | |
| 商誉 | | | 减：库存股 | | |
| 长期待摊费用 | | | 盈余公积 | | |
| 递延所得税资产 | | | 未分配利润 | | |
| 其他非流动资产 | | | 所有者权益合计 | | |
| 非流动资产合计 | | | | | |
| 资产总计 | | | 负债和所有者权益总计 | | |

## 课后阅读

### 对天使投资最常见的5种误解

一、天使投资者掌握着生杀大权

为了说服合适的投资者提供投资，你需要积极行动起来，你必须从众多投资者中挑选对公司最有利的投资者，投资者能够给你的公司提供些重要的帮助，比如人脉资源、背景和知识等。这并不是“乞讨者无权挑选”的故事。你可以而且应该只瞄准那些在你所处的市场领域享有信誉、让你能够信任和放心建立合作关系的天使投资者。

二、获得天使投资比完成一轮风险投资更容易一些

这种看法是不对的。实际上，真实的情况恰好相反。天使投资者投出的是自己的钱，这会让他们在选择投资对象时更加谨慎。天使投资者很可能还是你所处的行业的专家，这会让说服他们投资变得更为困难。请记住，天使投资者并不定要投资。换句话说，那不是他们的工作。与靠投资来赚钱的风险投资者不同，天使投资者可以选择投资，也可以选择根本不投资。

三、天使投资比风险投资好一些/坏一些

事实上，天使投资与风险投资不具有可比性，这是两种不同类型的投资。你决定去寻求风险投资应基于很多不同的因素，包括你需要的资金量、你的公司正处于发展的哪个时期，以及除了资金之外，你还想从你与风险投资者的合作关系中获得些什么，比如行业知识、忠告建议、发展指导，等等。除了考虑你现在需要的资金量之外，你还应将未来可能需要的融资也考虑在内。如果你看望公司能够得到规模较大的投资者的投资，那么风险资本可能比天使投资更适合些。如果你不太在意分享权力，那么你也许可以选择天使投资。你需要考虑所有的因素，然后再做出最佳的融资选择。

四、公司被评估的价值越高越好

你不能仅仅因为一位天使投资人给你的估值比另一位天使投资人的估值高就选择前者。你的公司能否获得成功取决于你如何运用手中的钱，而不是你能得到多少钱。资本效率是衡量一家初创公司是否成功的关键指标。更高的评价会导致更多的资金投入，那会造成你的股权被不必要地稀释，规模扩展太快以及期望值过高等不良后果。

五、如果投资者不愿意为你提供任何帮助，那么你的创意注定会以失败收场

这可不一定哦。即使是某些最成功的公司，一开始也可能没有获得足够的投资，因此，你大可不必为此而气馁。你应该稳扎稳打地实现一个又一个的阶段性目标，朝着最终的目标坚定迈进。请记住，自力更生是一项强大的经营能力，而不是失败的标志。

# 第七讲　双创实战

## 主题一　创业计划与项目路演

### 一、创业计划书撰写

创业计划，又称“商业计划”，是引领创业的纲领性文件，是创业者具体行动的指南。创业计划是创业的行动导向和路线图，既为创业者行动提供指导和规划，促使创业团队及雇员团结心地工作，也为创业者与外界沟通提供基本依据。创业计划书的撰写可以迫使创业者系统思考新创企业的各个因素，促使创业团队定期沟通讨论将要从事的工作。一般情况下，撰写创业计划书主要有两大原因：在企业内部，创业计划书为企业执行战略和计划提供了值得借鉴的“蓝图”，能够迫使创业团队起努力工作，全力以赴地解决创业风险的各个细节；对企业外部来说，他能够向潜在投资者和其他风险投资者介绍企业正在追寻的商业机会，赢得对方支持。

创业计划是对构建一个企业的基本思想以及与企业创建有关的各种事项进行总体安排的文件，它从企业内部的人员、制度、管理以及企业的产品、营销、市场等各个方面对即将创建的企业进行可行性分析。创业计划包含创业定位、营销计划、财务计划、组织管理等，用以描述创办一个新的风险企业时所有相关的外部及内部要素。创业计划有时也叫行路图。创业计划主要回答三个问题：自己现在哪里?自己将去哪里?如何到达那里?

计划可以是短期的，也可以是长期的；可以是战略性的，也可以是操作性的。尽管不同的计划服务于不同的职能，但所有的计划都有一个重要目的，即在快速变化的市场环境下，为创业者提供指导准则和管理架构。

创业计划的作用主要有以下几个。

（1）创业计划书是企业创建的共同纲领和行动指南。通过制订创业计划，创业者能够明确创业方向、理清创业思路。在谈论创业机会细节的过程中，会迫使创业团队一起工作，将其抽象的创业理念转换为产品的功能和质量、销售的策略和方式、资金筹集和盈亏平衡点等具体的现实问题。通过反复论证和调整，团队成员统一思想，也使得最终形成的创业计划成为创业引领的纲领性文件，和具体行动的指南。同时，创业计划的写作是一个长期的过程，可能需要创业团队根据企业的实际情况进行不断的调整和完善。在这一过程中，创业者或者改变销售策略，或者更新经营思路，或者认识到某一方面的错误与不足，甚至改变了总目标下的某分支，这都有利于企业良性发展。

（2）撰写创业计划书是使创业团队及雇员团结一心的方式或手段。一份清晰的创业计划书对企业的愿景和未来均作了详细的陈述，无论对创业团队还是普通员工都具有十分重要的意义。尽管市场的快速变化经常发生，创业计划也会根据变化的情况适当调整，但是撰写创业计划的过程的确非常有用，会使得团队成员团结一心，为了共同的创业目标而努力，同时发现团队中可能存在的问题，从而通过对创业计划书这样一个重要方案的论证，使团队成员更加团结，配合更加默契，使普通员工和创业者保持配合一致的运动过程，保持统一有目的的行动方向。因此，创业计划书的撰写过程和创业计划本身同样有价值，是使创业目标变成现实的重要途径，使普通员工理解企业目标、完成企业计划的重要措施。

（3）创业计划可以作为推销性文本，为企业向潜在投资者、供应商、重要的职位候选者以及其他人介绍拟创办的企业。实际上，向创业者索要创业计划书的组织数量一直在不断上升，越来越多地由大学或社会团体主办的创业园和商业孵化机构会要求获得候选的企业提供创业计划书。有研究表明，拥有创业计划书和新创企业获得资助之间呈正相关关系。作为一种推销性文本资料，创业计划书有助于帮助企业建立可信度，尤其是在由大学、教育部、团中央以及一些基金组织举办的创业大赛中获奖的项目，可以使其更容易获得投资者的关注。即使是一个学生或者团队在创业计划大赛中取得好成绩，但最终并没有决定创办新企业，这种参赛经历也能产生积极效果。

## 二、创业计划书展示技巧

### （一）做好展示准备

展示准备和即将展示的内容一样重要。展示准备包括演讲前的准备和演讲过程中的准备两个方面。

在展示自己的创业计划之前，首先需要搜集听众的相关信息，以便和听众建立各种联系。通过搜索风险投资网站，可以了解参加展示的风险投资家或者天使投资者的信息，分析自己的创业计划和这些听众之间是否存在某种联系，或者演讲者本人与这些听众之间是否有个人联系。如果创业计划能够和听众的某些活动联系起来，或者演讲者曾经和听众有过同学关系，或者相同的兴趣爱好，则会让投资者感觉到给予支持可能带来的益处，或者和演讲者形成融洽的交谈关系，展示工作会达到事半功倍的效果。准备和展示场合相符的服装，按照合理分配的展示时间多进行练习，尽可能多了解展示场地的信息，都是准备阶段应该做的工作。

展示过程的第一步就是决定由谁来负责展示，一般的创业计划大赛都会要求所有创业团队成员参加展示，但是并不要求所有成员都要进行陈述，因此选择合适的人员进行陈述是成功的关键因素之一；其次，展示过程中的核心元素是展示的人，而不是展示的幻灯片，展示的幻灯片定要做得简明扼要，只提供展示的总体框架以及强调发言内容的重点.展示者一定要将听众的目光吸引在自己身上；最后，想方设法使展示变得生动有趣、充满激情。麻省理工学院的一项权威调查表明，沟通涉及三个层面，视觉（身体语言）占 55%，声音（语音语调）占 35%，口头表达（用于用词）占 7%。因此，在展示进程中，通过观众提问而有意停顿，或提高音量，或使用丰富的表情感染鼓舞观众，吸引观众注意力，多和观众沟通等都是不错的展示技巧。

### （二）创业计划书展示

展示的重点一定要放在观众而不是演讲者感兴趣的地方，而且展示的 PPT 应尽可能简单，一些专家给出了 6-6 法则，即每行不超过 6 个词语，每页不超过 6 行，连续 6 张纯文字的 PPT 之后需要一个视觉停顿（采用带有图、表的 PPT）等；一场二三十分钟的演讲最多不超过 12 张 PPT。下面是一个推荐的展示 PPT 模版，共计 12 张 PPT，展示的 PPT 往往以标题幻灯片开始。该张 PPT 包括企业的名称、标志、创始人姓名和联系方式。

第一张 PPT：概述。对产品或服务进行简要介绍，对演讲要点做一简介，对该项商业活动带来的潜在收益（经济效益、社会效益）等进行简单说明。

第二张 PPT：问题。说明亟待解决的问题（问题在哪儿？为什么会出现该问题？如何解决该问题？）；通过调查证实的问题（潜在顾客的需求是什么？专家有哪些建议？）；问题的严重性如何？

第三张 PPT：解决办法。说明企业的解决办法与其他解决方案相比的独特之处。展示本企业的解决方案在多大程度上可以改变顾客的生活，以及企业的解决方案有什么进人壁垒。

第四张 PPT：机会和目标市场。要清楚定位企业具体的目标市场，对目标市场的广阔前景进行展望。通过图表的方式展示目标市场的规模、预期销售额和预期市场份额等信息，说明拟采取什么方法实现销售计划。

第五张 PPT：技术。介绍技术或者产品或服务的独特之处，尽可能使对技术的描述通俗易懂，不要使用专业术语进行陈述。展示产品的图片、相关描述或者样品，如果产品已经试生产结束，则最好展示样品，说明可能涉及的知识产权问题，以及企业采用的保护措施。

第六张 PPT：竞争。详细阐述直接、间接和未来的竞争者，展示创业计划书中的竞争者方格，说明和竞争对手相比的竞争优势。

第七张 PPT：市场和销售。描述总体的市场计划、定价策略、销售过程以及销售渠道。说明消费者的购买动机、企业激起消费者欲望的方法、以及产品或服务如何到达最终的消费者手中。

第八张 PPT：管理团队。介绍现有管理团队（团队成员的背景和专长，以及在企业中将要发挥的作用，如何进行团队合作等），说明管理团队存在的缺陷或不足，如果有顾问委员会最好予以介绍。

第九张 PPT：财务规划。介绍未来 3~5 年企业总体的盈利状况、财务状况及现金流状况，尽量将规划的内容显示在一张 PPT 上，而且只显示总体数据，同时做好回答和数据相关问题的心理准备。

第十张 PPT：现状。用数据突出已经取得的重大进展，介绍启动资金的来源、构成和使用情况；介绍现有的所有权结构，介绍企业采用的法律形式及其原因。

第十一张 PPT：财务要求。如果有融资计划，介绍想要的融资渠道及筹集资金的使用方式，同时介绍资金筹集后可能取得的重大进展。

第十二张 PPT：总结。总结介绍企业最大的优势，团队最大的优势，同时介绍企业的退出策略，并征求反馈意见。

## 三、路演技巧

### （一）明确创业计划的展示对象

#### 1．企业内部（员工或股东）

表述清晰的书面商业计划，有助于澄清创业目标，协调团队的各项工作，增强团队凝聚力和行动力，激发团队行动向目标前进。对于企业职能部门经理而言，通过分析各环节和未来战略目标的商业计划，能确保自己所做的工作与企业整体计划方向一致。

需要注意的是：商业计划必须严格保密，严防落入竞争者手中。为了保密，有些企业会限制商业计划的复本数量，对特定对象准备特定复本，并要求：不用时时将计划放在文件柜或办公室锁好以确保安全。除外，在商业计划封面印刷“机密文件，未经许可，严禁复印”等字样。

#### 2．投资者和其他外部利益相关者

投资者、潜在商业伙伴、潜在客户、前来应聘的关键员工等外部利益相关者是创业计划的第二类读者。要吸引这些人，创业计划不要过分乐观，过分乐观会破坏创业计划的信度。

创业计划必须明确显示商业创意可行，并与那些风险更小的投资选择相比，商业创意能给潜在投资者带来更高的资金回报；对于商业伙伴、客户和前来应聘的关键员工而言，仍须如此。

创业计划必须论证其商业创意的可行性，开发出一套行之有效的商业模式，并深入认识所处的竞争环境。注意要展现的事实，即用事实说话。

### （二）向投资者陈述创业计划的技巧

#### 1．陈述准备

与投资者会面之前，创业者一定要准备好幻灯片，而且内容要以预订的陈述时间为限。陈述的首要原则是严格遵守会议时间地点安排，做好充分准备。如果需要视听设备，应事先准备好。注意：不要花费太多时间纠缠于产品或服务的技术，要多花点时间陈述自己企业自身情况；千万不要忘记重要材料（如申请专利的具体时间等），若创业者回答不上来或者模陵两可的话将给投资者留下很差印象。

#### 2．陈述的关键点与技巧

陈述仅需要使用 10～15 张幻灯片，不追求全面，要抓重点，尤其是投资者可能感兴趣的部分。

公司：用 1 张幻灯片迅速说明企业概况和目标市场。

机会（尚待解决的问题和未满足的需求）：这是陈述的核心内容，最好占 2～3 占幻灯片。

解决方式：企业将如何解决问题或如何满足需求，该项内容需要 1～2 张幻灯片。

管理团队：用 1～2 张幻灯片简要介绍每个管理者的资格和优势。

产业、目标市场：用 1～2 张幻灯片介绍企业即将进人的产业及目标市场状况。

竞争者：用 1～2 张幻灯片简要介绍直接和间接竞争者，并详细介绍企业如何与目标市场中的现有企业竞争。

知识产权：用 1 张幻灯片介绍企业已有的或待批准的知识产权。

财务：简要说明即可。强调企业何时盈利，为此要多少资本，以及何时实现现金流持平，最好用 2～3 张幻灯片。

需求、回购和退出战略：用 1 张幻灯片说明企业需求要资金数及设想的退出战略。

### （三）现场答辩与反馈

创业者要敏锐预见投资者可能会提出什么问题，为此创业者就可以做好准备。

投资者可能会用很挑剔的眼光看创业计划，这时，创业者可能会很泄气。其实，投资者仅仅是在做分内的事情，提出的问题可能会有很大帮助的，会给创业者很大启发的。

回答问题阶段是非常重要，此时投资者往往考察创业者是否挖掘到问题的本质，以及对新创企业了解多少。现场回答投资者问题时要注意以下几点。

（1）对投资者问题的要点有准确理解，回答具有针对性而不是泛泛而谈。

（2）能在投资者提问结束后迅速做出回答，回答内容连贯、条理清楚。

（3）回答问题准确可信：回答问题建立在准确的事实和可信的逻辑推理上。

（4）特定方面的充分阐述：对投资者特别指出的方面能做出充分的说明和解释。

（5）整体答辩的逻辑性要求：陈述和回答的内容有整体致性。

（6）团队成员在回答时有较好的配合，能协调合作，彼此互补，对相关领域的问题能阐述清楚。

## 课后阅读

### 检测商业计划书是否合格的11条标准

给你11条检验标准，从现实角度评价你的商业创意。

一、“电梯”测验

你能在大约上一层电梯的时间里 用最多两个短句告诉我你的生意如何获利吗?电梯测试是广为人知的电梯销售演讲的变本。你需要个“电梯商业演讲”。为什么?你必须清楚你如何赚钱。商业计划必须简单明了。

用来检验新公司的一个测验就是看公司被解释的难易程度。如果-个人能在他的名片后面概括他的公司计划的话，通常这意味着他能向员工，顾客和利益相关者描述公司的目标。一份需要段文字或者10分钟来解释的商业计划是含糊不清的。

二、“最多三件事情”测验

成功有赖于创业者将其能力集中在有限的几个关键领域的能力。当你审视一个创业创意时，你需要问自己如下问题：这里决定我成功的三件事是什么?我具备在这个范围内成功的必备能力么?如果没有，如何获得?

三、“假如你是顾客”测验

把你放在潜在顾客的位置上，问你自己一系列的问题：

在已有选择的基础之上，我会买这个公司的新产品和服务吗?如果是，为什么?

作为一个潜在的买家，我是独一无二的吗?还是很多人和我一样?我会以现在的全价购买产品和服务吗?

购买服务有多快?多容易?我会立刻购买，还是先了解一下?

四、“差异化和市场领导权”测验

成功需要你的生意与众不同并能统治一些东西。钓小池塘里的大鱼比当大海里的小鱼要好得多。差异化可以吸引特定的顾客，让你统治这个领域。与众不同者必胜，千篇律者必败。

五、“我会被包围吗?”测验

在创业之前，你必须估计很常见的现象带来的风险，以及妨碍你长期成功的可能性。要让公司有一些结构特性让供应商和合伙人难以竞争。从开始你就要考虑你是否能有效构建你的公司，阻止合伙人和供应商复制你向顾客提供的价值的企图。

六、“成本翻番”测验

“成本翻番”的本质是：你预料到会出现问题，每件事都比预期的费用要高，通常需要更多的时间实现收益。这个测验检查你犯错误的回旋余地，很显然余地越大越好。看一下你的利润计划（你预期的花费，预期收益，取得收益的时间）问自己如下问题：如果成本翻倍，这还是一份好的商业计划么?如果第一年的收益只有预期收益的一半，成本又翻番，这还是一个好创意吗?

七、留下“犯错误试验的空间”测验

好的商业创意通常留给你很大的犯错误的空间。并且记住，你最后挣的钱不一定来自于打算挣钱的地方。在你投入时间和精力检测你的公司前使用这个测验最有价值。一旦你已经完善了你的业务模式你就没必要选择如此大胆的假设。

八、“依赖性”测验

任何公司的重要风险来源之一就是对某个供应商或者顾客的巨大依赖。首要法则是单一顾客不能占据个公司销售额的35%。所以，问问自己：如果环顾四周，我的公司是否严重依赖某个公司呢?如果答案是肯定的，有办法减少这种依赖性或者减轻潜在的损失吗?如果你打算创立的公司严重依赖某个公司，要考虑如下两个问题：这种依赖性会榨取我的利润吗?如果我依赖的公司停业或者不再同我做生意，将会发生什么事情?

值得注意的是：在当今激烈的竞争环境中，不幸的现实是公司不再像以前那样具有同样的价值了。过去，一个公司在一年中获得特定收人，下一年（管理良好的情况下）也会得到类似的收人。今天，没有持续创新的公司，其收入很有可能逐年下滑。

九、“多股收入流”测验

控制风险的传统方法之是多样化。涉及公司收人，是指公司从多个来源获得收益的能力。

十、“脆弱性”测验

“脆弱性”测验，是用来分析商机的“最坏的情况是什么”的方法。问自己这样一些问题：如果公司开业运转了，什么事情会让我的公司瞬间倒塌?我如何预测现有的和潜在的竞争者对我的公司做出的反应?是否有竞争者，作为对我这个潜在威胁的反应，有能力将我的公司立刻扫地出门?为什么现有竞争者不会对我的进人做出反应?

十一、“不只是一条路”测验

如果你的公司或者你将使用的技能能够灵活地朝多个方向发展，你将更有可能成功。但是如果你知道你正在启动一个只有一条路可走的公司，那么你必须停下来思考，因为你没有多少犯错误的机会。

# 主题二　新企业创办

## 一、创立企业的条件

创业者在决定创业之前，首先应该清楚自己该不该设立企业，以及何时设立。大量的调查表明，企业的设立时机得当与否对新创企业的成功有着重要的影响。一般来说，具备以下一个或几个条件时，企业的设立才有可能成功：

### （一）具备了设立企业的外部环境

创业需要有适当的制度环境、政策环境、金融环境、市场环境、科技环境和人文环境等。传统计划经济时期个人无法创业，原因关键在于那时缺少个人创业的经济制度与政策环境。良好的外部环境也为很多创业者提供了设立企业的良好时机。

政府对创业者的帮助和支持表现在对新创企业提供包括房产、水电、通信方面的基础设施，鼓励创业的财政支持和税收等方面的政策支持，以及对特定行业的发展支持等。没有政府政策的支持，新创企业很难在艰苦的投入大于收益的阶段获得持续的发展动力和回报。比如，政府对于高科技企业的创办给予了良好的支持，包括制定具有引导性的政策、制定新的法律法规；建立高新技术创业园区、减免部分新创企业税收；提高新创企业的审批效率；鼓励留学人员创业等。创业者在做出创业决策时，需要考虑新创企业的产品和服务是否符合当地政府的要求，企业的经营业务将受到政府鼓励还是抑制，能够享受哪些优惠政策，需要履行怎样的企业义务。

### （二）有了强烈的做老板的意识

很多创业者在强烈的做老板的意识下创立了自己的企业。对很多人来说，一般都是在一个公司里做一般甚至高级员工，有较高的薪资或比较舒适的办公环境以及较好的福利，按照公司统一的战略规划及统一的步调进行日复一日、年复一年的工作。自己创办企业基本上可以选择自己喜爱的事业去开创，按照自己喜欢的方式去做自己喜欢的事情。在自己创办的企业里为自己工作，做自己喜欢的事情，实现自己的人生理想和抱负，是大多数创业者的创业动因。显然，一个没有做老板欲望的人是无法创业的，因为他不可能有应对创业之挑战、机遇、困难、烦恼的任何心理准备。即使他受人挑动，或盲目上阵创办企业，也必然会败下阵来。也正是在这种强烈的自己做老板的意识驱动下，很多企业应时而生。

### （三）出现了有利的市场机会

很多很好的商业机会并不是突然出现的，而是对于“一个有准备的头脑”的一种“回报”。或是当一个识别市场机会的机制建立起来之后才会出现，例如，一个创业者在每一次酒会上都询问与会者，是否在使用某种产品的时候发现有什么不够令人满意之处；另一个创业者则时时关注着他的外甥和侄女正在玩什么玩具，他们是否对玩具感到满意。市场机会的出现是创业者意识到机会的到来，有准备的创业者会适时创立自己的企业。

寻找市场空白，这可能是最直接有效的发现有利市场机会的方法了。有空白就存在着巨大的消费需求。但问题是创业者本人看到的市场空白别人往往也能看到，即使自己先看到，以后也容易被后来者模仿甚至超越。在温州有一个拥有千万资产的人叫叶建林，他创业成功的秘密就是“生意一火就转行”。从开酒楼开始，到大排档、火锅店，每一次他都创当地行业之先河，而且盈利颇丰。道理就在于他能敏锐地发现和抓住市场空白，捷足先登。

### （四）有了能创造市场的商业模式

21 世纪是信息世纪，互联网的飞速发展极大地推动了信息的数字化和网络化，信息的获取和传递变得非常容易。目前网上用户已超过 5 亿人，一些著名的大公司和中小公司纷纷上网，通过互联网获取和发布信息，直接进行网上交易。借助互联网的顾客可以随时在网上购物，公司也可以利用互联网为消费者提供适时、特定服务，企业之间也可以通过互联网进行产品销售或购买，因此在互联网上蕴藏着大量的商机。

由于 B2C 模式在中国已经有了一定的发展。同时，从美国、欧洲等发达国家电子商务已经取得的成绩来看，B2B 电子商务在未来具有很好的发展前景，一大批 B2B 电子商务公司在世界各地不断地涌现出来。由此可以看到，一个有着巨大市场潜力的商业模式也能带动大批企业的创立。

### （五）有机会掌握独立创业的独特资源

这里说的独特资源有很多种，例如获得了某种有利于自己独立创业的特许权也是一种独特资源。创业者一旦拥有了这类权利，就不会遇到过多的竞争者，就不会进入一个拥挤的市场，创业成功的概率自然会大大提高。

## 二、公司设立的前期准备

创业者在创办一家新的公司之前，要做好以下几方面准备：

### （一）组织公司股东

股东即公司的出资人，也称为投资者，成立一家公司首先就是要组织一定数量的投资者。除国家有禁止或限制的特别规定外，有权代表国家投资的政府部门或机构、企业法人、具有法人资格的事业单位和社会团体、自然人都可以成为公司的股东。

### （二）确定公司名称

申请名称预先核准的时候，应当提交下列文件。

（1）全体股东签署的公司名称预先核准申请书。

（2）股东的法人资格证明或者自然人的身份证明。核准公司名称大约要交30元手续费。

### （三）确定公司地址

（1）公司的地址必须和准备递交申请的注册机构的级别相一致。例如，如果在兰州市城关区工商局注册一家有限公司，那么就不能将公司地址定在七里河区。

（2）公司地址所在地必须具备完整的产权证明文件。产权证明文件证明该所在地归谁所有，一般是指房产证，或者是购房合同加上银行按揭证明。房产证明是拿给工商局作确认用的，确认完了会退回给业主。

（3）一个地址只能注册一家有限公司，如果同学们定的地址以前已经有注册过一家公司而且那家公司现在还没有搬走或注销，那么现在就不能用来再注册一家公司，即使是原来的公司搬走了，也要确认那家公司有没有办理地址变更手续。

（4）有些地方的工商局对注册有限公司的房屋档次有所要求，在注册之前必须了解当地的规定，或者到工商局先咨询清楚。

（5）如果公司地址所在地的所有权不属于任何一个股东的，那么必须由其中一个股东跟业主签订一个租赁合同，在签订租赁合同之前一定要弄清楚上面所说的几点。租赁合同一般要签一年以上，这跟公司的经营期限是相关联的，例如你签的租赁合同期是一年，那么工商局批给你的经营期限最多也是一年，到期了人必须办理延期手续或者将公司注销，办理延期手续的时候必须递交新的租赁合同。

### （四）预定公司经营范围

经营范围是指国家允许企业法人生产和经营的商品类别、品种及服务项目，反映企业法人业务活动的内容和生产经营方向，是企业法人业务活动范围的法律界限，体现企业法人民事权利能力和行为能力的核心内容。根据《公司法》的规定，对公司的经营范围有以下要求。

（1）公司的经营范围由公司的章程规定，公司不能超越章程规定的经营范围申请登记注册。

（2）公司的经营范围必须进行依法登记，也就是说，公司的经营范围以登记注册机关核准的为准。公司应当在登记机关核准的经营范围内从事经营活动。

（3）公司的经营范围中属于法律、行政法规限制的项目，在进行登记之前，必须依法经过批准。

公司注册资本的最低限额如下。

（1）以生产经营为主的公司 50 万元。

（2）以商品批发为主的公司 50 万元。

（3）以商业零售为主的公司 30 万元。

（4）科技开发、咨询服务性公司 10 万元。

例如现在投资 50 万元成立一家计算机科技公司，公司的经营范围可以这么写：电子计算机软、硬件、网络系统工程及电子产品的开发、技术咨询、技术服务：批发和零售贸易（国家专营专控项目除外）。如果提交的经营范围里面某些项目不符合要求，工商局会要求修改或将它删除。

## （五）确定股东的出资

### 1．出资方式及比例说明

（1）货币。设立公司必然需要一定 数量的货币，用以支付创建公司时的开支和生产经营费用。所以股东可以以货币进行出资。

（2）实物。是指有形物既能看得见，又可摸得到的东西。实物出资一般是以机器设备、 原材料、零部件、建筑物、厂房等作为出资。

（3）工业产权。工业产权是一个内容非常广泛的概念，它以般包括：发明、实用新型、外观设计、商标服务标记、厂商名称（商号）、货源标记或原产地名称、制止不正当竞争等。抽象地说凡是可用于工业（更确切地说是各种生产经营的行为）领域的，能够提高企业市场竞争力并能创造利润的智力创作成果，都属于工业产权。

（4）非专利技术。确切地说应当是非专利成果，是受《中华人民共和国技术合同法》保护的一种无形财产。在广义上，它可以被看作是一种特殊的工业产权， 但在狭义上，由于未经法定程序授予，也无独占性和明确的时间、地域限制，故被排斥在工业产权之外。

### 2．股东出资必须符合要求

（1）股东以货币出资的，应当将货币出资一次足额存入准备设立的有限责任公司在银行开设的临时账户。

（2）股东以实物、工业产权、非专利技术、土地使用权出资的，必须进行评估作价，并依法办理转移财产或者使用权的手续，这里的手续是指过户手续，比如以房产出资的必须到房管部门办理转让所有权的手续。资产评估必须找具有法定评估资格的机构（如资产评估公司或会计师事务所等）来进行，这些机构对资产评估完后会出具资产评估报告书。以新建或新购人的实物作为投资的，也可以不经过评估，但要提供合理作价证明。建筑物以工程决算书为依据，新购物品以发票上的金额为出资额。

（3）以工业产权、非专利技术作为出资的金额不得超过公司注册资本的百分之二十。但是，国家对于采用高新技术成果有特别规定的除外。

（4）股东应当足额缴纳公司章程中规定的各有所认缴的出资额。股东全部交纳出资后，必须经过法定验资机构（如会计师事务所等）验资并出具证明。资产评估和验资是不同的，资产评估是指评价出实物、工业产权等的具体价值，验资是指证实具体出资的真实性及合法性。

### （六）确定公司的组织管理结构

#### 1．股东大会

股东大会行使下列职权。

（1）决定公司的经营方针和投资计划。

（2）选举和更换董事，决定有关董事的报酬事项。

（3）选举和更换由股东代表出任的监事，决定有关监事的报酬事项。

（4）审议批准董事会的报告。

（5）审议批准监事会或者监事的报告。

（6）审议批准公司的年度财务预算方案、决算方案。

（7）审议批准公司的利润分配方案和弥补亏损方案。

（8）对公司增加或者减少注册资本作出决议。

（9）对发行公司债券作出决议。

（10）对股东向股东以外的人转让出资作出决议。

（11）对公司合并、分立、变更公司形式、解散和清算等事项作出决议。

（12）修改公司章程。

#### 2．董事会

董事会的成员为三人至十三人。董事会设董事长一人，可以设副董事长一至二人。董事长、副董事长的产生办法由公司章程规定。

董事会对股东会负责，行使下列职权。

（1） 负责召集股东会，并向股东会报告工作。

（2）执行股东会的决议。

（3）决定公司的经营计划和投资方案。

（4）制订公司的年度财务预算方案、决算方案。

（5）制订公司的利润分配方案和弥补亏损方案。

（6）制订公司增加或者减少注册资本的方案。

（7）拟订公司合并、分立、变更公司形式、解散的方案。

（8）决定公司内部管理机构的设置。

（9）聘任或者解聘公司经理（总经理）（以下简称经理），根据经理的提名，聘任或者解聘公司副经理、财务负责人，决定其报酬事项。

（10）制定公司的基本管理制度。按照《公司法》的规定，如果公司的股东人数较少和规模较小，可以设一名执行董事，不设立董事会。执行董事的职权可以参照董事会职权进行确定。

**3．监事会**

也称公司监察委员会，其成员不得少于三人。

监事会由股东代表和适当比例的公司职工代表组成，具体比例由公司章程规定。监事会中的职工代表由公司职工民主选举产生。有限责任公司，股东人数较少和规模较小的，可以设一至两名监事。董事、经理及财务负责人不得兼任监事。

监事会或者监事行使下列职权。

（1）检查公司财务。

（2）对董事、经理执行公司职务时违反法律、法规或者公司章程的行为进行监督。

（3）当董事和经理的行为损害公司的利益时，要求董事和经理予以纠正。

（4）提议召开临时股东会。

（5）公司章程规定的其他职权。

**4．经理**

经理是公司中对内有业务管理权限、对外有商业代理权限的人。总经理对董事会负责，行使下列职权。

（1）主持公司的生产经营管理工作，组织实施董事会决议。

（2）组织实施公司年度经营计划和投资方案。

（3）拟订公司内部管理机构设置方案。

（4）拟订公司的基本管理制度。

（5）制定公司的具体规章。

（6）提请聘任或者解聘公司副经理、财务负责人。

（7）聘任或者解聘除应由董事会聘任或者解聘以外的负责管理人员。

（8）公司章程和董事会授予的其他职权。副总经理是总经理的副手。当总经理因故不能行使职权时，可授权副总经理代行其职权；一般情况下， 协助总经理总揽公司业务工作。

### （七）确定公司的法定代表人

（1）无民事行为能力或者限制民事行为能力。

（2）因犯有贪污、贿赂、侵占财产、挪用财产罪或者破坏社会经济秩序罪，被判处刑罚，执行期满未逾五年，或者因犯罪被剥夺政治权利、执行期满未逾五年。

（3）担任因经营不善破产清算的公司、企业的董事或者厂长、经理，并对该公司、企业的破产负有个人责任的，自该公司、企业破产清算完结之日起未逾三年。

（4）担任因违法被吊销营业执照的公司、企业的法定代表人，并负有个人责任的，自该公司、企业被吊销营业执照之日起未逾三年。

（5）个人所负数额较大的债务到期未清偿。

（6）国家公务员不得兼任公司的董事、监事、经理，也不得担任公司法定代表人。

### （八）制定公司章程

公司章程是关于公司组织和行为的基本规范。公司章程不仅是公司的自治法规，而且是国家管理公司的重要依据。公司章程具有以下作用。

（1）公司章程是公司设立的最主要条件和最重要的文件。

（2）公司章程是确定公司权利、义务的基本法律文件。

（3）公司章程是公司对外进行经营交往的基本法律依据。

公司章程是注册一家公司最主要的文件之一，它由股东共同制定，经全体股东一致同意，由股东在公司章程上签名盖章。公司章程对公司、股东、董事、监事、经理具有约束力。

## 三、新企业的选址

企业选址是指企业在开业之前对经营地址进行论证和决策的过程。创业者要充分认识到企业选址对企业经营发展的重要性，对影响企业选址的诸多因素进行科学分析，掌握企业选址的策略和技巧。

### （一）影响新企业选址的因素

创业者选择新企业经营地址时，需考虑政治因素、经济因素、社会文化因素、技术因素、人口因素、自然因素等，其中，经济因素和技术因素对选址决策起着基础作用。

1．政治因素

选择新企业地址时，创业者应重视对政府在市场发展、产业发展等方面相关规定的研究。研究政府已经出台的法律法规对新企业产品或服务、销售价格和营销策略等产生的影响，使新企业经营管理合法化；研究政府在不同时期发展产业的重点和优惠政策，可将新企业建在政府支持该产业的地区，使新企业抢占市场先机。当创业者作为投资者要到国外设立公司时，更应该考虑不同国家的政治环境，如该国对某一产业的发展政策是否稳定，对外国人设立公司是否有歧视政策等。

2．经济因素

经济因素决定了新企业预选地区的购买力，一般反映在该地区消费者的银行存款、收入水平、家庭总收入等指标上，这些数据与该地区是否繁荣有密切关系。创业者还应注意考察新企业预选地区的商业环境，是否形成了具有竞争力的企业集群，新企业地址选择在与自身产品或服务相关联企业和相关联机构相对集中的地区是比较容易获得成功的。在一个发达的经济区域中，具有竞争力的企业集群标志着该地区的竞争力，各个企业间形成一种竞争与合作的商业伙伴关系，这样一群具有竞争力的企业和一系列高效运转的机构共同促进该地区的繁荣发展。

3．社会文化因素

选择新企业地址时，创业者应考虑新企业地址所在城市的影响力、所在地区的社区文化与商业文化；分析新企业产品或服务目标消费群体的文化品位与消费心理。不同文化背景的消费者，由于生活态度与价值取向的差异，导致他们对健康、营养、安全与环境等的关注程度不同，会直接影响新企业产品或服务的市场需求与市场拓展。

4．技术因素

以科技研发与生产为方向的高科技新企业在选址时，创业者可考虑将新企业建在某地区与社区的技术研发中心附近，或建在新技术信息快速传递的地区。创业者可及时了解和掌握国内外新技术发展变化的新规律、新特点和新趋势，避免技术本身进步的难以预测性和技术市场变化的不确定性对高科技新企业带来的不利影响。

5．人口因素

创业者应该对可能成为新企业的消费群体有所了解。要重点了解该地区的人口结构、人口数量及人口稳定状况，以及消费者的职业与收入状况；还要了解消费者的购买习惯、消费能力等情况。人口因素往往反映该地区的市场需求及市场容量。一般情况下，新企业地址附近的人口越多、越密集，对新企业的经营发展就越好。例如，要开一家音像店，创业者就要了解该地区是否青少年居多，因为该群体购买音像制品的数量最多。

6．自然因素

创业者应该关注所选地址的地质状况、水资源的可用性、气候变化等自然因素是否符合新企业生产与经营的客观需要。同时，应考虑地理环境对选址是否有利，一是交通便利与畅通的程度，交通条件便利与否对新企业的营销有很大影响；二是所选地址周围的卫生与硬件设施情况及繁华程度，若新企业地址选在卫生环境好且位于车站附近、商业区或人口密度高的地区或同一行业集中的地区，将具有较大的优势。

### （二）新企业选址的策略和技巧

科学而行之有效的选址对新企业的成长至关重要，因此，创业者必须掌握新企业选址的策略和技巧。具体应注意以下几个方面。

1．在考察与评估备选地址的基础上选址

创业者要对多个备选地址进行实地考察，并采用科学的定量分析的方法对备选地址进行考察与评估。经过对备选地址的实地考察与定量分析，按照新企业“必需的”和“希望的”选址条件，对备选地址进行详细的比较分析后，选择出最佳地址。

2．在收集与研究市场信息的基础上选址

市场信息对新企业选址的影响是不可忽视的，决定着创业者能否正确地做出选址决策。依据影响企业选址的各种因素，创业者可自己或借助中介机构收集市场信息，并对收集的多方面市场信息进行定性与定量的科学分析，在此基础上进行科学选址。

3．在咨询与听取多方建议的基础上选址

创业者经过咨询有经验的企业家或相关人士，把新企业选址的备选方案与最佳地址呈现出来，听取他们的意见与建议，获得有益的帮助；并综合分析各种信息、意见与建议，制定详细的备选地址优势与劣势对比表，按照新企业所进入的行业特点与新企业的市场定位等特征，综合运用选址的评估方法，最终做出正确的选址决策。

### （三）新企业选址的重要意义

新企业在创建、生存与发展过程中，除了企业的目标定位、团队管理和市场运营等因素外，选址是关系到新企业成败的重要环节，直接关系到新企业发展目标的实现。

1．选址决定企业的成败

选址正确，企业将获得良好的经济效益，也将极大地影响企业生产经营的成本、效益和未来企业的发展与规模扩充。尤其是对于与消费者直接接触的服务型企业，选址就是选择消费者，其选址的科学合理在很大程度上直接决定着企业的经营收入，甚至企业的存亡。如果能够选择某一企业的产品或服务、价格与环境的潜在消费者数量不多，企业无法实现盈亏平衡，企业退出就在所难免。

**2．选址对实现企业经营目标和经营战略影响重大**

好的经营地址是稀缺资源，意味着企业将获得较高的营业额与利润。如果选址不当，企业的经营目标与经营战略便无法实现。那些劳动力或原材料成本较低的地方，一般被采取低成本经营战略的企业所选择；那些交通便利、地区或社区发展状况及未来发展规划较好的地方，一般被为消费者提供快捷服务的企业所选择。新企业在制定经营目标与经营战略时，需要考虑的因素很多，其中包括对所选地址的研究分析与评估，从而为企业制定经营目标提供依据，并在此基础上按照消费者的构成及需求特点，确定营销战略。

**3．选址对提升企业竞争力意义深远**

新企业的竞争力具有复杂性与多层次性，企业地址所在地区的商业环境质量深刻地影响着新企业的持续竞争力，即企业所在地区的交通运输基础设施能否满足企业正常有效的运营，社区文化与社会治安等商务环境能否提升企业竞争力等。如果新企业所选地址的所在地区已形成具有竞争力的企业集群，其区域竞争优势的独特性和集聚效应对新企业商务环境的影响力自然会比企业的地理位置显得更为重要，因为该地区具有其他地区竞争对手难以模仿的特性。

**4．选址是企业一项长期的发展投资**

对于新企业来讲，生产经营活动需要地址、人、财、物、信息、技术等元素，其中地址作为重要元素具有长期性与稳定性的特点。选址对新企业设施配备、生产经营产品或服务的成本及管理费用等都有着长期影响。新企业地址一旦确定，便不易变动。当企业外部环境发生变化时，如企业产品或服务的消费群体、生产经营的商业环境等发生变化，创业者为适应变化的市场环境，迅速做出反应，可及时调整产品或服务的种类与价格等众多经营因素，而企业生产经营场所的变动则很难。变动企业地址涉及企业租赁协议、已建与在建工程等问题，也涉及企业的人、财、物等资源配置的问题。因此，新企业科学合理地选择地址，可长期获得收益。

## 四、新企业的注册流程

企业注册是指创业者根据国家法律法规相关规定获得合法经营手续的行为。为规范企业行为，保护企业及股东合法权益，维护社会经济秩序，促使社会主义市场经济发展，新企业必须经国家登记机关依法登记，领取营业执照。未经国家登记机关登记的，不得以公司或企业的名义从事经营活动。新企业的注册流程包括以下步骤。

### （一）新企业名称核准

新企业名称通常是生产某类产品或提供某类服务的企业的专有名称，是用文字形式表示的一个企业区别于其他企业或组织的特定标志。

**1．企业名称的构成**

企业名称一般由字号（商号）、所属行业（经营特点）、组织形式三部分组成，前面可以加上所在地区行政区域名称。如“北京××文化发展中心”“广州××科技发展有限公司”“合肥××食品厂”“武汉××商店”“宁波××技术开发中心”等。

（1）行政区划。行政区划是指本企业所在地县级以上行政区域的名称或地名。

（2）字号。企业名称中的字号应当由两个以上汉字组成，行政区域名称不得用作字号，但县以上行政区域地名具有其他含义的除外。此外，也可以使用自然人投资人的姓名作字号。

字号虽然只是几个汉字的组合，但表现的绝不仅是几个汉字所固有的含义。作为企业标识，它储存着企业资信及其产品的市场竞争力等信息，这就使其成为商誉的载体而具有财产价值。例如，家喻户晓的“可口可乐”，其商誉已值 334 亿美元。早在 1967 年，可口可乐公司就宣称，即使公司一夜之间化为灰烬，照样可以起死回生，因为凭商誉，立即就会有大银行找上门来贷款，这就是著名字号所独有的魅力。

（3）行业。企业名称中的行业表述应当是反映企业经济活动性质所属国民经济行业或者企业经营特点的用语。名称中的行业特点应与主营行业相一致。企业经营活动性质分别属于国民经济行业不同大类的，应当选择主要经济活动性质所属的国民经济行业类别来表述企业名称中的行业。

（4）组织形式。依据《中华人民共和国公司法》《中华人民共和国中外合资经营企业法》《中华人民共和国中外合作经营企业法》《中华人民共和国外资企业法》申请登记的企业名称，其组织形式为有限公司（有限责任公司）或者股份有限公司；依据其他法律、法规申请登记的企业名称（如合伙企业、个人独资企业等），组织形式不得申请为“有限公司（有限责任公司）”或“股份有限公司”，非公司制企业可以申请用“厂”“店”“部”等作为企业名称的组织形式。

**2．新企业名称核准的流程**

设立公司应当申请名称预先核准。申请名称预先核准，应当提交下列文件：有限责任公司的全体股东或者股份有限公司的全体发起人签署的公司名称预先核准申请书；全体股东或者发起人指定代表或者共同委托代理人的证明；国家工商行政管理总局规定要求提交的其他文件。

企业名称核准后，企业名称要遵照《企业名称登记管理规定》和《企业名称登记管理实施办法》，到工商行政管理部门申请注册，非经工商行政管理机关核准的企业名称不受法律保护。国家工商行政管理局和地方各级工商行政管理局是企业名称的登记管理机关，登记主管机关依照《中华人民共和国企业法人登记管理条例》，对企业名称实行分级登记管理。凡使用“中国”“中华”“国家”“全国”“国际”，或者不冠以企业所在地行政区划名称的企业名称，须经国家工商行政管理局核准。外商投资企业的名称由国家工商行政管理局核定。

### （二）工商注册登记

工商注册登记是新企业开办的法定程序。创业者应主动到当地工商行政管理部门向有关人员咨询，了解申请工商注册登记的程序与要求，及时办理新企业的工商注册登记手续，使新企业的经营活动合法化，并受到法律保护。

**1．填写登记申请书并提交有关材料**

申请人应当按照国家工商行政管理总局制定的申请书格式文本提交申请，并按照企业登记法律、行政法规和国家工商行政管理总局规章的规定提交有关材料。涉及法律、行政法规和国务院发布的决定确定的企业登记前置许可项目的，申请人应当提交法定形式的许可证件或者批准文件。新企业登记需要提交以下文件。

（1）个人独资企业登记需要提交的文件。投资人申请设立登记个人独资企业，应当向登记机关提交下列文件：投资人签署的个人独资企业设立申请书；投资人身份证明；企业住所证明；国家工商行政管理总局规定提交的其他文件。从事法律、行政法规规定须报经有关部门审批的业务的，应当提交有关部门的批准文件。委托代理人申请设立登记的，应当提交投资人的委托书和代理人的身份证明或者资格证明。

（2）合伙企业登记需要提交的文件。申请设立合伙企业，应当向企业登记机关提交下列文件：全体合伙人签署的设立登记申请书；全体合伙人的身份证明；全体合伙人指定代表或者共同委托代理人的委托书；合伙协议；全体合伙人对各合伙人认缴或者实际缴付出资的确认书；主要经营场所证明；国务院工商行政管理部门规定提交的其他文件。法律、行政法规或者国务院规定设立合伙企业须经批准的，还应提交有关批准文件。

（3）有限责任公司登记需要提交的文件（包括一人有限责任公司）。申请设立有限责任公司，应当向公司登记机关提交下列文件：公司法定代表人签署的设立登记申请书；全体股东指定代表或者共同委托代理人的证明；公司章程；股东的主体资格证明或者自然人身份证明；载明公司董事、监事、经理的姓名、住所的文件及有关委派、选举或者聘用的证明；公司法定代表人任职文件和身份证明；企业名称预先核准通知书；公司住所证明；国家工商行政管理总局规定要求提交的其他文件。法律、行政法规或者国务院决定规定设立有限责任公司必须报经批准的，还应当提交有关批准文件。

（4）股份有限公司登记需要提交的文件。申请设立股份有限公司，应当向公司登记机关提交下列文件：公司法定代表人签署的设立登记申请书；董事会指定代表或者共同委托代理人的证明；公司章程；发起人的主体资格证明或者自然人身份证明；载明公司董事、监事、经理姓名、住所的文件及有关委派、选举或者聘用的证明；公司法定代表人任职文件和身份证明；企业名称预先核准通知书；公司住所证明；国家工商行政管理总局规定要求提交的其他文件。

以募集方式设立股份有限公司的，还应当提交创立大会的会议记录及依法设立的验资机构出具的验资证明；以募集方式设立股份有限公司公开发行股票的，还应当提交国务院证券监督管理机构的核准文件。

2．缴纳出资

股东可以用货币出资，也可以用实物、知识产权、土地使用权等可以用货币估价并可以依法转让的非货币财产作价出资；但是，法律、行政法规规定不得作为出资的财产除外。对作为出资的非货币财产应当评估作价，核实财产，不得高估或者低估作价。法律、行政法规对评估作价有规定的，从其规定。

申请设立有限责任公司的，股东应当按期足额缴纳公司章程中规定的各自所认缴的出资额。股东以货币出资的，应当将货币出资足额存入有限责任公司在银行开立的账户；以非货币财产出资的，应当依法办理其财产权的转移手续。股东不按照上述规定缴纳出资的，除应当向公司足额缴纳外，还应当向已按期足额缴纳出资的股东承担违约责任。股东认足公司章程规定的出资后，由全体股东指定的代表或者共同委托的代理人向公司登记机关报送公司登记申请书、公司章程等文件，申请设立登记。

以发起设立方式设立股份有限公司的，发起人应当书面认足公司章程规定其认购的股份，并按照公司章程规定缴纳出资。以非货币财产出资的，应当依法办理其财产权的转移手续。发起人不依照上述规定缴纳出资的，应当按照发起人协议承担违约责任。发起人认足公司章程规定的出资后，应当选举董事会和监事会，由董事会向公司登记机关报送公司章程及法律、行政法规规定的其他文件，申请设立登记。

3．颁发营业执照

营业执照是国家工商行政管理总局，省、自治区、直辖市和市、县工商行政管理局核准登记的向工商企业颁发的合法凭证，具有法律效力。依法设立的公司，由公司登记机关发给公司营业执照。公司营业执照签发日期为公司成立日期。公司营业执照应当载明公司的名称、住所、注册资本、经营范围、法定代表人姓名等事项。营业执照分为正本和副本，正本和副本具有同等法律效力，正本应当置于公司住所或者分公司营业场所的醒目位置。公司可以根据业务需要向公司登记机关申请核发营业执照若干副本。

（三）刻制印章

新企业领取营业执照后，创业者须到所在地公安局特行科办理新企业印章，并向特行科提供相关文件，包括营业执照、法定代表人身份证证明等。公安局审批后到指定的印章刻制单位刻制新企业印章。完成刻制后，还须在公安机关及相应的主管部门进行印鉴备案。需要说明的是，企业的印章、企业牌匾、企业银行账户、企业信笺所使用的名称应与新企业在工商行政管理机关登记注册的名称相一致。

## （四）代码登记

此处的代码即组织机构代码，是指根据代码编制规则编制，赋予每一个组织机构在全国范围内唯一的、始终不变的识别标识码。我国实行组织机构代码登记制度，根据《全国组织机构代码编制规则》强制性国家标准，对境内每一个机关、团体和企事业单位颁发一个唯一的、始终不变的法定代码标识。

申请办理组织机构代码登记，应当填写申请表，并出示或者提交下列材料：机关单位提交批准设立的文件及复印件；企业单位提交企业法人营业执照或者营业执照及复印件；事业单位提交事业单位法人登记证书及复印件；社会团体提交社会团体法人登记证书及复印件；其他组织机构提交相关的批准设立或者核准登记的文件及复印件；法定代表人、负责人身份证件及复印件；经办人身份证件及复印件，组织机构授权经办人办理登记的证明。组织机构的分支机构办理组织机构代码登记，还应当提供隶属组织机构的组织机构代码证书。

## （五）开立银行账户

开立银行账户是新企业与银行建立往来关系的基础。根据我国相关法律规定，每个独立核算的经济单位都必须在银行开户，各单位之间办理款项结算，除现金管理办法规定外，均需通过银行结算。单位银行结算账户包括基本存款账户、一般存款账户、专用存款账户、临时存款账户，不同存款账户的功能及用途各不相同。

创办新企业需要开立一个临时存款账户，待新企业获得营业执照后，该账户转为基本存款账户，也可以申请注销，另开基本存款账户。新企业申请开立单位银行结算账户，应填写开户申请书，提供基本存款账户的企业同意其附属的非独立核算单位开户的证明等证件，送交盖有企业印章的卡片，经银行审核同意后开立账户。

## （六）办理税务登记

依法纳税是每个创业者必须承担的社会责任。企业、企业在外地设立的分支机构和从事生产、经营的场所，个体工商户和从事生产、经营的事业单位自领取营业执照之日起30日内，持有关证件，向税务机构申报办理税务登记。税务机关应当自收到申报之日起30日内审核并发给税务登记证件。申报办理税务登记的一般流程如下。

（1）由纳税人主动提出申请登记报告，并提供营业执照，有关合同、章程、协议书，银行账号证明，居民身份证、护照或其他合法证件，以及税务机关要求提供的其他有关证件、资料。

（2）如实填写税务登记表。

（3）税务机关审核后发给税务登记证件。

## （七）办理社会保险

根据我国社会保险法，创业企业注册后还必须办理社会保险。用人单位应当自成立之日起 30 日内凭营业执照、登记证书或者单位印章，向当地社会保险经办机构申请办理社会保险登记。社会保险经办机构应当自收到申请之日起 15 日内予以审核，发给社会保险登记证件。用人单位的社会保险登记事项发生变更或者用人单位依法终止的，应当自变更或者终止之日起 30 日内，到社会保险经办机构办理变更或者注销社会保险登记。社会保险登记程序如下。

（1）单位递交申请，填写社会保险登记表和提供证件、资料。

（2）社保经办机构审核单位要求报送的资料。

（3）社保经办机构经审核无误后，建立参保单位、人员基础档案，核发社会保险登记证。

办理社会保险时，需要提供的证件、资料（均需原件和复印件）包括：

（1）工商行政管理机关注册的工商营业执照、批准成立证件或其他核准执业证件。

（2）国家质量技术监督部门验发的组织机构统一代码证书。

（3）企业法定代表人身份证。

（4）税务登记证。

（5）劳动和社会保障部门审批的劳动工资手册。

（6）职工工资发放表。

（7）职工与企业签订的劳动合同书。

## （八）注册公司所需要的条件

注册公司的条件有很多，主要涉及公司股东、公司名称、经营范围、注册地址、公司章程、董事、监事、法定代表人等内容。

（1）公司股东。股东是公司的出资人（投资者），公司注册时，需提交并验证股东的身份证明原件。

（2）公司名称。注册公司时，首先要进行公司名称核准，需提交多个备选公司名称进行查名。一般的规则是，同行业中，公司名称不能同名也不能同音，多个字号的，需拆开来查名。

（3）公司经营范围。注册公司的经营范围必须要明确，以后的业务不能超出公司经营范围；可以将现在要做和以后可能要做的业务写进经营范围；字数在 100 个字以内，包括标点符号。

（4）注册地址。公司注册地址必须是商用的办公地址，需提供租赁协议、房产证复印件。

（5）公司章程。公司成立时，需向工商管理部门提交公司章程，公司章程里确定了公司的名称、经营范围、股东及出资比例、注册资本，股东、董事、监事的权利与义务等内容。

（6）董事。公司成立时，可以设董事会（至少要有 3 名以上董事会成员）；若不设董事会，需设一名执行董事。股东可以担任执行董事。董事需出具身份证明原件。

（7）监事。按公司章程规定，公司成立时，可以设监事会（需多名监事），也可以不设监事会，但需设一名监事。一人有限公司，股东不能担任监事；两人及以上的股东，其中一名股东可以担任监事。公司注册时，需提交监事的身份证明原件。

（8）财务人员。公司进行税务登记时，需提交一名财务人员信息，包括身份证明复印件、会计上岗证复印件与照片。

（9）公司法人代表。公司需设一名法人代表，法人代表可以是股东之一，也可以聘请。公司法定代表人需提供身份证明原件及照片。

## 课后阅读

### 创业企业需要了解的 8 个管理定律

一、劣币驱逐良币

当一个国家同时流通两种实际价值不同而法定价值-样的货币时，实际价值高的货币（良币）必然要被熔化、收藏或输出而退出流通领域，而令实际价值低的货币（劣币）充斥市场，这就是劣币驱逐良币定律。

举例来说，薪酬、晋升是企业中员工最关心的两件事情，有些人通过拍马屁、拉关系等手段获得加薪和晋升，就会造成那些兢兢业业、努力工作的人的不满，开始只是牢骚，久而久之就会消极怠工，然后就是离开这个公司，或者干脆同流合污，良币变成了劣币。

二、沉没成本

沉没成本是指业已发生或承诺、无法回收的成本支出，如因失误造成的不可收回的投资。沉没成本是一种历史成本，对现有决策而言是不可控成本，不会影响，也不该影响当前的行为或未来决策。从这个意义上说，在做决策时应排除沉没成本的干扰。

设想你是一位电脑销售商，你买进的 100 台单价为 8 000 元/台的电脑现在已经过时了，某学校愿意以 4 000 元/台的价格买下，你会卖吗?许多零售商不愿意，因为他们认为这样就每台都亏损了 4 000 元。但如果你是一个理性决策者，你完全不应当考虑这 8 000 元的原价，它是已经成为过去式的沉没成本。你应当考虑的是将来你是否能以高于 4 000 元的价格卖掉你的电脑。如果不能，那么这 4 000 元/台的价格就是你最佳的卖出价。

三、破窗效应

一栋建筑少许破损的窗户如果不被及时修理好，将会有更多的窗户被破坏，最终破坏者甚至会闯人建筑内进行更严重的破坏。破窗理论强调着力改善错误行为，对错误行为进行及时指正、改进，避免带来负面的“羊群效应”。

比如企业中的考勤，如果企业实施的不是宽松的上班时间，如果有人总迟到却没有相应的管理、惩罚措施，那就会有越来越多的人迟到，并且还觉得完全不是自己的问题，是企业管理的问题，会心安理得地迟到。

四、墨菲定律

会出错的事总会出错。如果你担心某种情况发生，那么它就更有可能发生。

墨菲定律提醒我们：面对人类的自身缺陷，我们最好还是想得更周到、全面一些，采取多种保险措施，防止偶然发生的失误导致的灾难和损失。在企业中就要做好细节管理，任何一个细节上的失误，都可能导致严重的后果。同时我们必须学会如何接受错误，并不断从中学习成功的经验。

五、二八法则

二八法则是 20 世纪初意大利统计学家、经济学家维尔弗雷多·帕累托提出的，他指出：在任何特定群体中，重要的因子通常只占少数，而不重要的因子则占多数，因此只要能控制具有重要性的少数因子即能控制全局，比如 80%的公司利润来自 20%的重要客户。但这法则也不是放之四海而皆准。有的企业认为，20%的员工创造了 80% 的价值，领导者就只把关注的焦点放在 20%优秀员工身上，这会对企业文化等方面造成不好的影响。

六、木桶原理

木桶原理又称短板理论，其核心内容为：一只木桶盛水的多少，并不取决于桶壁上最高的那块木块，而恰恰取决于桶壁上最短的那块。但无论从个人的发展还是企业的发展来看，依照木桶原理的每块板都均衡发展是很难实现的，也很容易进人平庸化的误区。

后来又出现了反木桶原理：木桶最长的一块木板决定了其特色与优势，在一个小范围内成为制高点；对组织而言，凭借其鲜明的特色，就能在市场上具有一定的影响力而占据定的优势，而且这种先发优势也有利于后续其他方面、其他板块的完善。对于创业企业来说，更是如此。

七、长尾理论

长尾理论是伴随着互联网的兴起而出现的，由美国前《连线》杂志主编克里斯·安德森提出。简单来说就是随着互联网的普及和配套服务的发展，以前一些需求和销量不高的产品所占据的共同市场份额，可以和主流产品的市场份额相媲美，甚至规模更大。长尾实现的是许许多多小市场的总和等于甚至大于一些大市场。

八、马太效应

马太效应是指好的愈好，坏的愈坏，多的愈多，少的愈少的种现象。任何个体、群体或地区，一旦在某一个方面（如金钱、名誉、地位等）获得成功和进步，就会产生一种积累优势，就会有更多的机会取得更大的成功和进步。

# 附录 1　合伙创业协议书标准模板

## 合伙创业协议书

合伙人甲：姓名______，性别____，身份证号______________________

合伙人乙：姓名______，性别____，身份证号______________________

合伙人丙：姓名______，性别____，身份证号______________________

合伙人本着公平、平等、互利原则订立本合伙协议，具体内容如下：

第一条　合伙宗旨

诚信合作、相互理解；勤于沟通，甘于付出；合法经营、共同发展。

第二条　合伙项目

（一）业务（第一阶段），在业务具有一定规模、影响力和持续稳定的盈利后考虑研究下一步发展方向（第二阶段）。

（二）项目内容

1．名称：_________________________

2．产品：_________________________

3．定位：_________________________

第三条　合伙人出资金额、方式

1．合伙人出资本总额共计___万元人民币。本合伙人承认用劳务、相关资源、实物、数字产品、货币出资的有效性。

2．合伙人甲出资额___万元，出资方式为劳务（主要为______）、相关资源__________，可提供的实物及数字物品、现金_____元。

3．合伙人乙出资额____万元，出资方式为劳务（主要为_________）、相关资源________、可提供的实物及数字物品、现金_____元。

4．合伙人丙出资额____万元，出资方式为劳务（主要为________）、相关资源_________、可提供的实物及数字物品、现金_____元。

5．合伙期间各合伙人的出资为共有财产，不得随意请求分割。合伙终止或期间有合伙人退出时，各合伙人的出资处理方式按照相关约定执行。

第四条　合伙人的权利和义务

1．本合伙项目由合伙人共同出资、共同经营，由所有合伙人对合伙债务承担无限连带责任。

2. 合伙人在合伙正常经营范围内的一切行为，由全体合伙人承担民事责任。如某人超越权限的行为所产生的民事责任则由该合伙人个人承担。

3. 在执行合伙业务过程中，因合伙人的过错致使他人遭受人身伤害或者财产损失的，由全体合伙人承担连带责任。

4. 合伙期间，合伙项目积累的财产和权益为合伙财产，合伙人共有并为合伙经营使用。

5. 合伙财产在普通合伙清算前不得分割。

6. 各合伙人对合伙事务按照一人一票方式行使表决权，如表决权均等则按照出资比例确定。

7. 合伙事务决定权由简单多数法则决定，但以下事项必须经全体合伙人同意：修改合伙协议贷款或借款、接纳新合伙人、处置合伙财产、解散合伙。

第五条　合伙人职责分工

考虑到相关合伙人均有本职工作，其行使职责主要根据个人时间自行安排，但应以保证合伙项目按既定计划顺利推进为前提。职责简单分工如下：

合伙人甲：________________________________

合伙人乙：________________________________

合伙人丙：________________________________

第六条　盈余分配与债务承担

合伙各方共同经营、共同劳动，共担风险，共负盈亏。

1. 盈余分配：以各合伙人出资额为依据，按比例分配。

2. 债务承担：合伙债务先以合伙财产偿还，合伙财产不足清偿时，以各合伙人出资额为依据，按比例承担。

3. 合伙人按其出资额承担相应比例的民事责任。

第七条　禁止行为

1. 未经全体合伙人同意，禁止任何合伙人私自以合伙名义进行业务活动；如其业务获得利益归合伙，造成的损失按实际损失进行赔偿。

2. 合伙人不得自营或者为他人经营与合伙相同性质的业务，不得从事与合伙利益有冲突的活动。

3. 除合伙协议另有约定或者经全体合伙人同意外，合伙人不得同本合伙进行交易。

4. 合伙人不得从事损害本合伙企业利益的活动。

5. 合伙人为合伙经费垫支的费用，以合伙财产偿还，执行合伙业务，不得要求支付报酬或者计入出资额。

第八条　入伙、退伙、出资的转让

（一）入伙

1. 新合伙人入伙，必须经全体合伙人同意。

2．承认并签署本合伙协议。

3．除入伙协议另有约定外，入伙的新合伙人与原合伙人享有同等权利，承担同等责任；入伙的新合伙人对入伙前合伙企业的债务承担连带责任。

4．新合伙人入伙的出资后的项目所有权份额，由原合伙人平均等分提供。

（二）退伙

1．自愿退伙。有下列情形之一时，合伙人可以退伙：经全体合伙人同意退伙，发生合伙人难以继续参加合伙企业的事由。

2．合伙人在不给合伙企业事务执行造成不利影响的情况下，可以退伙，但应当提前60日通知其他合伙人。合伙人擅自退伙给合伙造成损失的，应当赔偿损失。

3．退伙人的财产结算，以退伙时合伙财产状况为准，但其初始入资额中的劳务付出、相关资源不计人财产，只计算其实际资金投入、项目运营利润和退伙时期项目的恰当估值；对尚未了结的合伙业务，了结时分配损益；对合伙债务仍负连带责任。

4．在退伙的情况下，其余合伙人有权继续以原企业名称继续经营原企业业务，也可以选择、吸收新的合伙人入伙经营。

5．退伙而引起的损失，应由退伙人赔偿。

6．退伙可用现金或其他协商方式支付，可以一次或分期退还。

（三）出资的转让

允许合伙人转让其在合伙中的全部或部分财产份额。在同等条件下，合伙人有优先受让权。如向合伙人以外的第三人转让，第三人应按入伙对待，否则以退伙对待转让人。合伙人以外的第三人受让财产份额的，经修改合伙协议即成为合伙企业的合伙人。

第九条　解散和清算

1．因下列原因之一可以解散：合伙人一致同意解散、合伙只剩一名合伙人、其他各方认可的原因。

2．合伙财产在支付清算费用后，按下列顺序清偿：合伙所欠招用的职工工资和劳动保险费用、合伙所欠税款、合伙的债务、返还合伙人的出资。

3．清偿后的剩余部分，按出资额比例分配给合伙人；清偿后的债务，按出资额比例，由合伙人个人财产清偿。

第十条　附则

1．本合伙协议由全体合伙人一致制订，生效后对全体合伙人具有约束力；

2．经全体合伙人协商一致，就未尽事宜和以上条款进行的修订、补充合伙协议均与原合伙协议具有同等法律效力；

3．本合伙协议各合伙人各执一份，经全体合伙人签字后生效。

合伙人甲：

身份证号：

盖章（签字）：

时间：____年__月__日

合伙人乙：

身份证号：

盖章（签字）：

时间：____年__月__日

合伙人丙：

身份证号：

盖章（签字）：

时间：____年__月__日

# 附录2　天使基金投资合作协议模板

## 天使投资协议书

投资项目：________________________________有限公司

投资方：________________________________________

合作期限：由____年__月__日到____年__月__日

项目地址：________________________________

一、合作条款

双方本着互利互惠与共同发展的原则，经各方充分协商，决定由_________发起，由_______作为本项目的天使投资人，联合投资以下创业项目，特订立本投资合作协议。

（一）投资计划

创业型企业：_______有限公司，是以_______为主营业务，预计初期（头____个月）投资额约为_______万元。

（二）股权投资及股东分工

本项目目前由____位股东组成，____年前的投资预算为____万元。

1．由_______作为天使投资人，出资_______万元占该项____% 股份。出任企业战略及投融资顾问，主要负责项目的整体战略规划和对外融资。其只参与运营过程监管，不直接参与日常管理运营，无薪酬。享有____个董事投票席位。协议期内，其将授权委托____代为行使本项目的股东权利和义务，出任监事职务，负责企业的运营、财务、采购和行政等方面监管事务，不直接参与项目的日常管理运营，无薪酬。

2．由_______出资___万元占该项目___%股份。出任执行总监（CEO）兼企业法人代表，全盘负责项目的统筹运营和行政管理事务，无薪酬。享有_____个董事投票席位。

3．由_______出资___万元占该项目___%股份。出任运营总监（COO），主要负责_______事务，无薪酬。享有____个董事投票席位。

4．由_______出资___万元占该项目___%股份。出任技术总监（CTO），主要负责_______等事务，无薪酬。享有____个董事投票席位。

（三）利润分配和风险承担

1．利润分配

利润一纳税-提留基金（发展基金30%+员工与管理层奖金5%）=红利（按股份比例分配）

2．风险承担

各股东对企业债务的承担，是以其当期在本企业拥有的股份比例为限。

二、特别约定条款

（一）保护条款

以下事项须经董事会讨论通过且须获得天使投资方的赞同票才能通过。

1．导致公司债务超过______万元的事由；超过______万元的一次性资本支出。

2．公司购并、重组、控股权变化和出售公司部分或全部资产。

3．公司管理层任免、工资福利的实施计划。

4．新的员工股票期权计划。

5．公司购入与主营业务无关的资产或进入非主营业务经营领域；进入任何投机性、套利性业务领域。

6．公司给第三方的任何技术或知识产权的转让或许可。

7．公司给管理者或员工的任何借款；任何与公司发起人或员工有关的关联方交易。

8．______位创始人股东必须承诺全职担任上述职务最少______年。如属其个人原因在______年任期期间退出有关职务的，除属股东会决议的正常职务调动或不可抗力事项，否则，其应向公司无偿移交其持有股份的50%，并支付其退出时该职务所需的工资福利，作为聘请新的无替代者，直至支付至余下的任职期。退出职务的股东，可保留董事席位，但要取消董事投票权。

9．如项目在三个月内结束运营而解散的，在处分公司清算后的剩余资产时，天使投资方占70%，在六个月内结束运营而解散的，天使投资方占50%。

（二）增资扩股条款

1．为保证公司股权安全及长远发展，在增资扩股时需引入战略性股东。公司将来在引入股东增资扩股时，由股东各预留一个推荐新股东席位。新股东的加入必须符合公司利益最大化和战略投资性股东的定位，且必须得到天使投资人同意。

2．除公司章程另有规定外，原则上各股东应先按其当期拥有的股份比例进行减持，以迎合新的战略性股东加入。任何股东若有出让股权行为，在同等价格下必须优先出让给现有公司股东，由现股东先按股份比例自愿认购。

3．为保护公司利益和原股东权利，根据公司法及公司章程规定：任何股东都有权就引人新股东而要求召开股东会，以投票方式进行表决，未获得超过五分之四董事席位投票同意的视为无效，具体安排由股东会议决议。

4．共售权：本轮次投资完成后，公司原股东欲出让股权给第三方时，投资方可以同等条件将所持股权出售给第三方，第三方购买方拒绝购买投资者持有的被投资方股权的，出售方亦不得出售其股权。

（三）股东股权保障条款（防稀释条款）

1．项目在将来增资扩股过程中，原始股东的股权将不可避免会因应新股东的加入或多轮股权融资而被稀释。为提前应对这些可能出现的情况，现股东一致同意：如日后出现以上情形，股东会确保天使投资方在本项目的最低持股为15%，____为15%，____为15%，____为15%。此为原始股东的最低股权额度保证，期间股东可以因其个人的意愿，将股份减持低于上述规定的百分比。

2．为保证原始股东的最大利益及公司控制权的安全，各原始股东出让的股权，必须优先由其他原始股东按其同期持有的股权比例购买。如在公示期仍无原始股东购买，才可向外界出让其所持有的股份。

3．任何一方股东，在公司年度计划中需要增资扩张时，须尽力募集股权比例规定该期股东应投入的资金。如有股东在当年财务结算年度未能足额出资的，该年度股份比例则自动递减到其实际出资额的比例。其他感兴趣的股东可优先按其持有股份的比例出资填充，获得当年的股权分红收益。

4．上年度未完成增资额的股东，在第二个财务结算年开始，可重新注入上年尚欠部分的增资款，而其该年度的股份比例将重新修正至实际出资额，获得与当期实际股权的分红收益。

（四）股权激励

1．管理层分红

为体现全职股东及高管所担当职务对公司做出的贡献，股东一致同意：在每年的税后净利润中，向CEO额外配发3%，向COO、CTO分别额外配发1.5%的分红作为职务奖励。有关职务奖励直至其出现职务调动、自愿离职、合作期满或公司出现自发的清算结业行为为止。

2．期权池

公司将来如果出现股权融资行为的，为激励管理层提升企业效益和管治能力，帮助员工从职业规划过渡到事业规划，确保优秀的人才不会流失，各股东一致同意：为非股东的项目执行团队管理层，预留当期企业股权总额的5%，作为期权池让他们优先认购。

（五）其他约定

1．________________________________

2．________________________________

3．________________________________

三、股东权利与义务

（一）股东权利

1．作为股东，各方可随时查阅和监管来自采购和运营方面的财务数据。为保证企业内部运营管理的高效和廉洁，每月企业的会计账目，货款结算和单笔超过100元的开支报销项目，必须提交给各方股东共同签署批准后方能入账。

2．根据《中华人民共和国公司法》和《公司章程》的规定：各股东均具有对企业内部重大决策方面的表决权利，有参与制定和行使股东会股东决策的权利。

（二）股东义务

1．各股东应尽心尽力，克已奉公，勤勉负责，为企业创造最大效益。

2．保守公司商业秘密，一切以本企业利益和声誉为重。

3．各股东一但签订本协定书，就必须严格执行有关协定书所列条款，行使股东权利和承担股东出资及其他法定义务。

四、违约责任

1．竞业禁止条款：为免与公司的核心利益产生冲突，在合作期内，所有股东无论在职离职期间，均不得直接或间接从事与有关的行业，否则将视为严重违约。违约方应即时清退出股东会，并将其当期所有股权的50%无偿出让给公司作为违约金。

2．任何一方股东未按本协议依期如数缴纳出资额的，每逾期10日为一个阶梯，违约方应向公司缴付其应出资额的2%作为违约金，直到出资完毕为止。

3．由于股东任何一方违约，造成本协议不能履行或不能完全履行时，除应按出资总额20%支付违约金外，守约方有权终止协议并要求违约方赔偿全部经济损失。如双方同意继续履行协议，违约方应赔偿其违约行为给公司造成的损失。

4．初创企业在运营过程中需要股东临时增加投资以应付开销，各方股东再按股份比例进行增资。各股东应克尽本分，努力在出资期限内完成出资任务，不得拖欠，否则按以上规定按违约处理。

五、注意事项

1．本协议书为《公司章程》的有效组成部分，如与《公司章程》有关条款有冲突的，以本协议书内容为准。本协定书内容如要修改，需按《公司章程》和《中华人民共和国公司法》适用条款实施。

2．以《中华人民共和国公司法》和《公司章程》为本协议书的补充文本，如以上条款有与《中华人民共和国公司法》抵触的情况，以《中华人民共和国公司法》有关条款为准。

3．本协议如有未尽事宜，合作双方再行友好协商一致，以补充条款方式载明。

4．各股东在履行协议中如发生纠纷，应由各方友好协商解决，协商不成的，双方可选择向签约地法律机构提出仲裁和诉讼。

5．本协议正本一式三份，各股东各执一份，企业存一份，同具法律效力。本协议自签订即时生效。

各股东签字：

日期：____年__月__日

签订地点：

# 参考文献


[1] 谌飞龙．创业营销[M]．北京:机械工业出版社，2017.

[2] 徐俊祥，徐焕然．创未来——大学生创业基础知能训练教程 [M]．北京：现代教育出版社，2017.

[3] 史梅，徐俊祥．大学生创新与创业指导[M]．北京:现代教育出社，2015.

[4] 颜弘，李明清．大学生创业指导教程[M]．长春:东北师范大学出社，2016.

[5] 赵金来，董明冉．大学生创新创业教育[M]．北京：首都师范大学出版社，2017.

[6] 刘敬东．大学生创业基础教程[M]．北京：现代教育出版社，2016.

[7] 徐俊祥．大学生创业基础知能训练教程[M]．北京：现代教育出版社，2014.

[8] 李时椿，常建坤．创业基础[M]．北京：清华大学出版社，2013.

[9] 赵伊川．创业基础[M]．大连：东北财经大学出版社，2013.

[10] 李家华．创业有道一大学生创业指导[M]．北京：高等教育出版社，2011.

[11] 李家华．创业基础[[M]．北京：北京师范大学出版社，2013.

[12] 张耀辉，朱锋．创业基础[[M]．广州：暨南大学出版社，2013.

[13] 李秋斌．大学生创业指导[M]．北京：北京大学出版社，2013.

[14 ]冯丽霞，王若洪．创新与创业能力培养[M]．北京：清华大学出版社，2013.

[15] 田远芬，向辉．创业之梦[M].武汉:华中师范大学出版社，2013.

[16] 李北伟．大学生创业导引[M]．北京：清华大学出版社，2013.

[17] 王庆生，王坤．大学生创业基础[M]．北京：清华大学出版社，2013.

[18] 曹德欣，祝木伟．创业学概论[M]．北京：中国矿业大学出版社，2013.